T. Bieger · N. Bickhoff · R. Caspers
D. zu Knyphausen-Aufseß · K. Reding
(Hrsg.)
Zukünftige Geschäftsmodelle
XII, 279 Seiten. 2002.
ISBN 978-3-540-42744-5

N. Bickhoff · C. Böhmer · G. Eilenberger
K.-W. Hansmann · M. Niggemann
C. Ringle · K. Spremann · G. Tjaden
Mit Virtuellen Unternehmen zum Erfolg
VI, 125 Seiten. 2003.
ISBN 978-3-540-44246-2

G. Corbae · J. B. Jensen · D. Schneider
Marketing 2.0
VI, 151 pages. 2003.
ISBN 978-3-540-00285-7

R. Caspers · N. Bickhoff · T. Bieger (Hrsg.)
Interorganisatorische Wissensnetzwerke
XI, 353 Seiten. 2004.
ISBN 978-3-540-20182-3

L. Schuster · A. W. Widmer (Hrsg.)
Wege aus der Banken- und Börsenkrise
X, 527 Seiten. 2004.
ISBN 978-3-540-21106-8

N. Bickhoff · M. Blatz · G. Eilenberger
S. Haghani · K.-J. Kraus (Hrsg.)
Die Unternehmenskrise als Chance
X, 440 Seiten. 2004.
ISBN 978-3-540-21433-5

K. Spremann (Hrsg.)
Versicherungen im Umbruch
IX, 543 Seiten. 2005.
ISBN 978-3-540-22063-3

B. Schwenker · S. Bötzel
Auf Wachstumskurs
V, 147 Seiten. 2006.
ISBN 978-3-540-26755-3

M. Blatz · K.-J. Kraus · S. Haghani (Hrsg.)
Gestärkt aus der Krise
XII, 177 Seiten. 2006.
ISBN 978-3-540-29416-0

S. Dutta · A. De Meyer · A. Jain
G. Richter (Eds.)
The Information Society in an Enlarged Europe
X, 290 pages. 2006.
ISBN 978-3-540-26221-3

M. Blatz · K.-J. Kraus · S. Haghani (Eds.)
Corporate Restructuring
XII, 180 pages. 2006.
ISBN 978-3-540-33074-5

G. Kasperk · M. Woywode · R. Kalmbach
Erfolgreich in China
VIII, 166 Seiten. 2006.
ISBN 978-3-540-29839-7

B. Schwenker · S. Bötzel
Making Growth Work
VI, 138 pages. 2007.
ISBN 978-3-540-46486-0

B. Stauss · K. Engelmann · A. Kremer
A. Luhn (Eds.)
Services Science
VI, 172 pages. 2008.
ISBN 978-3-540-74487-0

B. Schwenker · K. Spremann
Unternehmerisches Denken zwischen Strategie und Finanzen
XII, 343 Seiten. 2008.
ISBN 978-3-540-75950-8

G. Eilenberger · S. Haghani · A. Kötzle
K. Reding · K. Spremann (Hrsg.)
Finanzstrategisch denken!
VIII, 129 Seiten. 2008.
ISBN 978-3-540-76433-5

Guido Eilenberger · Sascha Haghani
Herausgeber

Unternehmensfinanzierung zwischen Strategie und Rendite

Springer

academic network

Prof. Dr. Guido Eilenberger
Universität Rostock
Institut für Betriebswirtschaftslehre
Ulmenstraße 69
18051 Rostock
guido-eilenberger@t-online.de

Dr. Sascha Haghani
Partner, Roland Berger Strategy Consultants
Karl-Arnold-Platz 1
40474 Düsseldorf
sascha_haghani@de.rolandberger.com

ISBN 978-3-540-70761-5 e-ISBN 978-3-540-70764-6

DOI 10.1007/978-3-540-70764-6

Bibliografische Information der Deutschen Nationalbibliothek
Die Deutsche Nationalbibliothek verzeichnet diese Publikation in der Deutschen Nationalbibliografie; detaillierte bibliografische Daten sind im Internet über http://dnb.d-nb.de abrufbar.

Herstellung: le-tex publishing services oHG, Leipzig
Einbandgestaltung: WMXDesign GmbH, Heidelberg

Gedruckt auf säurefreiem Papier

9 8 7 6 5 4 3 2 1

springer.com

Inhalt

Abbildungen

Textboxen

Abkürzungen

Abs.	Absatz
AEG	Allgemeine Elektrizitäts-Gesellschaft
AktG	Aktiengesetz
BdB	Bundesverband deutscher Banken
BaFin	Bundesanstalt für Finanzdienstleistungsaufsicht
BGB	Bürgerliches Gesetzbuch
BGBl	Bundesgesetzblatt
BörsG	Börsengesetz
BVI	Bundesverband Investment und Asset Management e.V.
BVK	Bundesverband deutscher Kapitalbeteiligungs-gesellschaften e.V.
ca.	circa
CAPEX	Capital Expenditure
CEO	Chief Executive Officer
CFO	Chief Financial Officer
CMBOR	Centre for Management Buy-out Research
CTA	Commodity Trading Advisor
DAX	Deutscher Aktienindex
DBAG	Deutsche Beteiligungs AG
d.h.	das heißt
DIHK	Deutscher Industrie- und Handelskammertag e.V.
DSCR	Debt Service Cover Ratio
DSGV	Deutscher Sparkassen- und Giroverband
DSW	Deutsche Schutzvereinigung für Wertpapierbesitz e.V.
ebd.	ebenda
EBIT	Earnings Before Interest and Taxes
EBITDA	Earnings Before Interest, Tax, Depreciation and Amortization
et al.	et alii (und andere)
e.V.	eingetragener Verein
EStG	Einkommensteuergesetz
EVCA	European Private Equity & Venture Capital Association
f.	folgende
ff.	fortfolgende
FN	Fußnote

GmbHG	GmbH-Gesetz
HGB	Handelsgesetzbuch
ICI	Investment Company Institute
IFS	International Financial Services
IHK	Industrie- und Handelskammer e.V.
InvG	Investmentgesetz
IPO	Initial Public Offer
IR	Investor Relations
JV	Joint Venture
i.V.m.	in Verbindung mit
KfW	Kreditanstalt für Wiederaufbau
KMUs	Kleinere und mittlere Unternehmen
LBO	Leveraged Buyout
MBO	Management Buyout
MIS	Management-Informationssystem
MTU	Motoren- und Turbinenunion
NPL	Non-Perfoming Loan
NYSE	New York Stock Exchange
OEM	Original Equipment Manufacturer
o.O.	ohne Ortsangabe
o.S.	ohne Seitenangabe
o.V.	ohne Verfasserangabe
PwC	PricewaterhouseCoopers
S.	Seite, Seiten oder – je nach Sinnzusammenhang – Satz
UmwG	Umwandlungsgesetz
vgl.	vergleiche
vs.	versus
WpHG	Gesetz über den Wertpapierhandel (Wertpapierhandelsgesetz)
WpÜG	Wertpapiererwerbs- und Übernahmegesetz
z.B.	zum Beispiel

1 Einführung

„Ändere deine Gedanken, dann veränderst du die Welt"
Norman Vincent Peale (1898–1993)

Strategische Corporate Finance stellt eine Symbiose von strategischem und finanzwirtschaftlichem Denken und Handeln dar.[1] Die Grundlage bildet eine klare Strategie des Unternehmens, die darauf ausgerichtet ist, sich gegenüber den relevanten Wettbewerbern am Markt zu behaupten. Dazu nutzt sie insbesondere Veränderungen der Finanzmärkte, greift neue Perspektiven der Finanzierung auf und trägt damit entscheidend zur Realisierung der Unternehmensvision bei. Insofern überwindet strategische Corporate Finance die Einseitigkeit, die durch das Bevorzugen entweder des strategischen Masterplans oder der Wertsteigerung aus Überrenditen entsteht.

Strategische Corporate Finance kann in jedem Lebenszyklusabschnitt eines Unternehmens eingeführt und praktiziert werden. Zwar zeigt die Erfahrung, dass am Anfang des Lebenszyklus primär strategische Überlegungen stehen; in der Folge lassen sich jedoch bestimmte strategische Positionen nur in Kombination mit einer zielgerichteten Corporate Finance erreichen. Somit profitieren Unternehmen von einer frühzeitigen Entscheidung für die strategische Corporate Finance, jedoch ist es nie zu spät, sich ihren Anforderungen zu stellen. Selbst im Fall der Unternehmenskrise, die oft auch eine strategische Krise ist, können die Grundsätze strategischer Corporate Finance auf dem Weg zum Turnaround im Zuge einer Restrukturierung hilfreich sein.

Die übergeordneten Ziele der strategischen Corporate Finance bestehen zum einen in der nachhaltigen Verankerung eines strategischen, einheitlichen Finanzmanagements im Unternehmen. Dabei liegen die Schwerpunkte auf einer innovativen und gleichwohl stabilen Kapitalbeschaffung, einem intelligenten, auf Wachstum ausgerichteten Kapitaleinsatz sowie einer gesicherten, termingerechten Kapitalrückzahlung. Zum anderen soll auf dieser Basis der Unternehmenswert langfristig gesteigert werden. Anstöße zur Strategieänderung können auch von Finanzinvestoren (z.B. Hedge-

---

[1] Vgl. Schwenker u. Spremann 2007; vgl. Spremann 2007: 21 ff.

Fonds) ausgehen, die mit dem Unternehmensergebnis unzufrieden sind und eine Neuausrichtung fordern.

Der Erfolg der strategischen Corporate Finance zeigt sich primär am Zielerreichungsgrad der anvisierten strategischen Position mithilfe gezielter strategischer Investitionen (Wahl des Produkt-/Geschäftsfeld-/Marktbereichs). Deren Effektivität bemisst sich maßgeblich an ihren finanzstrategischen Beiträgen. Letztere bestehen überwiegend darin, dass sich außerhalb der üblicherweise genutzten öffentlichen Finanzmärkte Investorengruppen erschließen lassen bzw. innovative Finanzprodukte eingesetzt werden (Wahl der Investoren/Finanzportfolios/-strukturen/-instrumente).

Die traditionelle Corporate Finance („Unternehmensfinanzierung") kann mit einem derartigen Ergebnis nicht aufwarten. Zu fixiert ist sie auf die Führung mittels finanzwirtschaftlicher Kennzahlen, insbesondere in Gestalt der Unternehmensrendite, und auf die Aktionärsanforderungen in Form eines bestimmten „Shareholder Value". Nicht selten prägen sie Zufälligkeiten und die Interessen einer Gruppe inhomogener, oft sogar wechselnder Kapitalgeber, die eine instabile Finanzierung geradezu programmieren. Daraus resultieren Probleme der Eigenkapitalausstattung und -quote sowie Fehlstrukturierungen der Finanzierung hinsichtlich Kosten, Laufzeiten, Tilgungsmodalitäten und Flexibilität der Finanzierungsinstrumente. Da in diesem Zusammenhang häufig auch einseitig auf eine wertorientierte Unternehmensführung abgestellt wird, bleiben alternative Finanzierungen unberücksichtigt, welche die Ertragskraft nachhaltig stärken und die Attraktivität des Unternehmens für den Kapitalmarkt im weiteren Sinne erhöhen könnten.

An dieser Stelle setzt die strategische Corporate Finance an, die ein Umdenken erfordert und den Weg zu einer intelligenten Strukturierung der Passivseite sowie zu einer Entlastung der Aktivseite weist: In Einklang mit der zugrundeliegenden Strategie berücksichtigt sie neue Typen von Finanzinvestoren außerhalb des öffentlichen Kapitalmarkts ebenso wie sie den Einsatz neuer Finanzprodukte fordert und fördert, indem sie die klassische Toolbox etwa um hybrides Kapital erweitert. Die Erfolge der strategischen Corporate Finance haben im Wesentlichen drei denkbare Ursachen: erstens die Fortschritte des „Financial Engineering" seitens der Anbieter von Finanzierungen sowie zweitens eine national wie international bislang nicht gekannte Auflösung der Grenzen zwischen den einzelnen Finanzmarktsegmenten. Dazu kommen drittens spezielle neue Finanzierungsprogramme für Unternehmensakquisition wie Buyouts, bei denen sich nicht zuletzt Manager als Unternehmer entpuppen können. An diesen ist es dann, passgerechte Finanzierungen für Unternehmen zu finden, sie aus Krisensituationen zu führen und ihre Restrukturierung zu ermöglichen. Dabei ist hinzunehmen, dass in Anbetracht der primär strategischen Orientierung weder unmittelbar noch kurzfristig operative Erfolge sichtbar werden.

1.1 Integration der Finanzmärkte – Die Barrieren fallen

Den Schlüssel zu der skizzierten Entwicklung liefern vor allem die Finanzmärkte. Während die Grenzen zwischen den Geld-, Kredit- und Kapitalmärkten noch in den 1990er-Jahren praktisch unüberwindlich waren, lockerten sie sich mit Beginn des neuen Jahrtausends, sodass man heute von einer erheblichen Interdependenz, in Zukunft womöglich von einer Integration der drei klassischen Finanzmarktsegmente sprechen kann. Bedingt ist diese Entwicklung einerseits durch höhere Renditeforderungen von global ausgerichteten Anlegern und Banken, andererseits durch die Vorstellungen international tätiger Unternehmen von immer niedrigeren Finanzierungskosten. Zu konstatieren ist daher eine Koppelung von Kredit-, Kapital- und teilweise auch Geldmärkten zur „Hebelung" der Renditen für anspruchsvolle Investoren sowie eine Verbreiterung und qualitative Verbesserung der Finanzierungsbasis für wachstumsorientierte Unternehmen.

Im Mittelpunkt dieser neuen Entwicklung stehen Aktivitäten und Transaktionen, bei denen Banken und Unternehmen Forderungen aus Krediten sowie aus Lieferungen und Leistungen zu Wertpapieren bündeln. Diese aktivagestützten Wertpapiere („Asset Backed Securities"; ABSs) oder durch diversifizierte Schuldenportfolios besicherten Anleihen („Collateralized Debt Obligations"; CDOs) emittieren sie dann in fristgerechten Tranchen über bank- bzw. unternehmenseigene Zweckgesellschaften am Kapitalmarkt. Auf diese Weise werden einerseits Risiken aus den Bilanzen auf Investoren des Kapitalmarkts übertragen. Andererseits erfolgt ein Zufluss frischer Liquidität an die abgebenden Banken und Unternehmen, die ansonsten sowohl Eigenkapital – zur Unterlegung dieser Risiken – als auch Fremdkapital zur weiteren Finanzierung der verkauften Aktiva benötigen würden. Zusätzlich schlägt bei derartigen Transaktionen die Verbesserung des „Return on Equity" (RoE), also der Eigenkapitalrentabilität, zu Buche, die einen finanziellen Hebeleffekt („Financial Leverage") hat. Sofern derartige Sonderzweckgesellschaften („Special Purpose Vehicles"; SPVs) für ABSs und CDOs nach Art eines Fonds („Mutual Fund") aufgesetzt sind, riskieren Urheber kaum Ansprüche oder Regresse, wenn sie die Kredite und Forderungen erst einmal dem Kapitalmarkt verkauft haben. Die Risiken verbleiben also bei den Investoren des Kapitalmarkts und eröffnen den Banken und Unternehmen neue finanzielle Spielräume durch „Fresh Money".

Anders verhält es sich bei stark renditeorientierten Konstruktionen von bankeigenen Zweckgesellschaften, die Unternehmen des Nichtbankensektors auf den ersten Blick kaum zu betreffen scheinen. Bei näherer Betrachtung zeigt sich allerdings, dass ihr Wohl und Wehe den Spielraum für die strategische Corporate Finance tangiert: Bei einem Misserfolg der Zweckgesellschaft wird der Spielraum der Banken und damit die Fremdfinanzierungsmöglichkeit der Unternehmen mit Bankkrediten eingeschränkt. Um den finanziellen Hebeleffekt zusätzlich zu steigern, kaufen nämlich Zweckgesellschaften der Banken von Dritten (insbesondere Hypothekenbanken oder Leasing-Gesellschaften) mittel- und langfristige Kredite, Forderungen sowie sonstige Finanztitel an, die allesamt über den Geldmarkt finanziert werden. Diese spezifischen Zweckgesellschaften (auch als „Conduits" oder „Structured Investment Vehicles" – SIVs – bezeichnet) investieren außerhalb der Bankbilanz längerfristig in höher verzinsliche Anleihen und finanzieren diese Investments durch den revolvierenden Einsatz von kurzfristigen Geldmarktpapieren, z.B. „Commercial Papers". In ihrer Wirkung ähneln sie daher Hedge-Fonds.

Um die Bonität der Conduits zu sichern, machen die jeweiligen Banken als Urheber Liquiditätszusagen. Im Fall mangelnder Nachfrage durch andere Anleger am Geldmarkt hat dies zur Konsequenz, dass die betreffenden Banken die von den Conduits auszugebenden Commercial Papers selbst erwerben und damit in ihre Bilanz nehmen müssen. Also sehen sich die Urheber der Conduits trotz primärer Auslagerung der Risiken aus ihren Bilanzen letztlich gezwungen, die Verpflichtungen aus der Finanzierung der höher verzinslichen Finanztitel selbst zu tragen. Gerade wenn die Urheber damit überfordert sind, stellen die Conduits eine unmittelbare Gefahr für sie dar.

Die Tragweite dieses Problems belegt eindrucksvoll die sogenannte Kreditkrise (im Gefolge der „Subprime-Krise") der Banken. Seit Mitte des Jahres 2007 hat die Subprime-Krise und die mit ihr verbundene Neubewertung von Risiken wiederholt markante Kursrückgänge an den internationalen Börsen sowie erheblichen Wertberichtigungsbedarf bei vielen Finanzinstituten rund um die Welt ausgelöst. Die Vertrauenskrise an den Märkten ging einher mit einer geringen Aufnahmebereitschaft für Aktienemissionen und damit für Eigenkapitalfinanzierungen über den öffentlichen Kapitalmarkt. Gleichzeitig führte die strengere Risikobeurteilung der Banken zu erhöhten Anforderungen bei der Kreditvergabe (z.B. in Form von „Financial Covenants") sowie zu einer Verteuerung der Kredite. Für Unternehmen bedeutet dies eine Erhöhung der Finanzierungskosten sowie eine Begrenzung des Finanzierungspotenzials. Neben Unternehmen sind auch Private-Equity-Gesellschaften von diesen Entwicklungen betroffen, da sie auf der einen Seite beim Unternehmenserwerb Bankkredite einsetzen, auf der anderen Seite beim Verkauf ihrer Beteiligungsunternehmen unter anderem die Börse als Exit-Kanal nutzen.

1.2 Neustrukturierung der Finanzmärkte – Private Märkte und neue Finanzprodukte entstehen

Neben den Verschränkungen der Geld-, Kredit- und Kapitalmärkte ist ein weiteres Phänomen in der Struktur der jeweiligen Finanzmärkte zu beobachten: Die offiziellen Kreditmärkte (als Domäne der Banken) und die organisierten öffentlichen Kapitalmärkte (traditionell repräsentiert durch die Börsen) haben Erweiterungen durch sozusagen „private", durchaus ansehnliche Kredit- und Kapitalmarktsegmente erfahren. „Public Debt" und „Public Equity" stehen nun „Private Debt" und „Private Equity" gegenüber. Letztere sind durch neue Organisationsformen von Investorengruppen geprägt (Hedge-Fonds, Private-Equity-Fonds bzw. -Gesellschaften, Staatsfonds).

Die Grenzen von Private und Public Debt verschwimmen jedoch, wenn Schuldverschreibungen – als „Private Issues" („Private Placements") gestaltet – direkt in den Portfolios privater Investorengruppen landen. Dasselbe gilt für Bankkredite, die Unternehmen gewährt und von Banken an Finanzinvestoren verkauft werden, oder für Unternehmensforderungen, die als ABSs über „Public Offerings" am öffentlichen Kapitalmarkt emittiert werden.

In diesem Zusammenhang können Financial Covenants im Kreditbereich eine stabilisierende Wirkung erzielen: Dazu muss für finanzielle Notlagen des Kreditnehmers vertraglich eine Art Krisenfrühwarnsystem installiert sein. Dieses hilft, die Kreditbeziehung aufrechtzuerhalten, und macht so einen Kreditverkauf oder die Verwertung der Sicherheiten notleidender Kredite unnötig. Aber auch für die Börsen ergeben sich Veränderungen, wenn sich gelistete Unternehmen aufgrund der Kosten- bzw. Konditionensituation an Börsen des In- und Auslands durch Delisting zurückziehen („Going Private").

Strukturänderungen der Finanzmärkte zeigen sich darüber hinaus in der Entwicklung innovativer Finanzprodukte: Diese ermöglichen der strategischen Corporate Finance neue Wege des Risikomanagements mittels hybrider Finanzierungen. Letztere stellen rechtlich gesehen zwar Fremdkapital dar, in ihrer Wirkung sind sie jedoch zwischen dem traditionellen Eigenkapital von Unternehmen und deren Fremdkapital anzusiedeln. Derartige Finanzierungsmöglichkeiten nehmen vornehmlich die Gestalt von Wandel- und Optionsanleihen, Genussscheinen und nachrangigen Schuldverschreibungen sowie von nachrangigen Darlehen (z.B. von spezialisierten Investmentfonds) mit sogenannten „Equity-Kickern“ an. Aufgrund der Anleihe- bzw. Vertragsgestaltung bilden sie eine Art Zwischenkapital, das bezüglich der Risiken für die Financiers Charakteristika des Eigenkapitals aufweist. Üblicherweise wird dieses Zwischenkapital als „Mezzanine Capital“ oder auch als „Mezzanine Debt“ bezeichnet.

Erweiterungen des Finanzmarktgeschehens in Richtung auf (private) Märkte für Kreditderivate ergeben sich in Fällen, in denen Banken zur Renditesteigerung Zinszahlungsverpflichtungen in Form von „Swaps“ mit Partnern aus dem Bereich der Finanzinvestoren tauschen. Von den entstehenden Kreditderivaten kann die strategische Corporate Finance insofern profitieren, als durch deren Existenz die Bereitschaft von Banken steigt, Unternehmenskredite (insbesondere Akquisitionskredite für „Buyouts“) zu vergeben. Das Financial Engineering wirkt somit als Treiber einer weiteren Differenzierung der Kredit- und Kapitalmärkte.

1.3 Finanzinvestoren neuen Typs bestimmen die Strategie – Wachstum und Krisenbewältigung

Bei der Beschaffung von (Hoch-)Risikokapital bestimmen Financiers des Private-Equity-Sektors immer stärker das Geschehen. Als Interessenten von Unternehmenskäufen und mehrheitlichen Unternehmensübernahmen setzen sie ihre Eigenmittel vorbei am öffentlichen Kapitalmarkt ein. Ihre Ziele sind primär Unternehmen, die entweder überdurchschnittliches Wachstum erwarten lassen oder bei Zerschlagung im Rahmen von „Leveraged Buyouts“ erhebliche Liquidierungserlöse versprechen. Private-Equity-Investoren bringen dieses Risikokapital allerdings in nur geringem Maße selbst in die Zielunternehmen ein. Den überwiegenden Teil der Investition finanzieren sie über Akquisitionskredite von Banken („Leveraged Loans“), deren Zins- und Tilgungsbelastung das Zielunternehmen selbst zu tragen hat. Dadurch ergeben sich vorzügliche „Hebelungen“ der Eigenkapitalrentabilität des Finanzinvestors. Unternehmen sollten deshalb die Engagements von Private-Equity-Financiers mit besonderer Sorgfalt hinsichtlich der Chancen-Risiken-Relation prüfen. Deren Wirken kann sich für die Unternehmen unter bestimmten Bedingungen zwar sehr positiv entwickeln, aber auch im Desaster enden. Dazu braucht der Investor nur die „besten“ Unternehmensteile herauszubrechen, zu Kapital zu machen und den verbleibenden Teil anschließend in die Insolvenz zu entlassen. Das Einbeziehen kompetenter externer Berater kann derartige unerwünschte Folgen in der Regel verhindern.

Ferner investieren Finanzinvestoren zunehmend in Krisenunternehmen. Im Rahmen der strategischen Corporate Finance geht es hierbei um die nachhaltige strategische und finanzielle Stabilisierung der betroffenen Unternehmen. Die dazu erforderliche Restrukturierung greift tief in die Unternehmensprozesse ein und hat in der Regel eine strategische Neuausrichtung zum Gegenstand.[2] Die Erfolgsaussichten für die Restrukturierung sind prinzipiell umso besser, je früher Maßnahmen ergriffen werden. Nach Möglichkeit ist bereits zu Beginn des Krisenverlaufs, nämlich bei der strategischen Krise, anzusetzen und eine strategische Neuausrichtung, verbunden mit neuen wertschöpfenden Geschäftsmodellen, einzuleiten. Dazu bedarf es allerdings entsprechender finanzwirtschaftlicher Entscheidungen, die derartigen Investitionen zum Erfolg verhelfen. Als Krisen der besonderen Art gelten hier Restrukturierungen, die erst aufgrund fehlgeschlagener Engagements von Finanzinvestoren nötig werden.

Im Einzelfall muss geprüft werden, ob die neuen Finanzprodukte und Finanzierungsverfahren mit der zu verfolgenden Strategie übereinstimmen. Insbesondere sind sie in ihrem Chancen-Risiko-Profil objektiv zu analysieren und zu bewerten. Ein solches Verfahren der Leserschaft näher zu bringen, ist die eine Aufgabe dieses Buches. Die andere besteht darin darzulegen, auf welch faszinierende Weise sich die Möglichkeiten einer strategischen Corporate Finance weiterentwickeln lassen, deren Potenzial noch lange nicht ausgereizt ist. Voraussetzung für einen Siegeszug der strategischen Corporate Finance ist in jedem Fall die Ausbildung kompetenter und kritisch urteilender Entscheidungsträger für die betreffenden Aufgaben.

1.4 Aufbau des Buches

Der Aufbau dieses Buches folgt den finanzstrategischen Überlegungen in der Weise, dass im 2. Kapitel der Frage nachgegangen wird, welche neuen Wege der Ausstattung mit Risikokapital beschritten werden und inwiefern Finanzinvestoren neuen Typs (Private-Equity-Gesellschaften, Hedge-Fonds) Einfluss auf die Unternehmensstrategie nehmen können. Dabei wird auch die Wirkung einer Strategieänderung hin zur Inanspruchnahme privater Finanzmärkte beleuchtet.

Das 3. Kapitel greift die Problematik der Fremdfinanzierung auf. Obwohl Kreditfinanzierung im Allgemeinen keine Novität für die strategische Corporate Finance darstellt, erweisen sich Überlegungen zum Einsatz von Financial Covenants als gewichtiger Schritt in unternehmensstrategisches

[2] Vgl. Bickhoff et al. 2004.

Neuland. Es wird gezeigt, wie über solche Financial Covenants finanzielle Notlagen des Kreditnehmers frühzeitig zu erkennen sind und wie im Sinne einer Stabilisierung gegengesteuert werden kann.

Als Ergänzung zur Eigenkapitalfinanzierung findet sich in finanzstrategischen Empfehlungen zunehmend hybrides Kapital, das eine Lücke in der Beschaffung von Risiko tragendem Kapital schließt und dabei geringere Kosten verursacht als die Aufnahme von Shareholder-Kapital. Dieses Problemfeld greift das 4. Kapitel auf, das die Vor- und Nachteile von sogenannten mezzaninen Finanzinstrumenten für die strategische Corporate Finance diskutiert: von privaten Formen (etwa der stillen Gesellschaft) über eher traditionelle Varianten des öffentlichen Kapitalmarkts (Wandel- und Optionsanleihen) bis zu den jüngeren Spielarten von Genussscheinen und nachrangigen Anleihen bzw. Darlehen.

Eine Übersicht über Formen von „Management Buyouts“ als Selbsthilfestrategien des Managements bietet das 5. Kapitel. Es umfasst die Grundlagen, Motive und die Planung von Buyouts ebenso wie ihre finanzstrategischen Implikationen. Außerdem werden die Ursachen von Interessenkonflikten im Buyout aufgezeigt und die Palette der Anwendungen finanzstrategischer Optionen exemplarisch dargestellt.

Als „Leckerbissen“ der strategischen Corporate Finance ist das 6. Kapitel anzusehen, das als Sonderfall die Restrukturierung von Unternehmen behandelt. Es wird gezeigt, wie und unter welchen Voraussetzungen die Liquidität von krisengeschüttelten Unternehmen gesichert und die Eigenkapitalbasis erhalten werden kann. Anhand von Praxisbeispielen erfolgt eine Diskussion sowohl über die Problematik der Investitionsstrategien von Finanzinvestoren als auch über deren Einfluss auf die finanzstrategischen Entscheidungen des Zielunternehmens.

Zahlreiche Textboxen mit Fallbeispielen und Erklärungen zu wesentlichen Begriffen sowie Abbildungen runden die Ausführungen der einzelnen Kapitel ab.

2 Eigenkapitalinvestoren – Wie stark sie die Unternehmensstrategie beeinflussen

2.1 Einleitung und Übersicht

Die Finanzierungsbedingungen für deutsche Unternehmen wandeln sich seit geraumer Zeit. Angestoßen durch die unter dem Stichwort „Basel II“ bekannten Eigenkapitalvorschriften für Kreditinstitute[1] hängen die Finanzierungskosten und -spielräume eines Unternehmens mehr und mehr von der individuellen Bonität[2] ab. Grundlage hierfür ist ein Rating, ermittelt durch die Hausbank, andere Kreditinstitute oder externe Ratingagenturen. Diese orientieren sich unter anderem an der Eigenkapitalausstattung der Gesellschaft und deren Fähigkeit, den Schuldendienst, bestehend aus Zinsen und Tilgung, zu bedienen.

Die historisch gewachsene kreditorientierte Finanzierungsstrategie hat in Deutschland eine Kapitalstruktur hervorgebracht, in der die Eigenkapitalausstattung von Unternehmen im Durchschnitt bei nur ca. 24 Prozent liegt.[3] Besonders gravierend stellt sich die Situation für den deutschen Mittelstand dar. Einer Untersuchung des Deutschen Sparkassen- und Giroverbandes zufolge wiesen mittelständische Unternehmen mit einem Umsatz von weniger als 50 Millionen Euro im Jahr 2005 eine Eigenkapitalquote von nur 11,7 Prozent auf.[4]

Eigenkapital wird einem Unternehmen grundsätzlich ohne Sicherheiten gewährt und stellt eine der wichtigsten Haftungsgrundlagen einer Gesellschaft dar. Die Subprime-Krise in den USA Mitte 2007 hat das Risikobewusstsein deutlich steigen lassen. Daher haben deutsche Kreditinstitute in jüngster Zeit ihre Anforderungen bei der Kreditvergabe, unter anderem an die Eigenkapitalbasis, erhöht. Diese Sensibilität gegenüber Unternehmensrisiken zeigt sich beispielsweise in der Zunahme der Risikokosten bei der

---

[1] Vgl. hierzu auch den Exkurs zu Basel II in Kapitel 3.2.1.

[2] Dabei handelt es sich um eine objektive Beurteilung der künftigen Fähigkeit eines Unternehmens, seine Zins- und Tilgungsverpflichtungen gegenüber einem Gläubiger termingerecht und vollständig erfüllen zu können.

[3] Vgl. o.V. 2006e: 47.

[4] Vgl. DSGV 2007: 38.

Kapitalbeschaffung. So sind im Zusammenhang mit Fremdkapitalfinanzierungen die „Kredit-Spreads“ gestiegen, d.h. die Differenz zwischen dem unternehmensindividuellen Kreditzins und dem risikofreien Zins. Vor diesem Hintergrund haben deutsche Unternehmen – unabhängig von Größe und Rechtsform – bereits in den vergangenen Jahren der Stärkung der Eigenkapitalausstattung eine höhere Bedeutung beigemessen. Im Rahmen einer Umfrage der KfW Bankengruppe berichteten 40 Prozent der Gesellschaften von einer gestärkten Eigenkapitalausstattung, rund 45 Prozent planten die Aufnahme von zusätzlichem Eigenkapital.[5]

Das einem Unternehmen unbefristet zur Verfügung gestellte Eigenkapital ist zins- und tilgungsfrei. Es stellt aufgrund seiner ausschließlichen Beteiligung am wirtschaftlichen (Miss-)Erfolg eines Unternehmens – bilanziell gesehen – keinen Kostenfaktor dar. Wirtschaftlich betrachtet machen die Renditeanforderungen der Anteilseigner Eigenkapital gleichwohl zu einem Kostenfaktor.[6] Im Gegensatz zu einer Finanzierung durch Fremdkapital ist ein Unternehmen hier in der Regel jedoch rechtlich nicht verpflichtet, unabhängig von seinem aktuellen unternehmerischen Erfolg fest vereinbarte Zins- und Tilgungszahlungen zu leisten. So können Ausschüttungen an die Anteilseigner in Phasen wirtschaftlicher Not reduziert oder gänzlich ausgesetzt werden.[7]

Um Wachstum zu finanzieren bzw. die Eigenkapitalbasis zu stärken, haben Unternehmen grundsätzlich zwei Möglichkeiten: die Innen- und die Außenfinanzierung.

Stärkt ein Unternehmen seine Eigenkapitalbasis durch die Thesaurierung von Gewinnen und die damit verbundene Bildung von Rücklagen, liegt eine **Innenfinanzierung** vor. Wie der Begriff sagt, finanziert sich eine Firma hierbei ausschließlich durch Mittel, die sie durch ihre eigenen operativen Tätigkeiten erbracht hat. Externe Kapitalgeber werden nicht beansprucht. Einer Umfrage der KfW Bankengruppe zufolge stellte im Jahr 2006 die Innenfinanzierung für deutsche Unternehmen die wichtigste Quelle zur Beschaffung von zusätzlichem Eigenkapital dar.[8] Überdies kann sich eine Gesellschaft mit **Außenfinanzierung** behelfen. Dabei haben die bisherigen Eigentümer die Möglichkeit, neue liquide Mittel in das Unternehmen einzubringen oder die Eigenkapitalbasis durch Aufnahme externer Kapitalgeber zu stärken. Hierfür werden in der Regel Einlagen getätigt, die je nach Rechtsform der Gesellschaft über den öffentlichen oder den privaten Kapitalmarkt beschafft werden können (vgl. Abbildung 2-1).

---

[5] Vgl. KfW 2006: 63 ff.

[6] Vgl. Werner u. Kobabe 2005: 102.

[7] Vgl. Werner u. Kobabe 2005: 105.

[8] Vgl. KfW 2006: 69.

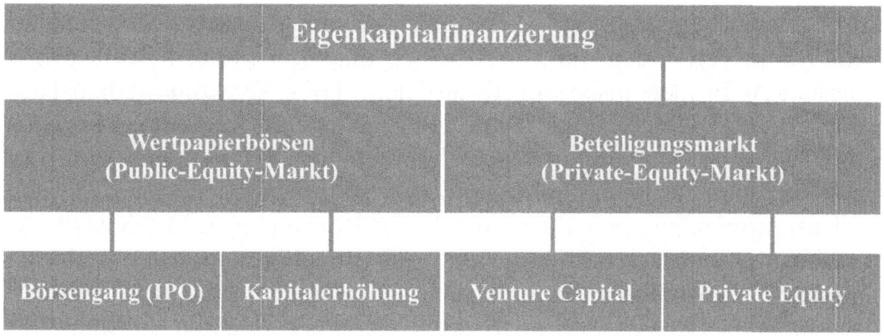

Abbildung 2-1: Struktur des Marktes für Eigenkapital
Quelle: Eigene Abbildung

Unter **öffentlichem Kapitalmarkt** versteht man üblicherweise etablierte Wertpapierbörsen. Dem **privaten Kapitalmarkt** sind infolgedessen sämtliche Eigenkapitaltransaktionen zuzurechnen, die außerhalb der öffentlichen Wertpapiermärkte abgewickelt werden. Demnach lassen sich zwei Formen der Unternehmensfinanzierung durch Eigenkapital unterscheiden: Public Equity und Private Equity.[9]

Bei **Public Equity** bekommen Unternehmen von einem breiten, vielfach anonymen Anlegerstamm neues Eigenkapital zugeführt. Vehikel ist ein „Initial Public Offer“ (IPO) – ein Börsengang – oder ein „Secondary Placement“ – eine Kapitalerhöhung. Wenn jedoch bestehende Eigentümer nur ihre Aktien neuen Investoren zur Verfügung stellen, d.h. verkaufen, ändert dies nichts an der finanziellen Lage des Unternehmens, denn die Mittel fließen den Altaktionären zu.

Unternehmen sehen einen IPO vielfach unter dem Aspekt der „Finanzierung von Wachstum“. Ein Börsengang, bei dem neues Eigenkapital in das Unternehmen überführt wird, stärkt die Eigenkapitalbasis, erhöht damit die Bonität und ermöglicht so die Aufnahme von Fremdkapital zu besseren Konditionen. Zudem können eigene Aktien bei Unternehmensübernahmen als Akquisitionswährung eingesetzt werden. Und nicht zuletzt erhöht „Going Public“ den Bekanntheitsgrad durch Markt- und Medienpräsenz, die Reputation gegenüber Lieferanten, Kunden und Geschäftspartnern sowie die Attraktivität für bestehende und neue Mitarbeiter.[10]

Der Börsengang der Deutschen Telekom im Jahr 1996 hat die Aktienkultur in Deutschland grundlegend verändert, weil sich im Zuge der Zeichnung der T-Aktie erstmals viele Privatanleger mit dem Thema Aktie und

---

[9] Vgl. Bloome-Dress u. Rang 2006: 11.

[10] Vgl. Untergrabner u. Ehrenhöfner 2004: 211 f.

Kapitalmarkt befassten. Mit dieser Entwicklung ist auch der sogenannte Neue Markt verbunden: Im Jahr 1997 gegründet, sollte er jungen, wachstumsstarken Firmen insbesondere aus dem TMT(Telekom/Medien/Technologie)- und Biotechnologiesektor den Zugang zum Kapitalmarkt erleichtern.[11] Da seine Gründung mit dem Internet- und Technologieboom Ende der 90er-Jahre zusammenfiel, zeigte der Neue Markt enormen Zuwachs bei Kursentwicklungen und der Anzahl der Börsengänge. Mit dem Platzen der Spekulationsblase erlitten neben professionellen nationalen und internationalen Aktienfondsinvestoren viele Privatanleger erhebliche Verluste: Der Leitindex „Nemax All Share" sank von 9.666 Punkten im März 2000 auf 318 Punkte im Oktober 2002. In nur 31 Monaten wurde Kapital in Höhe von mehr als 200 Milliarden Euro vernichtet.[12] Im Juni des Jahres 2003 wurde der Neue Markt im Zuge einer Neustrukturierung der deutschen Börse offiziell geschlossen. Dies erschwerte insbesondere kleinen bis mittelgroßen Unternehmen den Weg an die Börse. Daraufhin etablierte die deutsche Börse im Oktober 2005 im Freiverkehr den neuen Teilbereich „Entry Standard". Das Segment fungiert als Listing-Plattform für mittelständisch geprägte Unternehmen, die einen Weg an die Börse mit niedrigen Regulierungs- und limitierten Transparenzanforderungen sowie begrenzten Listing-Folgekosten anstreben.

Die weltweiten Kurskorrekturen zu Beginn des neuen Jahrhunderts und der damit verbundene Zusammenbruch des Neuen Marktes führten dazu, dass sich deutsche Unternehmen in puncto Finanzierung lange Zeit vom öffentlichen Kapitalmarkt fernhielten. Sahen im Jahr 2000 noch 142 deutsche Unternehmen in einem Börsengang eine gute Möglichkeit, externes Eigenkapital zu generieren, so reduzierte sich diese Zahl innerhalb von nur drei Jahren auf Null.[13] In jüngster Zeit scheint sich dieser Trend jedoch wieder umzukehren: Einer Studie der Wirtschaftsprüfungsgesellschaft Ernst & Young zufolge wagten allein im Jahr 2006 63 deutsche Unternehmen den Schritt an die Börse und erhielten damit frisches Kapital in einer Gesamthöhe von 8,3 Milliarden US-Dollar – rund 6,3 Milliarden Euro.[14]

Entschließt sich ein Unternehmen gegen einen Börsengang, so bedeutet dies nicht zwangsläufig, dass ihm der Weg der Eigenkapitalfinanzierung versperrt ist. Vielmehr steht nicht börsennotierten Gesellschaften mit **Private Equity** eine Finanzierungsform offen, bei der sie Eigenkapital in der Regel von Kapitalgebern außerhalb des organisierten Kapitalmarktes erhalten. Wie noch darzustellen sein wird, eignet sich Private Equity im

[11] Vgl. Beike u. Schlütz 2005: 18.
[12] Vgl. Kuhn 2007: o.S.
[13] Vgl. o.V. 2005: 2.
[14] Vgl. Ernst & Young 2007: 43.

Gegensatz zu Public Equity für die Finanzierung in allen Lebens- bzw. Wachstumsphasen eines Unternehmens.[15]

Laut einer Untersuchung der European Private Equity & Venture Capital Association (EVCA) wurde allein im Jahr 2006 in Europa ein Volumen von 71,6 Milliarden Euro in Form von privatem Beteiligungskapital in Unternehmen investiert. Dies entspricht einer Steigerung von rund 51 Prozent gegenüber dem Vorjahr.[16]

Unabhängig von der Art des Kapitalmarktes treten bei einer externen Eigenkapitalfinanzierung in der Regel neue Gesellschafter – insbesondere Aktien- und Hedge-Fonds sowie Private-Equity-Gesellschaften – in ein Unternehmen. Je nach strategischer Ausrichtung können sie Interessen vertreten, die sich von denen der angestammten Eigentümer unterscheiden. Ihr Wunsch nach kurzfristig hohen Renditen steht vielfach in einem direkten Widerspruch zur Unternehmensstrategie, die auf langfristig stabile Renditen ausgerichtet ist. In jüngster Zeit war zu beobachten, dass die neuen Gesellschafter verstärkt ihre Interessen durchzusetzen versuchen, indem sie öffentlichen Druck aufbauen und dem Management ihrer Beteiligungsunternehmen Sanktionen androhen.

Anschließend wird gezeigt, wie diese im Rahmen der Eigenkapitalfinanzierung in ein Unternehmen eintretenden Gesellschafter strategischen Einfluss auf ihre Beteiligungsunternehmen ausüben. Danach wird mit Going Private eine Möglichkeit dargestellt, wie sich Unternehmen einer solchen strategischen Einflussnahme durch Kapitalmarktteilnehmer entziehen können. Die Implikationen, die sich aus den strategischen Verhaltensweisen der Kapitalmarktteilnehmer für ein Unternehmen ergeben, bilden den Abschluss des Kapitels.

2.2 Strategische Einflussnahme von Eigenkapitalgebern

Im Folgenden soll aufgezeigt werden, wie Eigenkapitalgeber und damit neue Gesellschafter aktiv die Führung und Strategie ihrer Beteiligungsunternehmen beeinflussen und das Management zu Maßnahmen veranlassen, die kurzfristig eine Wertsteigerung ihrer Beteiligungen und damit überdurchschnittliche Renditen bewirken sollen. Entsprechend dem Grad der potenziellen Einflussnahme auf die Unternehmensentwicklung und -strategie werden zunächst Investmentfonds – insbesondere Aktien- und Hedge-Fonds – analysiert, danach Private-Equity-Gesellschaften beschrieben.

---

[15] Vgl. Kapitel 2.2.2.

[16] Vgl. EVCA 2007: o.S.

2.2.1 Investmentfonds

Die Investmentbranche erlebte in den letzten Jahren einen erheblichen Entwicklungsschub. Einer Untersuchung des Investment Company Institute zufolge verwalteten Investmentfonds allein im Jahr 2006 ein Vermögen von weltweit rund 21,7 Billionen US-Dollar – rund 16 Billionen Euro; der Betrag hatte sich gegenüber dem Vorjahr um ca. 4 Billionen US-Dollar – rund 3 Billionen Euro – oder 23 Prozent erhöht.[17] An dieser positiven Entwicklung auf globaler Ebene partizipierte auch die deutsche Investmentbranche. So stieg das durch deutsche Publikums-[18] und Spezialfonds[19] verwaltete Vermögen von 1,16 Billionen Euro im Jahr 2005 um 7 Prozent oder 80 Milliarden Euro auf 1,24 Billionen Euro im Jahr 2006.[20] Abbildung 2-2 stellt die Vermögensentwicklung deutscher Publikums- und Spezialfonds von 2002 bis 2006 dar.

Insbesondere der rasante Anstieg des verwalteten Vermögens von 2004 auf 2005 (+16%) zeigt die enorme Wachstumsdynamik der Investmentbranche. Darauf reagierten die Kapitalgesellschaften unter anderem mit einer Ausweitung des Angebots an Investmentfonds: Die Anzahl der Publikumsfonds stieg innerhalb von nur vier Jahren um über ein Viertel von ca. 2.400 im Jahr 2002 auf über 3.000 im Jahr 2006.[21]

Um in diesem überaus fragmentierten Fondsmarkt potenzielle Investoren auch künftig gezielt ansprechen zu können, bieten Fondsgesellschaften Investmentfonds mit unterschiedlichen Anlageschwerpunkten an. Den jeweiligen Fokus bestimmen in der Regel Anlageinstrumente bzw. Asset-Klassen (Immobilien, Aktien, Renten- bzw. Geldmarktpapiere etc.).[22]

Da das deutsche Investmentgesetz seit 2004 nicht mehr nach den traditionellen Fondstypen – wie Aktien-, Geldmarkt- oder Rentenfonds – unterscheidet, dürfen neu aufgelegte Fonds die Anlageinstrumente der „klassischen" Fondstypen kombinieren.[23] Tun sie dies, werden sie als Mischfonds oder gemischte Fonds bezeichnet. Hedge-Fonds sind Fonds, die vielfältige

---

[17] Vgl. ICI 2007: 140.

[18] Inklusive Luxemburger und sonstiger ausländischer Publikumsfonds deutscher Provenienz.

[19] Spezialfonds werden nicht für die breite Kapitalmarktöffentlichkeit konzipiert, sondern für spezielle institutionelle Anlegergruppen aufgelegt, die gemäß § 2 Abs. 3 InvG aus maximal 30 nichtnatürlichen Personen bestehen.

[20] Vgl. BVI 2007a: 1.

[21] Vgl. ebd.

[22] Vgl. Beike u. Schlütz 2005: 710.

[23] Vgl. Beike u. Schlütz 2005: 711.

	Deutsche Publikumsfonds*	Deutsche Spezialfonds	Insgesamt	Veränderung
2002	382.053	480.343	862.397	- 6%
2003	436.283	520.481	956.764	11%
2004	459.985	543.058	1.003.043	5%
2005	545.430	617.484	1.162.915	16%
2006	570.655	669.511	1.240.167	7%

Abbildung 2-2: Entwicklung des Fondsvermögens deutscher Publikums- und Spezialfonds von 2002 bis 2006 [Mio. EUR]
Quelle: Eigene Darstellung und Berechnung. Zahlen basieren auf BVI 2007a: 1
* Inklusive Luxemburger und sonstiger ausländischer Publikumsfonds deutscher Provenienz

Investmentstrategien unter Einsatz von Fremdkapital verfolgen (siehe Kapitel 2.2.1.2). Darüber hinaus existieren Dachfonds, die nicht in einzelne Wertpapiere etc. direkt investieren, sondern ausschließlich existierende Fonds erwerben. Abbildung 2-3 stellt eine mögliche Kategorisierung von Investmentfonds in Bezug auf ihren individuellen Anlageschwerpunkt dar.

Investmentfonds					
Immobilienfonds	Aktienfonds	Rentenfonds	Mischfonds	Geldmarktfonds	Hedge-Fonds*
Investition in Grundstücke und Gebäude	Investition in Aktien	Investition in festverzinsliche Wertpapiere wie Staatsanleihen oder Pfandbriefe	Kombination verschiedener Anlageformen	Investition in kurzfristige, festverzinsliche Geldmarktinstrumente	Kombination sämtlicher Anlageformen, ggf. zusätzlich Einsatz von derivativen Instrumenten u. Fremdkapital

Abbildung 2-3: Kategorisierung der Investmentfonds anhand des Anlageschwerpunktes
Quelle: Eigene Darstellung in Anlehnung an Beike u. Schlütz 2005: 710
* Siehe hierzu auch Kapitel 2.2.1.2

2.2.1.1 Aktienfonds

In Deutschland gehört die Mehrzahl der Publikumsfonds nach wie vor zur Gruppe der Aktienfonds.[24] Diese umfassten im Jahr 2006 mit rund 190 Milliarden Euro über ein Drittel des in allen deutschen Publikumsfonds angelegten Vermögens.[25] Aufgrund dieses Volumens und der aus ihrem Anlageschwerpunkt resultierenden Möglichkeiten einer strategischen Einflussnahme auf die Unternehmensführung werden Aktienfonds im Folgenden einer detaillierten Betrachtung unterzogen.

Der Begriff Aktienfonds

Aktienfonds sind Investmentfonds, die ihr Vermögen größtenteils in Aktien inländischer und bzw. oder ausländischer Unternehmen investieren. Für die meisten Fonds sind festverzinsliche Anlagen eine zusätzliche Option. Damit soll der Fondsmanager die Möglichkeit haben, abhängig von der Kapitalmarktlage die ihm zur Verfügung stehenden Gelder auch ohne große Risiken (fest-)verzinslich anzulegen.[26]

Arten von Aktienfonds[27]

Neben regionalen oder branchenmäßigen Investitionsschwerpunkten lassen sich Aktienfonds grundsätzlich nach Größe der Ziel-Aktiengesellschaften und Anlagestil des Fondsmanagers klassifizieren (vgl. Abbildung 2-4).

Ein wichtiges Kriterium für die Abgrenzung von Aktienfonds ist die **Größe** der Aktiengesellschaften, an denen sich ein Fonds beteiligt. Man unterscheidet je nach Marktkapitalisierung „Small"-, „Mid-" und „Large-Cap-Fonds", wobei die beiden kleineren oftmals auch als Nebenwertefonds bezeichnet werden. Ihr Vermögen fließt in Unternehmen mit einer vergleichsweise geringen Marktkapitalisierung von maximal fünf Milliarden Euro, Large-Cap-Fonds bewegen sich in der Regel im Bereich darüber.[28]

Abhängig vom jeweiligen **Anlagestil** des Fondsmanagers können Aktienfonds darüber hinaus in „Value(Wert)-", „Blend(Misch)-" und „Growth-(Wachstums)-Fonds" eingeteilt werden. Wertorientierte Fondsmanager investieren das Fondsvermögen unter Risikogesichtspunkten tendenziell konservativ.[29] Die Priorität bei der Auswahl liegt neben dem Geschäftsmodell und dem Reifegrad des Unternehmens vielfach auf der Börsenbewer-

---

[24] Vgl. BVI 2007b: 2.

[25] Vgl. ebd.

[26] Vgl. Rühl 2006: 91.

[27] Soweit nicht anders vermerkt, erfolgt die Erläuterung in Anlehnung an Beike u. Schlütz 2005: 713 ff.

[28] Vgl. Rühl 2006: 93.

[29] Vgl. Rühl 2006: 95.

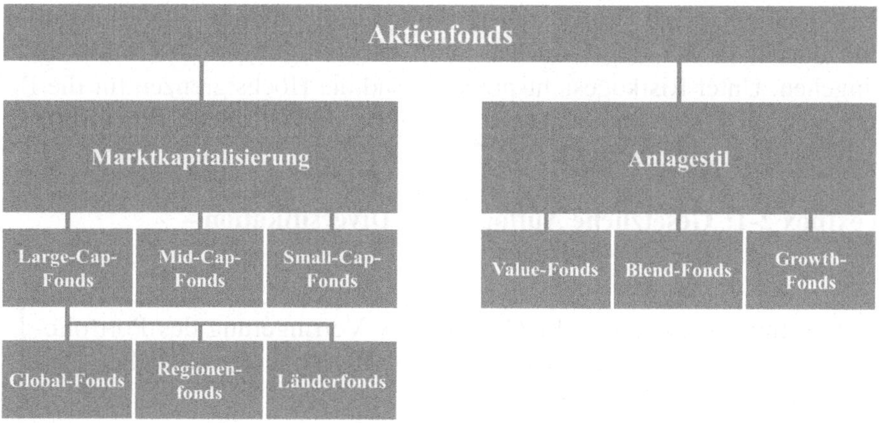

Abbildung 2-4: Arten von Aktienfonds
Quelle: Eigene Abbildung

tung sowie auf der Ertragskraft. Daraus können unter anderem Kennziffern zur Bewertung des Unternehmens im Vergleich zum Gesamtmarkt sowie zu vergleichbaren Unternehmen ermittelt werden. Darüber hinaus stehen für die Unternehmensbewertung ertrags- und cashflowbasierte Methoden zur Verfügung. Manager von Value-Fonds verfolgen das Ziel, Beteiligungen an Unternehmen zu erwerben, die stabile bzw. wachsende Erträge erzielen und eine attraktive Unternehmensbewertung aufweisen.[30]

Fondsmanager mit einer wachstumsorientierten Anlagestrategie legen ihren Fokus bei der Auswahl potenzieller Beteiligungen auf ein überdurchschnittliches Wachstum der Unternehmen. Besonders Umsatz und Gewinn müssen deutlich und stetig steigen.[31] Des Weiteren kann für wachstumsorientierte Investoren die aktuelle Ertragskraft des Unternehmens eine eher untergeordnete Rolle spielen, wenn die Ertrags- und Cashflow-Erwartungen attraktiv erscheinen. Zu den Branchen, die Growth-Investoren typischerweise favorisieren, zählt etwa die Bio- und Nanotechnologie. Im Vergleich mit wertorientiertem Fondsmanagement zeichnet sich das wachstumsorientierte Fondsmanagement durch ein in der Regel höheres Rendite-Risiko-Profil aus.

Fonds, die sowohl Value- als auch Growth-Aktien in ihr Portfolio aufnehmen, werden als „Blend-Fonds“ bezeichnet. Hinter dieser Anlagestrategie steht die Annahme, dass sich mit einer systematisch ausgelegten Selektion von Aktien unter Wert- und Wachstumsgesichtspunkten eine günstigere Rendite-Risiko-Kombination erzielen lässt.

[30] Vgl. Rühl 2006: 95 f.

[31] Vgl. Rühl 2006: 96.

Aktienfonds sind grundsätzlich im Investmentgesetz (InvG) reguliert und dürfen in der Regel nur Minderheitsbeteiligungen an Unternehmen eingehen. Unter Risikogesichtspunkten sind die Höchstgrenzen für die Beteiligung an Unternehmen sowie die Höhe der einzelnen Positionen im Portfolio gesetzlich geregelt (vgl. Textbox 2-1).

Textbox 2-1: Gesetzliche Auflagen zur Diversifikation – Die „10-40-Regel"

Das Investmentgesetz (InvG) stellt zur Verringerung des Portfoliorisikos eine Mindestdiversifikation von Investmentfonds sicher. Entsprechend § 60 Abs. 1 InvG darf eine

„[...] Kapitalanlagegesellschaft [...] in Wertpapieren und Geldmarktinstrumenten desselben Ausstellers (Schuldners) nur bis zu 5 Prozent des Wertes des Sondervermögens anlegen; in diesen Werten dürfen jedoch bis zu 10 Prozent des Wertes des Sondervermögens angelegt werden, wenn dies in den Vertragsbedingungen vorgesehen ist und der Gesamtwert der Wertpapiere und Geldmarktinstrumente dieser Aussteller (Schuldner) 40 Prozent des Wertes des Sondervermögens nicht übersteigt."

Anhand dieser gesetzlichen Vorschrift kann beispielsweise für einen Aktienfonds detailliert bestimmt werden, wie viele unterschiedliche Wertpapiere mindestens im Depot gehalten werden müssen:

Angenommen, ein Aktienfonds ist aufgrund vertraglicher Vereinbarungen in der Lage, die zweite Regel voll auszunutzen, so kann er vier Aktien mit jeweils zehn Prozent des Fondsvermögens im Fonds gewichten. Die restlichen 60 Prozent des Vermögens müssen so aufgeteilt werden, dass die ausgewählten Aktienpositionen jeweils nicht mehr als fünf Prozent des Fondsvermögens repräsentieren. Die Fondsmanager müssen folglich mindestens zwölf weitere Aktien in das Depot aufnehmen. Aus § 60 Abs. 1 InvG folgt, dass der Aktienfonds mindestens

4 Aktien à 10 Prozent + 12 Aktien à 5 Prozent = 16

unterschiedliche Aktien in seinem Depot halten muss.

Quelle: In Anlehnung an Beike u. Schlütz 2005: 712

Einfluss der Fondsmanager

Unabhängig von der Art der verwendeten (Finanz-)Instrumente und der verfolgten Anlagestrategien kennzeichnet alle Aktienfonds das Ziel. Es besteht darin, den Kapitalgebern eine alternativen Anlageformen überlegene Rendite zu bieten, indem man sich auf den Erwerb von (Minderheits-)Beteiligungen an börsennotierten Unternehmen fokussiert. Um dieses Ziel zu erreichen, sind Aktienfondsmanager zunehmend bereit, über ihre Aktienpositionen[32] Einfluss auf die Unternehmensführung zu nehmen.

Auslöser der Einflussnahme können beispielsweise unbefriedigende Geschäftsentwicklungen oder Fehlentscheidungen des gegenwärtigen Managements sein, die das Unternehmen in eine (vorübergehende) wirtschaftliche Krise geführt haben. Des Weiteren entsprechen die gegenwärtige Geschäftspolitik und die unternehmensintern definierten Wachstumsstrategien möglicherweise nicht den Vorstellungen institutioneller (Minderheits-) Aktionäre.

In solchen Fällen sollen persönliche Treffen oder Telefonate[33] sicherstellen, dass das gegenwärtige Management eine Geschäftsstrategie verfolgt, welche die beteiligten Investmentfonds attraktive Renditen realisieren lässt. Zeigen diese persönlichen Gespräche zwischen der Unternehmensführung und dem Fondsmanagement nicht die gewünschten Erfolge, haben institutionelle Investoren die Möglichkeit, mit öffentlicher Kritik sowie mit der Wahrnehmung ihrer gesetzlich fixierten (Minderheits-)Aktionärsrechte auf der Hauptversammlung den Druck auf das Management zu verstärken.[34]

Eine Ablösung der Vorstandsmitglieder ist vor allem aufgrund zahlreicher aktienrechtlicher Vorschriften kaum durchzusetzen. Dennoch zeigt sich auf Hauptversammlungen zunehmend die Tendenz, über erhöhten öffentlichen Druck auf die Unternehmensführung die Zusammensetzung bzw. Besetzung des Vorstands zu beeinflussen.[35]

Unternehmen, die sich im Zuge eines Börsengangs einem breiten Anlegerpublikum öffnen, müssen sich darüber im Klaren sein, dass sie aufgrund der anonymen Handelbarkeit ihrer Unternehmensanteile die Gesellschafter (Aktionäre) nicht auswählen können. Sie sollten also damit rechnen, dass Aktienfondsmanager in ihr Unternehmen eintreten, welche die mit ihren Aktienpositionen verbundenen Mitsprache- und Kontrollrechte aktiv zu ihren eigenen Gunsten wahrnehmen. „Die Zeit des Stillhaltens, des

[32] Entsprechend § 64 Abs. 2 InvG darf eine Fondsgesellschaft Aktien von ein und derselben Aktiengesellschaft bis zu einer Grenze von maximal zehn Prozent der Stimmrechte erwerben.

[33] Vgl. Pierscinka 2006: 43.

[34] Vgl. ebd.

[35] Vgl. Pierscinka 2006: 44.

Erduldens unternehmerischer Entscheidungen ist vorbei",[36] stellen deutsche Fondsmanager fest.

2.2.1.2 Hedge-Fonds

Die im angelsächsischen Kapitalmarkt schon seit Langem aktiven Hedge-Fonds gewinnen auch in Deutschland an Bedeutung. In jüngster Vergangenheit zeigten hierzulande einige prominente Beispiele (unter anderem Deutsche Börse AG vs. TCI) das Vorgehen und die Zielsetzungen von Hedge-Fonds, insbesondere deren Einfluss auf die Unternehmensführung und -strategie.

Im Folgenden wird aufgezeigt, was Hedge-Fonds sind, welche Anlagestrategien sie verfolgen und, vor allem, inwiefern Unternehmen im Rahmen der Beteiligung von Hedge-Fonds mit einem Versuch der aktiven Einflussnahme auf die Unternehmenspolitik rechnen müssen.

Der Begriff Hedge-Fonds

Hedge-Fonds sind gem. § 112 InvG „Sondervermögen mit zusätzlichen Risiken, die den Grundsatz der Risikomischung beachten und im Übrigen im Rahmen ihrer Anlagestrategien keinen Beschränkungen bei der Auswahl der Vermögensgegenstände [...] unterworfen sind. Die Vertragsbedingungen des Sondervermögens müssen zudem mindestens eine der folgenden Bedingungen vorsehen:

1. eine Steigerung des Investitionsgrades des Sondervermögens über grundsätzlich unbeschränkte Aufnahme von Krediten für gemeinschaftliche Rechnung der Anleger oder über den Einsatz von Derivaten (Leverage),
2. den Verkauf von Vermögensgegenständen für gemeinschaftliche Rechnung der Anleger, die im Zeitpunkt des Geschäftsabschlusses nicht zum Sondervermögen gehören (Leerverkauf)".

Ihren begrifflichen Ursprung finden Hedge-Fonds in den frühen 1950er-Jahren, als ein bestimmter Fondstyp den US-amerikanischen Kapitalmarkt beherrschte (vgl. Textbox 2-2).

Textbox 2-2: Das „ursprüngliche" Konzept der Hedge-Fonds

„Die Strategie der ersten Hedge-Fonds war folgende: Jeweils eine Hälfte des Kapitals wurde zum Kauf (‚Long Position') unterbewerteter Aktien [...] bzw. zum Leerverkauf (‚Short Position') als überbewertet eingestufter Anteilsscheine [...] verwendet, sodass die Long Position durch die Short Position quasi gedeckt oder ‚hedged'

[36] Kramer u. Schreiber 2005: 25.

war. Im Rahmen der Leerverkäufe entstand für den Fonds die Pflicht, in gleich hohem Wert eine Einlage bei dem Aktienhändler zu halten, bei dem er die Papiere leer verkauft hatte.

Das Hedging hatte bei dieser Strategie somit den Zweck, die Fonds-Performance gegen allgemeine Kursbewegungen am Aktienmarkt – das systematische oder Marktrisiko – abzusichern, sodass das Portfoliorisiko nur noch von den bewusst übernommenen unsystematischen oder spezifischen Risiken der einzelnen Titel abhing."

Quelle: o.V. 1999: 32

Die wörtliche Übersetzung der Bezeichnung Hedge-Fonds ist indessen irreführend: Diese Fonds verfolgen vorrangig keine Absicherungsstrategien,[37] sondern fahren ganz im Gegenteil bewusst risikobehaftete Anlagestrategien, um die hohen Renditeerwartungen ihrer Anteilseigner erfüllen zu können.

Damit Hedge-Fonds in ihren Investitionsentscheidungen vollkommen frei agieren können, müssen die Regulierungen der Kapitalmärkte in den Ländern, in denen ein Fonds seinen rechtlichen Hauptsitz hat, entsprechend gestaltet sein. Aus diesem Grund sind rund 55 Prozent aller weltweit aktiven Hedge-Fonds an Offshore-Finanzplätzen – wie den Cayman Islands oder den British Virgin Islands – registriert.[38] Allein im Jahr 2006 verwalteten die weltweit über 9.000 registrierten Hedge-Fonds ein Vermögen von geschätzten 1,5 Billionen US-Dollar. Nur gut ein Fünftel dieses Betrags – also rund 325 Milliarden US-Dollar – wurde dabei von Fonds verwaltet, die ihren rechtlichen Hauptsitz in der Europäischen Union hatten oder von Ländern der EU aus gemanagt wurden.[39] Mit rund 260 Milliarden US-Dollar – oder 200 Milliarden Euro – entfiel der Löwenanteil hierbei auf Fonds mit Sitz in London.[40]

In Deutschland waren Hedge-Fonds bis vor wenigen Jahren generell nicht zum öffentlichen Vertrieb zugelassen. Gelockert wurde diese Regelung erst mit dem Investment-Modernisierungsgesetz, das zu Beginn des Jahres 2004 in Kraft trat und seitdem den Vertrieb von „Sondervermögen mit zusätzlichen Risiken" unter den in §§ 112 ff. InvG festgelegten Rahmenbedingungen zulässt. Gegenwärtig verwalten die in Deutschland zuge-

[37] In der heutigen Finanzwelt bedeutet „Hedging", einen Zaun, eine Hecke um Assets – Aktien oder Anleihen – zu ziehen, um sie so vor den Risiken des Marktes zu schützen. Hedging verfolgt das Ziel, Risiken zu minimieren.

[38] Vgl. IFS 2007: 1.

[39] Vgl. European Commission 2006: 13.

[40] Vgl. ebd.

lassenen 25 Single- und 15 Dach-Hedge-Fonds ein Vermögen von rund 1,7 Milliarden Euro[41] – dies entspricht einem weltweiten Marktanteil von 0,14 Prozent.

Neben den vergleichsweise liberalen Kapitalmarktregulierungen stellt das komplexe und in hohem Maß erfolgsabhängige Vergütungssystem der Fondsmanager ein Differenzierungsmerkmal dar. Im Gegensatz zu der in der Fondsbranche üblichen Praxis wird der Erfolg eines Hedge-Fonds nicht anhand einer Vergleichsgruppe – eines „Benchmark" –, sondern am absolut erwirtschafteten Ergebnis gemessen.[42] Da somit Kunden und Fondsmanager gleichermaßen von einer überdurchschnittlichen Wertentwicklung des Hedge-Fonds profitieren, kommt es zu einer Interessengleichheit der Beteiligten. Sowohl Investoren als auch Fondsmanager charakterisiert die Motivation, eine hohe absolute Rendite zu erzielen.

In Verbindung mit einem umfangreichen Pool an finanzwirtschaftlichen Methoden und Instrumenten existieren für Hedge-Fonds nur äußerst geringe Beschränkungen hinsichtlich der Investitionsstrategie, der zu erwerbenden Vermögenswerte sowie des Einsatzes von derivativen Finanzinstrumenten.[43] Hedge-Fonds zielen unter anderem darauf ab, Ineffizienzen an den internationalen Finanzmärkten auszunutzen. Ihre Manager sind vor allem an Engagements interessiert, die kurzfristig eine überdurchschnittliche Rendite erzielen.[44] Im Allgemeinen verfolgen Hedge-Fonds dabei bestimmte Anlagestrategien, wovon die wichtigsten im folgenden Abschnitt vorgestellt werden.

Hedge-Fonds-Strategien

Auch wenn Hedge-Fonds während der letzten Jahre in der Finanzwelt immer mehr Akzeptanz erfuhren, werden ihre Strategien, die mitunter Einfluss auf Unternehmen oder gar Finanzmärkte nehmen, weiterhin verstärkt in der Öffentlichkeit diskutiert. Ein Beispiel soll diese Einflussnahme illustrieren: Im September 1992 wurde George Soros – einer der bekanntesten Vertreter der Hedge-Fonds-Branche – dafür verantwortlich gemacht, dass die britische Zentralbank das britische Pfund aus dem europäischen Wechselsystem ausschloss.[45] Die Anlagestrategie seines Quantum Fund soll eine starke Abwertung des britischen Pfunds verursacht haben.

Hedge-Fonds verfolgen überaus vielfältige Anlagestrategien, lassen sich aber grundsätzlich in fünf Kategorien einteilen (vgl. Abbildung 2-5):

---

[41] Vgl. Deutscher Bundestag 2007: o.S.

[42] Vgl. BdB 2005: 4.

[43] Vgl. ebd.

[44] Vgl. ebd.

[45] Vgl. Götte 2007: 2.

„Global Macro“, „Event Driven“, „Market Neutral“, „Long/Short Equity“, „Commodity Trading Advisors“ (CTAs) sowie „Value Driven“.

Hedge-Fonds-Strategien					
Global-Macro-Fonds	Event-Driven-Fonds	Market-Neutral-Fonds	Long-/Short-Equity-Fonds	CTAs	Value-Driven-Fonds
Ausnutzung weltweiter Preisunterschiede bei Aktien, Renten, Währungen und Rohstoffen	Ausnutzung von sich aus Unternehmensmitteilungen ergebenden Kursauf- und Kursabschlägen	Ausnutzung vorhandener Kursunterschiede eng verwandter Papiere	Ausnutzung relativer Kursunterschiede durch Eingehen einer Long/ Short Position	Vorwegnahme künftiger Trends durch Optionen, Futures und Warrants	Aktive Einflussnahme auf Unternehmensstrategie

Abbildung 2-5: Hedge-Fonds-Strategien
Quelle: Eigene Abbildung

Global-Macro-Fonds gehören zu den bekanntesten strategischen Ausrichtungen der Hedge-Fonds. Auf Basis makroökonomischer Marktprognosen spekulieren ihre Manager in globalen Kapitalmärkten auf Preisveränderungen bei Aktien, Rentenpapieren, Rohstoffen und bzw. oder Währungen und versuchen, diese durch das Eingehen entsprechender Long- und Short-Positionen gewinnbringend zu antizipieren.[46] Mithilfe fundamental basierter Analysemodelle sollen künftige Entwicklungen der wirtschaftlichen bzw. politischen makroökonomischen Lage frühzeitig erkannt werden. Diese makroökonomischen Trends werden dann unter Einsatz von Fremdkapital durch den Aufbau von Aktien-, Zins-, Rohstoff- oder Währungspositionen gewinnbringend genutzt.

Manager von **Event-Driven-Fonds** versuchen, erwartete bzw. angekündigte Geschäftsereignisse auszunutzen.[47] Getreu dem Motto „Make Money on Events“ investieren Fondsmanager ihr Vermögen in der Regel bei Unternehmensereignissen wie Konkursen, finanziellen Restrukturierungen, Zusammenschlüssen oder Übernahmen.[48]

Eine vergleichsweise risikoarme Anlagestrategie verfolgen Manager von **Market-Neutral-Fonds**, indem sie wertmäßig voll oder teilweise gedeckte Long- und Short-Positionen in ähnlichen Wertpapieren eingehen.[49]

46 Vgl. BdB 2005: 5.
47 Vgl. BdB 2005: 4.
48 Vgl. Götte 2007: 79.
49 Vgl. ebd.

Dabei verkaufen sie überbewertete Anlageinstrumente und kaufen im Gegenzug unterbewertete Anteile derselben oder ähnlicher Emittenten. Diese Strategie kommt grundsätzlich für alle Wertpapierarten infrage.

Long-/Short-Equity-Fonds sind die traditionellen Hedge-Fonds im Sinne von Alfred W. Jones – dem Gründer des weltweit ersten Hedge-Fonds.[50] Mit einem verwalteten Gesamtvermögen von rund 500 Milliarden US-Dollar – dies entspricht rund einem Drittel[51] des in allen Hedge-Fonds-Kategorien angelegten Kapitals – zählen Long-/Short-Equity-Fonds zu den am weitesten verbreiteten Kategorien. Ihre Manager versuchen, die relativen Preisunterschiede zwischen zwei Wertpapieren (in der Regel Aktien) auszunutzen. Dazu erwerben sie Papiere unterbewerteter Unternehmen – gehen also „long" – und verwenden diese Aktien als Sicherheit für eine zweite, zeitlich parallel ablaufende Transaktion, bei der sie Wertpapiere einer aus ihrer Sicht überbewerteten Gesellschaft gegen eine Gebühr leihen. Diese Papiere werden dann am Kapitalmarkt veräußert: Sie gehen „short". Bewahrheitet sich ihre Einschätzung zur Bewertung der Unternehmen, d.h. fallen die Anteile des überbewerteten Unternehmens, ist der Fondsmanager in der Lage, die geliehenen Aktien zu geringeren Kursen am Markt zu erwerben und sie ihrem ursprünglichen Eigentümer zuzüglich einer Leihgebühr zurückzugeben.[52]

Zum besseren Verständnis dieses Zusammenhangs dient folgendes stark vereinfachtes Beispiel, das jegliche anfallende Kosten und Gebühren der Transaktionen unberücksichtigt lässt: Der Manager eines Hedge-Fonds setzt auf fallende Kurse der Aktie der Muster AG. Zum 1. Juli 2007 steht der Kurs der Aktie bei 150 Euro. Um seine Strategie umzusetzen, leiht sich der Fondsmanager eine Million Aktien der Muster AG mit der Verpflichtung, sie am 1. Juli 2008 wieder zurückzugeben. Durch einen sofortigen Verkauf der Aktien am Kapitalmarkt erlöst der Fonds 150 Millionen Euro. Behält der Manager mit seiner Einschätzung recht und der Kurs der Aktie fällt auf 100 Euro, kauft er die noch immer ausstehende Million Aktien für 100 Millionen Euro und gibt diese dem Verleiher zurück. Im Zuge der Transaktion erzielt der Hedge-Fonds einen Gewinn von 50 Millionen Euro.

Entwickelt sich der Markt gegenläufig, d.h. steigt der Kurs der Muster-AG-Aktien bis zum 1. Juli 2008 auf 200 Euro, führt diese Transaktion hingegen zu einem Verlust in Höhe von 50 Millionen Euro. Um seinen vertraglichen Verpflichtungen nachzukommen, muss der Fondsmanager

[50] Vgl. Weber 2004: 71.
[51] Vgl. IFS 2007: 5.
[52] Vgl. Böttger 2005: 67.

die ausstehende Million Aktien zu einem Preis von 200 Millionen Euro erwerben.

Commodity Trading Advisors (CTAs) versuchen mithilfe umfangreicher charttechnischer Analysen, Trends an den Termin-, Finanz- und Warenmärkten frühzeitig zu erkennen, um davon durch den Einsatz derivativer Instrumente (unter anderem Optionen, „Warrants“ und „Futures“) zu profitieren. Aufgrund der auf diese Weise realisierbaren hohen Hebel gehören Hedge-Fonds dieser Kategorie zu den risikoreicheren Varianten weltweit.

Unter den dargestellten Hedge-Fonds-Strategien verfolgen **Value-Driven-Fonds** am stärksten das Ziel, den kurzfristigen Erfolg ihrer Investitionen aktiv zu gestalten. So steht der Führung börsennotierter Unternehmen oftmals ein strategisch motivierter Lobbyist gegenüber, der nicht davor zurückschreckt, seine (opportunistischen) Interessen auch durch den Aufbau hohen öffentlichen Drucks oder durch Anwendung aller ihm zur Verfügung stehenden juristischen Mittel, unter anderem auf der Hauptversammlung der betreffenden Unternehmen, tatsächlich durchzusetzen. Üblicherweise verfügen Hedge-Fonds über Minderheitsanteile an Unternehmen, die ihnen als Basis für ihre Einflussnahme dienen. Ziel ist die Implementierung wert- und damit kurssteigernder Maßnahmen, um kurzfristig überdurchschnittliche Renditen zu erwirtschaften.

Erleichtert wird vielen Hedge-Fonds dieses Vorgehen durch eine seit Jahren stark rückläufige Anwesenheit der Aktionäre auf den Hauptversammlungen deutscher Aktiengesellschaften. Zahlen der Deutschen Schutzvereinigung für Wertpapierbesitz e.V. zufolge sank der Anteil der stimmberechtigten Aktien auf den Hauptversammlungen der 30 im DAX notierten Gesellschaften von 61 Prozent im Jahr 1998 auf unter 50 Prozent im Jahr 2006.[53] Im Zuge dessen ist es den Hedge-Fonds – trotz ihrer vergleichsweise geringen Beteiligungen – möglich, auf den Hauptversammlungen enormen Einfluss auf die Unternehmensführung auszuüben. Ein Praxisbeispiel zur Deutschen Börse AG illustriert die Einflussnahme des Hedge-Fonds TCI (vgl. Textbox 2-3).

Textbox 2-3: Deutsche Börse AG vs. TCI

Hedge-Fonds TCI forderte Deutsche Börse AG heraus

Das Management der Deutschen Börse AG stand insbesondere in den Jahren 2004 und 2005 einer Gruppe von Hedge-Fonds gegen-

[53] Vgl. DSW 2007: 1.

über, die aktiv auf die Unternehmensstrategie Einfluss nahmen. Nachdem das Unternehmen erhebliche Barreserven akkumuliert und im Dezember 2004 zum zweiten Mal ein Übernahmeangebot für die London Stock Exchange angekündigt hatte, kam es zum aktiven Widerstand der Aktionäre. Dieser wurde zunächst von dem in London ansässigen Hedge-Fonds TCI angeführt, später haben sich weitere Fonds, darunter auch solche mit Sitz in Deutschland, der kritischen Haltung gegenüber der Unternehmensleitung angeschlossen. Dieser Widerstand führte schließlich dazu, dass die Deutsche Börse ihr Übernahmeangebot für die London Stock Exchange zurückzog und einen Teil der angehäuften Barreserven in Form eines Aktienrückkaufs ausschüttete. Schließlich mussten Werner Seifert und Rolf Breuer, die Vorsitzenden von Vorstand und Aufsichtsrat der Deutschen Börse AG, zurücktreten.

Quelle: In Anlehnung an o.V. 2007c

2.2.2 Private-Equity-Gesellschaften

Für Unternehmen, die sich durch den öffentlichen Kapitalmarkt nicht finanzieren lassen können oder wollen, stellt privates Beteiligungskapital eine geeignete Möglichkeit dar, das für die Finanzierung ihrer wirtschaftlichen Aktivitäten nötige Eigenkapital zu generieren. Wie noch aufzuzeigen sein wird, ist privates Beteiligungskapital – auch als Private Equity bekannt – eine moderne Art der Finanzierung, die für ein Unternehmen von großem Nutzen sein kann.[54] Die relative Beteiligungshöhe an Unternehmen umfasst dabei ein breites Spektrum von Minderheitsanteilen bis zur Komplettübernahme. Zahlen des Bundesverbandes deutscher Kapitalbeteiligungsgesellschaften e.V. zufolge investierten in Deutschland tätige Beteiligungsgesellschaften 2006 geschätzte 3,6 Milliarden Euro in deutsche Unternehmen.[55]

Im Folgenden wird aufgezeigt, was Private Equity ist, welche Beteiligungsarten sich unterscheiden lassen, wann eine Beteiligungsfinanzierung sinnvoll erscheint und auf welche Aspekte Unternehmen bei der Auswahl eines Private-Equity-Kapitalgebers achten müssen.

---

[54] Vgl. Teuber 2007: 5.

[55] Vgl. BVK 2007a: o.S.

Der Begriff Private Equity

Die European Venture Capital and Private Equity Association (EVCA) definiert Private Equity als Oberbegriff für privates Beteiligungskapital. Er umfasst alle Eigenkapitalbeteiligungen, mit denen Investoren Anteile an in der Regel nicht börsennotierten Gesellschaften erwerben und somit direkt am Wertzuwachs sowie am wirtschaftlichen Erfolg dieser Unternehmen beteiligt werden.[56]

Im Rahmen von privatem Risikokapital stellen private bzw. institutionelle Anleger einem Unternehmen Beteiligungskapital für einen meist unbegrenzten Zeitraum zur Verfügung, ohne die mit einem klassischen Bankkredit verbundenen Sicherheiten zu verlangen. Im Gegenzug zu diesen in das Unternehmen eingebrachten finanziellen Mitteln und dem unternehmerischen Risiko erhalten sie umfangreiche Mitsprache- und Kontrollrechte.[57]

Vorrangiges Ziel der Kapitalgeber ist, nach einer üblichen Haltedauer von drei bis sieben Jahren[58] durch Verkauf ihrer Beteiligungen eine überdurchschnittliche Rendite zu erzielen.

Vielfach synonym mit Private Equity wird der Begriff „**Venture Capital**“ verwendet. Bei Letzterem handelt es sich jedoch um eine besondere Form des privaten Beteiligungskapitals, das gewöhnlich in junge, wachstumsstarke Unternehmen fließt. Das Engagement der Venture-Capital-Investoren kann zeitlich begrenzt sein und je nach Branche fünf bis zehn Jahre dauern.[59] Eigenkapitalgeber fordern im Zuge einer Venture-Capital-Transaktion Renditen, die zwischen 20 und 30 Prozent pro Jahr liegen.[60]

Demgegenüber bezeichnet Private Equity im engeren Sinne außerbörsliches Eigenkapital, das reiferen Unternehmen für Expansions- und Wachstumsfinanzierung zur Verfügung gestellt wird. Aber auch hier soll eine jährliche Rendite von 15 bis 30 Prozent erwirtschaftet werden.[61] In der Regel streben Private-Equity-Gesellschaften die Mehrheitsbeteiligung an einer erworbenen Gesellschaft an. Da die Zielunternehmen im Idealfall über eine nachweisbare Unternehmenshistorie, anerkannte Produkte und erfahrene Managementteams sowie stabile Umsätze, Erträge und Cashflows verfügen, bergen diese Investitionen im Vergleich zu Venture Capital ein

[56] Vgl. Teuber 2007: 6.
[57] Vgl. ebd.
[58] Vgl. Kaserer et al. 2007: 15.
[59] Vgl. Stahl et al. 2005: 51.
[60] Vgl. ebd.
[61] Vgl. Werner u. Kobabe 2005: 47.

geringeres Risiko.[62] Abbildung 2-6 stellt den Zusammenhang zwischen Private Equity und Venture Capital dar.

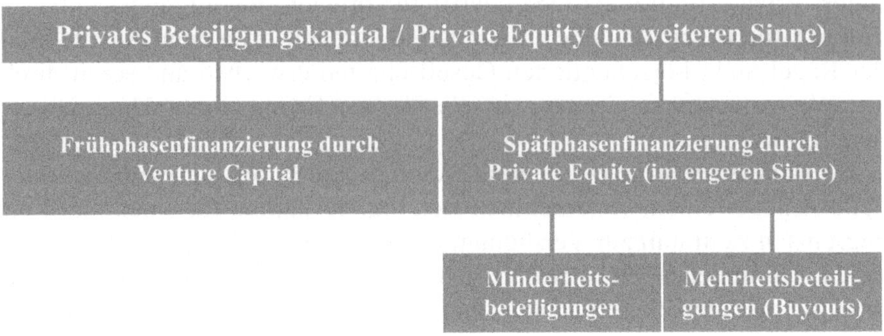

Abbildung 2-6: Abgrenzung von Private Equity
Quelle: Eigene Darstellung in Anlehnung an Kaserer et al. 2007: 14

Im Folgenden wird Venture Capital als Frühphasenfinanzierung junger, (noch) nicht börsengelisteter Unternehmen verstanden. Dagegen wird Private Equity oder privates Beteiligungs- und bzw. oder Risikokapital als Oberbegriff verwendet, der sowohl Venture Capital als auch Private Equity im engeren Sinne umfasst.

Beteiligungsarten der Private-Equity-Investoren

Aus Investorensicht gibt es für Private-Equity-Transaktionen zwei typische Beteiligungsformen:

- unmittelbare Beteiligung
- mittelbare Beteiligung

Im Rahmen einer **unmittelbaren Beteiligung** erwirbt ein Investor direkt, also ohne Zwischenschalten von Intermediären, Geschäftsanteile an einem Unternehmen unter eigenem Namen und auf eigene Rechnung. Nachdem keine „Zwischenhändler" auftreten, die bei einer erfolgreichen Investition am Gewinn beteiligt werden müssen, bestehen für den Investor höhere Renditeerwartungen. Neben vermögenden Privatpersonen, die Beteiligungen in allen Lebensphasen eines Unternehmens erwerben, beteiligen sich vorwiegend strategisch und professionell agierende Investoren direkt an Unternehmen. Risikokapitalgeber, die sich auf Unternehmen in der Grün-

[62] Vgl. Kaserer et al. 2007: 15.

dungsphase fokussieren, werden als „Business Angels“, Inkubatoren und Akzeleratoren bezeichnet.[63]

> Risikokapitalgeber knüpfen die Vergabe von Eigenkapital an Kontroll- und Mitwirkungsrechte, die weit über eine Überwachung der finanziellen Aktivitäten hinausgehen und auch eine aktive Einflussnahme auf die strategischen und operativen Tätigkeiten der Unternehmensführung vorsehen. Diese Maßnahmen zielen darauf ab, Unternehmenswert zu generieren und damit eine hohe Wertentwicklung der Beteiligung zu ermöglichen.
>
> Risikokapitalgeber werden in der Regel versuchen, den Wert ihrer Beteiligungen durch eine (strategisch motivierte) aktive Beeinflussung der Kapitalbedarfs- und Finanzplanung, des Controllings, der Personalführung und des (operativen) Managements zu steigern.

Eine unmittelbare Beteiligung ist sinnvoll, wenn im Zuge der strategischen bzw. operativen (Geschäfts-)Ausrichtung externe Unterstützung über die rein finanzielle Beteiligung hinaus benötigt wird. In dieser Phase kann der Kapitalgeber aufgrund seiner Kompetenz – etwa seiner Markt- und Branchenkenntnisse – in der Lage sein, zu einer nachhaltigen, erfolgreichen Unternehmensentwicklung beizutragen. Die Bandbreite seiner Hilfestellungen kann sich von organisatorischem, operativem und strategischem Input über die Vermittlung von (inter-)nationalen Kontakten bis hin zum Aufbau von Kunden-, Lieferanten- oder Bankbeziehungen erstrecken.

Eine **mittelbare Beteiligung** liegt dagegen vor, wenn ein Investor die Geschäftsanteile an einem Zielunternehmen indirekt über eine zwischen ihn und das Zielunternehmen „geschaltete“ private Beteiligungsgesellschaft (Private-Equity-Fonds) oder über einen (Dach-)Fonds („Fund of Funds“) erwirbt, der wiederum in unterschiedliche Private-Equity-Fonds investiert. Abbildung 2-7 stellt die beiden Arten von Private-Equity-Beteiligungen grafisch gegenüber.

[63] Vgl. Teuber 2007: 10.

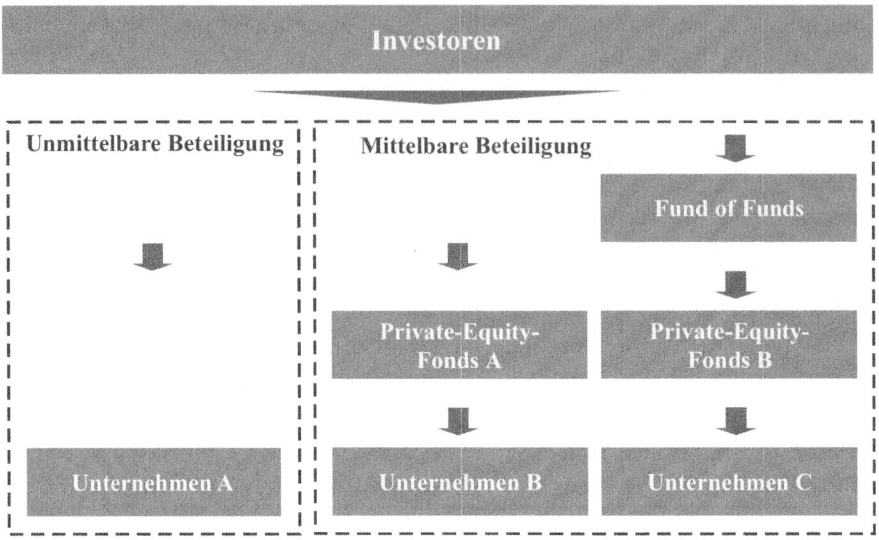

Abbildung 2-7: Mögliche Arten von Private-Equity-Beteiligungen
Quelle: Eigene Darstellung in Anlehnung an Bloome-Dress u. Rang 2006: 14

Der Schwerpunkt der mittelbaren Private-Equity-Investitionen liegt auf Fondsinvestments. Im Zentrum steht eine Beteiligungsgesellschaft, die mithilfe einer Fondskonstruktion Kapital von in- und ausländischen Investoren sammelt und in unterschiedliche Unternehmen investiert. Der Vorteil dieser Fondsinvestments liegt vor allem darin, dass ein Team von spezialisierten, erfahrenen Managern attraktive Zielunternehmen auswählt, das Management des Beteiligungsunternehmens operativ und strategisch unterstützt sowie schließlich die Beteiligung wieder professionell veräußert, wofür die Private-Equity-Gesellschaft eine Vergütung erhält. Ein Investor ist somit nur indirekt an einem Unternehmen beteiligt und kann dabei von der Kompetenz erfahrener Beteiligungsmanager profitieren. Seine Hauptaufgabe liegt in der Bereitstellung von Kapital, das nach definierten Zielvorgaben, z.B. Branchenfokus, Unternehmensgröße, Haltedauer und Renditeerwartungen, zu investieren ist. Der Grad der aktiven Einflussnahme auf das Management der Beteiligungsunternehmen durch einen Private-Equity-Fonds ist unter anderem aufgrund der Vielzahl der zu betreuenden Portfoliounternehmen[64] tendenziell geringer als bei einer unmittelbaren Beteiligung des Kapitalgebers.

[64] Private-Equity-Fonds betreuen üblicherweise zwischen 20 und 30 Beteiligungsunternehmen (vgl. Teuber 2007: 12).

Anlässe für eine Private-Equity-Investition

Risikobehaftete Beteiligungsfinanzierungen kommen während des gesamten Lebenszyklus eines Unternehmens zum Einsatz (vgl. Abbildung 2-8).

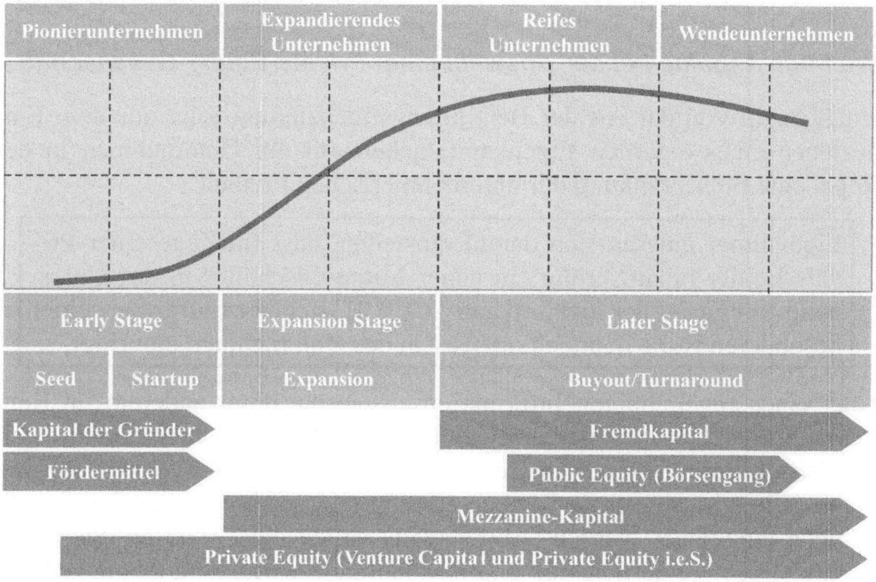

Abbildung 2-8: Finanzierungsphasen eines Unternehmens
Quelle: Eigene Darstellung in Anlehnung an Hackl u. Jandl 2004: 197

Eine Eigenkapitalfinanzierung über Private Equity ist vor allem für Unternehmen attraktiv, die sich nicht dem Kapitalmarkt öffnen möchten. Typische Anlässe für eine Beteiligungsfinanzierung sind etwa[65]

- die Entwicklung und Umsetzung einer innovativen Idee, auf deren Basis ein Geschäftskonzept erstellt wird („Seed-Finanzierung“),
- die Gründungsphase, in der ein Unternehmen aufgebaut sowie Produkte entwickelt und (teilweise) bereits vermarktet werden („Startup-Finanzierung“),
- die Erweiterung vorhandener Produktionskapazitäten, die Diversifizierung des Produktportfolios sowie die (inter-)nationale Expansion (Expansionsfinanzierung),

[65] Vgl. Werner u. Kobabe 2005: 43.

- die Finanzierung von externem Wachstum (z.B. Unternehmensübernahmen) – Unternehmensübernahmen mit hohem Fremdkapitaleinsatz werden als Leveraged Buyouts (LBOs) bezeichnet – und
- die Finanzierung von Restrukturierungen (Turnaround-Finanzierung).

Wichtige Aspekte bei der Auswahl einer Private-Equity-Gesellschaft

Unabhängig von der Art der Beteiligungsfinanzierung folgt aus dem Einbeziehen eines externen Eigenkapitalgebers für ein Unternehmen in der Regel eine Einschränkung der unternehmerischen Freiheit.

> Eigentümer müssen sich darauf einstellen, dass im Zuge einer Private-Equity-Finanzierung ein neuer Mitgesellschafter in das Unternehmen eintritt, der nicht operativ tätig ist, sich aber aufgrund seiner besonderen Rolle dennoch intensiv in das Unternehmen einbringt.[66]

Über einen regelmäßigen Informationsaustausch, unter anderem im Rahmen von Bei- bzw. Aufsichtsratssitzungen der Portfoliounternehmen, wollen Private-Equity-Gesellschaften einerseits gewährleisten, dass frühzeitig potenzielle wirtschaftliche Risiken erkannt und entsprechende Gegenmaßnahmen eingeleitet werden. Andererseits sollen diese Treffen aber auch dazu beitragen, eine günstige und nachhaltige Entwicklung des jeweiligen Portfoliounternehmens zu fördern und sicherzustellen.[67] Eine gemeinsam von der Wirtschaftsprüfungsgesellschaft PricewaterhouseCoopers und dem Bundesverband Deutscher Kapitalbeteiligungsgesellschaften e.V. durchgeführte Studie besagt, dass Unternehmen Finanzinvestoren vor allem als kompetente Gesprächspartner (65%) schätzen und als wichtigste Leistungen der Private-Equity-Gesellschaften die finanzielle Beratung (42%), die Managementunterstützung (39%) sowie die Vermittlung von (internationalen) Kontakten (34%)[68] anerkennen.

Aufgrund ihrer weitreichenden Auswirkungen auf die Unternehmensführung und -strategie sollte die Entscheidung, ob ein Private-Equity-Investor in die Unternehmensfinanzierung einbezogen wird, strategisch analysiert werden. Idealerweise machen sich die Eigentümer bereits sehr frühzeitig mit den Grundregeln des Private-Equity-Marktes vertraut. Dabei können Gespräche mit Managern und externen Beratern, die bereits einschlägige Erfahrungen mit Beteiligungsfinanzierungen haben, überaus hilfreich sein.

---

[66] Vgl. Hackl u. Jandl 2004: 207.

[67] Vgl. Teuber 2007: 29.

[68] Vgl. PwC u. BVK 2005: 18.

Sind die Eigentümer nach intensiven Überlegungen zu dem Schluss gekommen, dass eine Eigenkapitalerhöhung über einen Private-Equity-Investor und die damit verbundene Aufnahme neuer Gesellschafter finanzstrategisch sinnvoll ist, wird in einem nächsten Schritt eine geeignete Private-Equity-Gesellschaft identifiziert. Die Gesellschafter sollten ihre potenziellen Mitgesellschafter dabei auf Herz und Nieren prüfen.[69]

Neben den ersten Referenzgesprächen mit potenziellen Investoren sollte sich ein Unternehmen bei der Auswahl eines Private-Equity-Investors mit folgenden Punkten umfassend auseinandersetzen:[70]

- **Fondsvolumen und verfügbares Kapital**: Wichtiger als das durch die Private-Equity-Gesellschaft verwaltete Fondsvolumen sind die liquiden Mittel, die einem Private-Equity-Investor für Investitionen noch zur Verfügung stehen. Da Risikokapitalgeber in der Regel nicht mehr als 10 bis 15 Prozent des gesamten Fondsvolumens in ein einzelnes Beteiligungsprojekt investieren, sollte sich ein Unternehmen die Frage stellen, ob ihm ein Investor auch ausreichend Kapital zur Verfügung stellen kann.
- Neben der Höhe des noch verfügbaren Kapitals sollte ein Unternehmen zudem verstärkt auf die **Restlaufzeit des Fonds** achten. Fonds, die vor vier oder fünf Jahren erste Beteiligungen aufgebaut haben und deren Restlaufzeit nunmehr wenige Jahre beträgt, können zu Forderungen nach kurzfristiger Wertsteigerung und Exit-Plänen neigen. Jüngere Fonds akzeptieren dagegen auch längere Beteiligungslaufzeiten. Die Restlaufzeit des Fonds sollte jedoch zumindest mit dem vom Kapital suchenden Unternehmen angestrebten Finanzierungshorizont in Einklang stehen.
- Ein weiteres Auswahlkriterium ist der **Mehrwert** neben den finanziellen Mitteln. So kann eine große geografische Entfernung des Eigenkapitalgebers zum Beteiligungsunternehmen dazu führen, dass er der Beteiligung nur geringe operative Unterstützung zukommen lässt. Weiterhin sollte sich ein Unternehmen im Vorfeld der Beteiligung eines Investors über dessen Branchen-Know-how, Managementerfahrung sowie (internationales) Netzwerk mit Kunden, Lieferanten und potenziellen Kooperationspartnern informieren und die Erkenntnisse bei der Entscheidungsfindung berücksichtigen.
- Schließlich ist im Rahmen der Auswahl des Investors ein Blick auf das **Managementteam** zu werfen. Nach Vertragsabschluss wird mit dem Kapitalgeber ein neuer Gesellschafter in das Unternehmen treten, der

---

69 Vgl. Hackl u. Jandl 2004: 207.
70 Vgl. Hackl u. Jandl 2004: 208 f.

aufgrund seiner besonderen Rolle im ständigen aktiven Dialog mit dem Unternehmen steht. Zwischenmenschliche Aspekte sind im Rahmen einer intensiven Zusammenarbeit wesentlich.

Zusammenfassend lässt sich festhalten, dass die Auswahl des künftigen Private-Equity-Investors eine überaus wichtige strategische Rolle spielt. Nur wenn die Eigentümer den für ihr Unternehmen und ihre Geschäftsstrategie passenden Investor finden, können sie von der Partnerschaft weit über die zur Verfügung gestellten finanziellen Mittel hinaus profitieren.

2.3 Going Private – Der Weg von der Börse

2.3.1 Einleitung und Übersicht

Wie oben dargestellt haben Unternehmen, die den öffentlichen Kapitalmarkt nutzen, keinerlei Einfluss auf die Auswahl der Aktionäre. In diesem Zusammenhang stellt sich die Frage, ob es Optionen gibt, sich der direkten oder indirekten Einflussnahme von Investoren auf die Unternehmensentwicklung und -strategie zu entziehen. Allgemein sind die Vor- und Nachteile einer Listung detailliert zu analysieren. Dass ein Rückzug von der Börse nicht als Zeichen finanzieller bzw. wirtschaftlicher Schwäche angesehen werden kann, sondern ganz im Gegenteil vielfach eine Chance zur Steigerung des Unternehmenswertes darstellt, zeigt das Beispiel der Honsel AG:[71] Mithilfe von frischem Kapital des Hauptinvestors Carlyle nutzte die Honsel AG ihren Rückzug von der Börse für internationale Akquisitionen.

Im Folgenden wird aufgezeigt, was man unter Going Private versteht, welche Gründe für den Rückzug eines Unternehmens von der Börse sprechen, welche Ziele damit verfolgt werden, auf welche Techniken eine börsengelistete Gesellschaft hierbei zurückgreifen kann und welche Konsequenzen sich aus diesem Rückzug ergeben.

2.3.2 Der Begriff Going Private

Unter Going Private versteht man den vollständigen Rückzug einer börsennotierten Gesellschaft von allen durch das Unternehmen genutzten Börsenplätzen.[72]

[71] Vgl. Schlößer 2003: 3, FN 12.
[72] Vgl. Richard 2006: 275.

Ihre historischen Wurzeln finden Going-Private-Transaktionen in den frühen 1970er-Jahren in den USA, als sich eine vergleichsweise hohe Anzahl von Aktiengesellschaften von der Börse zurückzog.[73] In dieser Zeit, die von stark fallenden Kursen geprägt war – allein von 1972 bis 1974 fiel der „Dow Jones Industrial Average“ von 1.036 auf 578 Punkte –, schien die Börsennotierung für viele Gesellschaften keinen Mehrwert mehr zu schaffen. Ferner erhöhte sich aufgrund niedriger Unternehmensbewertungen insbesondere für Aktiengesellschaften mit hohem Streubesitz die Gefahr einer feindlichen Übernahme.[74] Rückzüge von der Börse haben in den vergangenen Jahren eine beachtliche Dynamik entwickelt. Einer Studie von Thomson Financial zufolge hat sich das Volumen weltweiter Public-to-Private-Transaktionen seit 2004 nahezu verdreifacht. Allein im Jahr 2006 verschwanden Unternehmen mit einer Börsenkapitalisierung von mehr als 150 Milliarden US-Dollar von den globalen Kurszetteln.[75]

2.3.3 Gründe für Going Private

Die stetig steigende Anzahl der Börsenrückzüge nicht nur deutscher Aktiengesellschaften belegt die zunehmende Überzeugung der Unternehmen, dass eine Börsennotierung keine unumkehrbare Tatsache darstellt, sondern wie andere Unternehmensparameter auch einer regelmäßigen Prüfung unterzogen wird. Für ein Unternehmen kann sich ein Rückzug von der Börse aus unterschiedlichen, im Folgenden näher zu erläuternden Gründen als überaus vorteilhaft erweisen.

Strategische Verhaltensweisen des Hauptinvestors

Der Börsenaustritt ist für Großaktionäre interessant, wenn sich dadurch eine ungewollte Unternehmensübernahme verhindern lässt. Überlegungen in diese Richtung stellen in der Regel Gesellschaften an, deren Großaktionäre nicht über eine absolute Kapital- und Stimmenmehrheit verfügen.[76]

> Generell gilt: Going Private ist ein Thema für (Groß-)Aktionäre, die bei einer (feindlichen) Übernahme um ihren (unternehmerischen) Einfluss sowie um die Fortsetzung einer ihnen genehmen Unterneh-

[73] Vgl. Kemper 2007: 21.
[74] Vgl. ebd.
[75] Vgl. Smith u. Cohen 2007: o.S.
[76] Vgl. Grupp 1995: 103.

menspolitik fürchten müssen.[77] Die Entscheidung, ein Unternehmen von der Börse zu nehmen, hat also weniger kapitalmarktorientierte als vielmehr (finanz-)strategische Gründe.

Bedeutungsverlust der Börsennotierung

Aus Sicht eines Unternehmens bzw. seiner Eigentümer kann eine Börsennotierung folgende wichtige Funktionen erfüllen:[78]

- erleichterte Bereitstellung von Kapital
- Ermittlung des Marktpreises
- Kontrolle des Managements

Unternehmen, die ihr künftiges Wachstum vollständig aus dem generierten Cashflow finanzieren können oder sich nicht mehr auf einem Wachstumskurs befinden, sind auf die **Kapitalversorgungsfunktion** des Kapitalmarktes nicht mehr angewiesen.[79] Die Kapitalbeschaffungsfunktion der Börsennotiz ist auch dann obsolet, wenn die Aufnahme von zusätzlichem Eigenkapital über die Wertpapierbörsen aufgrund hoher Transaktionskosten zu teuer und damit betriebswirtschaftlich unrentabel wird.[80] In dieser Situation befinden sich vor allem Unternehmen, die wegen ihrer unzureichenden Größe für institutionelle Investoren uninteressant erscheinen oder durch eine rückläufige Nachfrage unterbewertet sind.[81]

Ein mangelndes Kapitalmarktinteresse und die damit direkt einhergehende begrenzte Fungibilität[82] der Aktien kann zudem die **Bewertung** durch den Kapitalmarkt verzerren: Aufgrund ungenügender Liquidität, geringen Handels und geringer Order-Volumina entstehen Kurse, die den Wert eines Unternehmens nicht mehr fair widerspiegeln.[83] Gerade eine faire Bewertung ist aber eine wesentliche Voraussetzung für eine funktionierende **Kontrolle des Managements** durch den Kapitalmarkt. Insofern ist

---

[77] Vgl. ebd.

[78] Vgl. Grupp 2006: 16 ff.; vgl. Paul 2004: 97.

[79] Vgl. Grupp 2006: 16.

[80] Vgl. Paul 2004: 97 f.

[81] Vgl. Grupp 2006: 16 f.

[82] Die Fungibilität einer Geldanlage beschreibt, wie leicht eine Form der Investition in eine andere umgewandelt werden kann. Wertpapiere, die an einer Börse notiert werden, sind in diesem Zusammenhang sehr fungible Anlagen, da sie sehr leicht verkauft oder in andere Anlageformen umgewandelt werden können.

[83] Vgl. Grupp 2006: 18.

in diesem Fall auch die Überwachungsfunktion des Kapitalmarktes nur noch eingeschränkt erfüllt.[84]

2.3.4 Ziele

Unternehmen erwägen einen Rückzug von der Börse, um Kosten, die mit der Notierung verbunden sind, zu senken. Weiterhin verringert sich durch reduzierte Informationspflichten die Transparenz gegenüber der „Außenwelt". Schließlich lassen sich durch Going Private bei dauerhaften Unterbewertungen am Kapitalmarkt nachteilige Auswirkungen auf die Motivation der Mitarbeiter reduzieren.

Kostensenkungen

Vielfach versprechen sich sowohl die Unternehmensführung als auch die Großaktionäre von Going Private eine deutliche Kostenentlastung für das Unternehmen. Durch einen Börsenrückzug entfallen die Ausgaben nicht nur für Zahlungs- und Hinterlegungsstellen sowie die Durchführung von Hauptversammlungen, sondern auch für die Veröffentlichung (gesetzlich vorgeschriebener) Informationen in den Medien.

Wesentlich geringfügigere Informations- und Offenlegungsvorschriften wirken sich speziell im Personalbereich als deutliche Kosteneinsparungen aus. So benötigen unter anderem der CEO, der CFO sowie der IR-Verantwortliche weit weniger Zeit für Analystenmeetings oder Pressekonferenzen und können sich daher verstärkt um das operative Geschäft kümmern.[85] Insofern erhoffen sich alle Beteiligten durch einen Rückzug von der Börse einen positiven Einfluss auf die Gewinnentwicklung des Unternehmens.

Verringerung der Publizitäts- und Offenlegungsvorschriften

Die Börsennotiz ist für ein Unternehmen mit teilweise umfangreichen regulatorischen Auflagen verbunden. So verpflichtet beispielsweise § 15 WpHG börsengelistete Unternehmen im Rahmen ihrer Ad-hoc-Publizitätspflicht, alle geschäftspolitischen und damit direkt alle kursrelevanten Informationen und Maßnahmen unverzüglich bekannt zu geben. Daraus

[84] Vgl. Paul 2004: 98.
[85] Vgl. Lütolf u. Neumann 2004: 826.

können betroffenen Unternehmen operative und bzw. oder strategische Nachteile gegenüber ihren nicht gelisteten Konkurrenten entstehen.[86]

Im ungünstigsten Fall führen die umfangreichen Vorschriften zur Offenlegung aller entwicklungs- und erfolgsrelevanten Informationen dazu, dass die zukünftige Geschäftsstrategie teilweise oder vollständig bekannt gegeben werden muss.

Zusätzlich verpflichten die §§ 37 v bis 37 y WpHG alle an der Börse gelisteten Gesellschaften, ihre Aktionäre durch Zwischen- und Geschäftsberichte regelmäßig und umfassend über ihre aktuelle wirtschaftliche und finanzielle Lage zu informieren. Solche öffentlich zugängliche Zwischenberichte stellen für nicht an der Börse gelistete Konkurrenzunternehmen eine ausgezeichnete Informationsquelle dar und können – etwa im Fall sehr hoher realisierbarer Gewinne – zum Markteintritt neuer Konkurrenten führen.[87] Gleichzeitig sind durch die Analyse dieser Zwischen- und Geschäftsberichte auch Mitarbeiter, Lieferanten und Kunden in der Lage, sich einen detaillierten Überblick über die gegenwärtige wirtschaftliche Situation eines Unternehmens zu verschaffen.

> Eine stark eingeschränkte Veröffentlichungspflicht kann das Unternehmen schützen, und zwar sowohl in guten als auch in weniger guten Phasen. Während eines Booms ist es für das Management leichter, Forderungen nach Lohnerhöhung entgegenzutreten, wenn die Angestellten nicht detailliert über die Gewinnsituation des Unternehmens informiert sind.[88] Ebenso ist es angesichts einer drohenden Notlage für Mitarbeiter, Kunden und Gläubiger viel schwieriger, die tatsächliche wirtschaftliche Lage des Unternehmens einzuschätzen.[89]

Motivationssteigerung der Mitarbeiter und Anteilseigner

Die Gefahr einer dauerhaften Unterbewertung durch den Kapitalmarkt besteht insbesondere für Unternehmen, die eine stark zurückhaltende Berichterstattung der Medien und Finanzanalysten aus dem Fokus der Aktionäre hat geraten lassen oder die aufgrund ihrer mangelnden Größe für institutionelle Investoren uninteressant sind.[90] Eine langzeitige Unterbewertung kann sich auch negativ auf die Motivation der Mitarbeiter auswirken. Das gilt gerade dann, wenn der Eindruck entsteht, dass der Kapitalmarkt

[86] Vgl. Grupp 2006: 24.
[87] Vgl. Grupp 2006: 25.
[88] Vgl. Grupp 1995: 111.
[89] Vgl. ebd.
[90] Vgl. Grupp 2006: 17.

überdurchschnittliche Arbeitsleistungen der Belegschaft nicht hinreichend in Form von Kurssteigerungen würdigt. Ein unterbewertetes Unternehmen kann die Mitarbeiter außerdem nicht mehr über Aktienoptionsprogramme zu besonderen Leistungen motivieren.[91] Mit der Celanese AG wird in Textbox 2-4 ein Beispiel für einen erfolgreichen Börsenrückzug vorgestellt.

Textbox 2-4: Die Börsenhistorie der Celanese AG

Am 25. November 1999 wurde die in Kronberg ansässige Celanese AG, die 1998 als Spinoff aus der Hoechst AG hervorgegangen war, sowohl an der Frankfurter Wertpapierbörse als auch an der NYSE eingeführt. Zu diesem Zeitpunkt war Celanese – ursprünglich ein US-amerikanisches Unternehmen, das Hoechst zwischen 1986 und 1987 für ca. 2,8 Milliarden US-Dollar gekauft hatte –, noch sehr stark in Nordamerika verwurzelt.

Am 16. Dezember 2003 kündigte die zu der amerikanischen Private-Equity-Gesellschaft Blackstone gehörende BCP Crystal Acquisition GmbH & Co. KG öffentlich an, die Aktien der Celanese AG zu einem Preis von je 32,50 Euro übernehmen zu wollen. Über eine Vereinbarung mit der Kuwait Petroleum Corporation, dem damaligen Großaktionär der Celanese AG, hatte sich BCP bereits im Vorfeld den Erwerb von 26,3 Prozent des Grundkapitals von Celanese gesichert.

Am 1. April 2004 hielt Blackstone insgesamt 83,4 Prozent der Anteile an der Celanese AG. In den darauf folgenden Monaten wurde die Listung der Celanese AG an der NYSE eingestellt und das Unternehmen als Tochtergesellschaft in die neue Blackstone Crystal Holdings Capital Partners (Cayman) IV Ltd. überführt. Gut ein Vierteljahr, nachdem die Listung der Celanese AG an der NYSE am 2. Juni 2004 eingestellt worden war, wurde die Blackstone Crystal Holdings Capital Partners (Cayman) IV Ltd. in Celanese Corporation umbenannt.

In den darauf folgenden Monaten erholte sich zum einen die Chemiekonjunktur, zum anderen verbesserten sich die Börsenbedingungen kurzfristig. Dies brachte Blackstone dazu, die ursprünglich veranschlagte Investitionsdauer von drei bis fünf Jahren deutlich zu

[91] Vgl. Grupp 2006: 19.

unterschreiten und die Celanese Corporation bereits neun Monate nach dem Erwerb der Mehrheitsbeteiligung an der Celanese AG erneut an die Börse zu führen.

Quelle: In Anlehnung an Kaserer et al. 2007: 130 ff.

2.3.5 Techniken zur Umsetzung von Going Private

Haben sich die Eigentümer eines börsennotierten Unternehmens dazu entschlossen, ihre Firma im Rahmen einer Going-Private-Transaktion von der Börse zu nehmen, stehen ihnen unterschiedliche Techniken zur Verfügung (vgl. Abbildung 2-9).

Umsetzung von Going Private					
Reguläres Delisting	Kaltes Delisting				
Widerruf der Börsenzulassung nach § 38 Abs. 4 BörsG	**Formwechsel** von einer Aktiengesellschaft in eine andere Rechtsform	**Verschmelzung** einer börsennotierten mit einer nichtbörsennotierten Gesellschaft	**Übertragende Auflösung** Verkauf und Liquidierung der börsennotierten Gesellschaft	**Eingliederung** einer börsennotierten AG in eine nichtbörsennotierte AG	**Squeeze-out** Zwangsweiser Ausschluss und Entschädigung der Minderheitsaktionäre

Abbildung 2-9: Umsetzung von Going Private
Quelle: Eigene Darstellung in Anlehnung an Paul 2004: 102

Im Rahmen des **Regulären Delisting** stellen die Eigentümer einer börsennotierten Gesellschaft bei der Börsenzulassungsstelle einen Antrag auf Widerruf der Börsenzulassung. Nach § 38 Abs. 4 BörsG kann die Zulassung zur amtlichen Notierung auf Antrag des Emittenten widerrufen werden, wenn dabei der Schutz der Anleger gewährleistet wird. Die Entscheidung liegt jedoch einzig und allein im Ermessen der Zulassungsstelle – ein Anspruch auf Widerruf besteht für ein börsennotiertes Unternehmen also nicht.[92] Die Unsicherheiten, die sich aus diesem Ermessensspielraum für ein Unternehmen ergeben, machen das Reguläre Delisting in der Praxis nahezu bedeutungslos.

[92] Vgl. Kemper 2007: 199.

Im Gegensatz dazu existieren für die Verfahren des **Kalten Delisting** keine speziellen börsenrechtlichen Regelungen. Ziel des Kalten Delisting ist es, die gesellschaftsrechtlichen Strukturen so umzugestalten, dass eine Notierung des Unternehmens an der Börse unmöglich wird.[93] Eine Option, eine Gesellschaft auf diesem Wege von der Börse zu nehmen, besteht im **Rechtsformwechsel** des Unternehmens bei gleichzeitiger Wahrung seiner Identität. Da die jeweiligen Gesellschaftsanteile nicht zum Börsenhandel zugelassen sind, kommt bei Going Private in der Regel der Wechsel in eine Personengesellschaft oder eine GmbH in Betracht.[94] Ein solcher Wechsel erfordert einen Beschluss der Hauptversammlung, der entsprechend den §§ 233 Abs. 2 und 240 Abs. 1 UmwG mit einer Mehrheit von mindestens 75 Prozent des auf der Hauptversammlung vertretenen Grundkapitals gefasst werden muss. Soll die börsengelistete Gesellschaft die Rechtsform einer Gesellschaft des bürgerlichen Rechts, einer offenen Handelsgesellschaft oder einer Partnerschaftsgesellschaft erhalten, müssen dem Formwechsel gemäß § 233 Abs. 1 UmwG alle Gesellschafter bzw. Aktionäre zustimmen. Erheben einige Aktionäre Widerspruch gegen den Umwandlungsbeschluss der Hauptversammlung, ist die Gesellschaft entsprechend § 207 UmwG verpflichtet, ihnen eine angemessene Barabfindung anzubieten.

Vielfach findet ein Rückzug von der Börse auch im Rahmen einer **Verschmelzung** zweier Unternehmen statt. Hierbei wird ein gelistetes Unternehmen mit einem nicht börsennotierten Unternehmen verschmolzen, wobei das Vermögen der vormaligen AG in seiner Gesamtheit auf das „übernehmende" Unternehmen übertragen wird. Wie ein Rechtsformwechsel erfordert auch die Verschmelzung zweier Unternehmen eine Mehrheit von mindestens 75 Prozent des auf der Hauptversammlung vertretenen Grundkapitals (gemäß § 65 Abs. 1 S. 1 UmwG).

Ein weiterer, mit der Verschmelzung zweier Unternehmen vergleichbarer Going-Private-Mechanismus ist die **übertragende Auflösung** nach § 179a Abs. 1 AktG. Hierbei handelt es sich um ein zweistufiges Verfahren, bei dem im ersten Schritt das gesamte Vermögen eines gelisteten Unternehmens auf eine andere Gesellschaft übertragen wird. Dazu schließen beide beteiligten Unternehmen in der Regel einen Kaufvertrag über sämtliche Einzelwirtschaftsgüter des Zielunternehmens, welche nach der Bezahlung des Kaufpreises an die erwerbende Gesellschaft übergehen.[95] Lediglich die liquiden Mittel, das Eigenkapital sowie etwaige Verbindlichkeiten

[93] Vgl. Kemper 2007: 202.

[94] Vgl. Paul 2004: 105.

[95] Vgl. Paul 2004: 107.

verbleiben im Zielunternehmen. Im zweiten Schritt erfolgt die eigentliche Liquidierung. Die Verbindlichkeiten werden unter Einsatz der im Unternehmen verbliebenen liquiden Mittel getilgt und der Restbetrag entsprechend ihren bisherigen Beteiligungen an die Aktionäre ausgeschüttet.[96] Wiederum bedürfen sowohl der Abschluss des Vertrags über den Verkauf aller Einzelwirtschaftsgüter (§ 179a Abs.1 S. 1 AktG) als auch die abschließende Liquidierung des Unternehmens (§ 262 Abs. 1 Nr. 2 AktG) eines Beschlusses der Hauptversammlung mit einer Mehrheit von mindestens 75 Prozent des vertretenen Grundkapitals.

Auch die Übernahme ist eine Option des Kalten Delisting. Handelt es sich bei der übernehmenden Gesellschaft um eine in Deutschland ansässige Aktiengesellschaft und besitzt diese darüber hinaus mindestens 95 Prozent der Aktien der Zielgesellschaft, kann eine Going-Private-Transaktion entsprechend § 320 Abs. 1 S. 1 AktG im Rahmen einer **Eingliederung** durchgeführt werden. In diesem Fall untersteht die Zielgesellschaft ab sofort als rechtlich selbstständige Betriebsabteilung der Weisungsbefugnis der Hauptversammlung des Buyout-Unternehmens.[97] Bei der Eingliederung bedarf es gemäß § 320 Abs. 1 S. 2 AktG einer Mehrheit von 75 Prozent des bei der Hauptversammlung vertretenen Grundkapitals der Zielgesellschaft. Die Hauptversammlung des eingliedernden Unternehmens muss der Transaktion lediglich mit der einfachen Mehrheit des anwesenden Grundkapitals zustimmen.[98]

Mit den am 1. Januar 2002 in Kraft getretenen „**Squeeze-out**"-Regelungen der §§ 327 a bis f AktG verfügen Unternehmen nunmehr über eine weitere Möglichkeit des Börsenrückzugs, indem Minderheitsaktionäre aus dem Gesellschafterkreis eines Unternehmens ausgeschlossen werden können. Verfügt ein Aktionär über 95 Prozent der Anteile einer Gesellschaft, kann die Hauptversammlung dieser Aktiengesellschaft entsprechend § 327a Abs. 1 S. 1 AktG auf Verlangen des Hauptaktionärs beschließen, dass sämtliche sich noch im Besitz der übrigen Aktionäre befindlichen Gesellschaftsanteile gegen eine angemessene Barabfindung auf den Hauptaktionär übertragen werden. Die Höhe der Barabfindung, die – juristisch gesehen – nicht unter dem Verkehrswert der Aktien liegen darf,[99] legt der Hauptaktionär gemäß § 327b Abs. 1 S. 1 AktG selbst fest. Untersuchungen belegen, dass die im Fall eines Squeeze-out an die Minderheitsaktionäre ausgezahlte, dividendenbereinigte Abfindungsprämie im Durchschnitt um

[96] Vgl. Kemper 2007: 219.
[97] Vgl. Kemper 2007: 214; vgl. Paul 2004: 106.
[98] Vgl. Paul 2004: 106.
[99] Vgl. Paul 2004: 107.

ca. 17 Prozent über dem Börsenkurs liegt, wie er unmittelbar vor Ankündigung des Rückzugs notierte.[100]

2.4 Implikationen für ein Unternehmen

Die einzelnen Instrumente der Eigenkapitalfinanzierung geben einem Investor zahlreiche Möglichkeiten an die Hand, einen (finanz-)strategischen Einfluss auf das Management seines Beteiligungsunternehmens auszuüben. Der Grad der direkten bzw. indirekten Einflussnahme hängt dabei sehr stark davon ab, ob der entsprechende Kapitalmarkt öffentlich oder privat ist. Jedoch sollten sich Unternehmen dadurch nicht von externer Eigenkapitalbeschaffung generell abschrecken lassen: Sie bietet schließlich auch eine beachtliche Reihe von Chancen, die es zu identifizieren und zu nutzen gilt.

Unternehmen, die sich über den öffentlichen Kapitalmarkt finanzieren, stehen einer anonymen Investorenschaft gegenüber, auf deren Zusammensetzung sie keinen Einfluss haben. Diese Investoren vertreten Interessen, die sich unter Umständen stark von denen der angestammten Eigentümer unterscheiden. Aber der öffentliche Kapitalmarkt bietet einem Unternehmen auch Vorteile. So kann man über einen Börsengang und weitere Kapitalerhöhungen das für die Finanzierung künftigen Wachstums benötigte Eigenkapital von privaten und institutionellen Anlegern (unter anderem Aktienfonds, Hedge-Fonds) beschaffen. Die Wirkung eines Börsengangs auf die Öffentlichkeit kann sich positiv auf die Belegschaft sowie auf Kunden- und Lieferantenbeziehungen niederschlagen. Allerdings sind mit der Nutzung des Kapitalmarktes zusätzliche – gesetzlich vorgeschriebene – Offenlegungs- und Publizitätsvorschriften und damit Kosten verbunden.

Für Unternehmen, die zur externen Eigenkapitalfinanzierung aufgrund ihrer Rechtsform, ihrer Unternehmensphase und bzw. oder aufgrund ihrer mangelnden Größe nicht auf den Kapitalmarkt zurückgreifen können oder wollen, stellt Private Equity eine attraktive Möglichkeit zur Stärkung der Eigenkapitalbasis dar.[101] Auf der einen Seite erhalten die neuen Gesellschafter regelmäßig tiefen Einblick in das Unternehmen, der über das Niveau der öffentlich zugänglichen Informationen von börsennotierten Unternehmen deutlich hinausgeht. Diese Informationen, die jedoch nur einem kleinen Kreis von Anteilseignern zur Verfügung gestellt werden, nutzen

[100] Vgl. Kemper 2007: 4.

[101] Eine Ausnahme stellt das in Kapitel 4.3 näher vorgestellte eigenkapitalnahe Mezzanine-Kapital dar.

die Gesellschafter in der Regel aktiv, um Geschäftsführung und -strategie zu beeinflussen. Auf der anderen Seite liegen darin auch große Chancen für Unternehmen. So profitieren die bisherigen Eigentümer von einer gezielten Auswahl der künftigen Private-Equity-Gesellschaft. Externes Know-how kann die Qualität der Managemententscheidungen verbessern. Die bestehende Kompetenz kann durch zusätzliches operatives und strategisches Wissen sowie durch detaillierte Branchen-, Markt- und Wettbewerbskenntnisse ergänzt werden. Es lassen sich Kontakte zu neuen Lieferanten, Kunden und Geschäftspartnern herstellen.

2.5 Resümee

Zusammenfassend ist festzustellen, dass einem Unternehmen unterschiedliche Varianten der Eigenkapitalfinanzierung zur Verfügung stehen; die wichtigste von ihnen stellt für einen Großteil der deutschen Unternehmen nach wie vor die Innenfinanzierung dar.[102] Hierbei begrenzt sich der Finanzmittelzufluss jedoch auf den Gewinn, den ein Unternehmen im Zuge seiner operativen Tätigkeit realisiert.[103] Daher muss eine Firma zur Sicherung der Wachstumsfinanzierung in der Regel außerdem auf die Außenfinanzierung zurückgreifen.

In diesem Fall treten – unabhängig von der konkreten Ausgestaltung – neue Gesellschafter (unter anderem Aktienfonds, Hedge-Fonds, Private-Equity-Gesellschaften) in ein Unternehmen ein, deren Interessen sich unter Umständen stark von denen der angestammten Eigentümer unterscheiden. Insbesondere ihr Wunsch nach kurzfristig hohen Renditen kann in direktem Widerspruch zur Unternehmensstrategie stehen, die auf das Erzielen langfristig stabiler Renditen ausgerichtet ist.

In jüngster Zeit sind diese neuen Gesellschafter dazu übergegangen, ihre Interessen durch Androhung von Sanktionen gegenüber dem Management ihrer Beteiligungen auch tatsächlich durchzusetzen. Dieser sogenannte „Shareholder Activism" wird zunehmend von Aktien- und Hedge-Fonds-Managern verfolgt.

Eine Möglichkeit, diese aktive Einflussnahme der Kapitalmarktteilnehmer zu reduzieren, besteht in einem vollständigen Rückzug von der Börse – durch Going Private. Obwohl ihre Ausgestaltung im Einzelfall juristisch komplex sein kann, handelt es sich bei Börsenrückzügen um ökonomisch attraktive Transaktionen: Die Gesellschafter realisieren fortan den Wertzuwachs des Unternehmens selbst und haben dabei direkten Zugriff auf die

---

[102] Vgl. KfW 2006: 69.
[103] Vgl. Werner u. Kobabe 2005: 27.

finanziellen Ressourcen des Unternehmens. Sie müssen die Geschäftsstrategie und die Beteiligungsstrukturen zudem nicht mehr der Öffentlichkeit preisgeben und der operative Gewinn erhöht sich um die wegfallenden Transparenz- und Publizitätskosten.

Bei der Finanzierung mit externem Eigenkapital sollte ein Unternehmen von Anfang an sicherstellen, dass unterschiedliche Finanzierungsinstrumente kombiniert und optimal auf seine individuellen Bedürfnisse abgestimmt werden. Zu diesem Zweck empfiehlt es sich, in die Finanzplanung einen externen Corporate-Finance-Berater mit fundierter (finanzwirtschaftlicher) Sachkenntnis und umfassender Erfahrung einzubeziehen. Er kann Finanzierungsalternativen auf die konkreten Bedürfnisse eines Unternehmens bzw. der jeweiligen Unternehmensphase zuschneiden und dabei unter anderem (finanz-)strategische Verhaltensweisen der Eigenkapitalgeber zum Vorteil des Unternehmens antizipieren.

3 Fremdkapital – Wie sich der Konflikt zwischen Unternehmen und Gläubigern lösen lässt

3.1 Einleitung und Übersicht

Für die meisten deutschen Unternehmen stellt die Finanzierung über Fremdkapital – insbesondere in Form von Bankkrediten – nach wie vor die klassische Form der Außenfinanzierung dar. Untersuchungen der Deutschen Bundesbank zufolge betrug 2005 der Anteil von Fremdkapital an der Bilanzsumme einheimischer Unternehmen durchschnittlich rund 46 Prozent.[1] Dieser Wert liegt noch immer weit über den Anteilen der Eigenkapital- (30,1%) und der Innenfinanzierung über Rückstellungen (21,7%).[2]

Im Gegensatz zu Eigenkapital wird Fremdkapital einem Unternehmen zu im Vorfeld fest vereinbarten Konditionen und nur für einen begrenzten Zeitraum zur Verfügung gestellt. Fremdkapitalgeber sind nicht am wirtschaftlichen Erfolg eines Unternehmens beteiligt. Vielmehr muss ein Schuldnerunternehmen das Fremdkapital unabhängig von seinem unternehmerischen Erfolg verzinst zurückzahlen.

Gegenüber der Eigenkapitalfinanzierung lassen sich für die Finanzierung durch Fremdkapital folgende Charakteristika nennen:[3]

- Durch die Bereitstellung von Fremdkapital erwerben Kapitalgeber keine Eigentumsrechte an einem Unternehmen.
- Fremdkapitalinvestoren haften nicht für wirtschaftliche Verluste oder andere Verbindlichkeiten des Unternehmens.
- Im Gegenzug zur Überlassung von Fremdkapital stehen den Gläubigern keine unternehmerischen Verwaltungsrechte zu.
- Mit der Vergabe von Fremdkapital ist ein Anspruch auf regelmäßige, im Vorfeld vereinbarte Zinszahlungen, nicht jedoch eine Beteiligung am unternehmerischen Erfolg verbunden.
- Die (Kredit-)Laufzeit ist befristet. Bis zu ihrem Ende muss der Nominalbetrag durch das Unternehmen getilgt werden.

---

[1] Vgl. Deutsche Bundesbank 2007a.

[2] Vgl. ebd.

[3] Vgl. Platzer u. Riess 2004: 155.

- Im Fall einer (drohenden) Insolvenz des Schuldnerunternehmens werden die Ansprüche der Gläubiger vor denen der Eigenkapitalgeber bedient.

Um das für die Finanzierung wirtschaftlicher Aktivitäten notwendige Fremdkapital zu beschaffen, stehen einem Unternehmen prinzipiell zwei Möglichkeiten offen – die Individual- und die Emissionsfinanzierung (vgl. Abbildung 3-1).

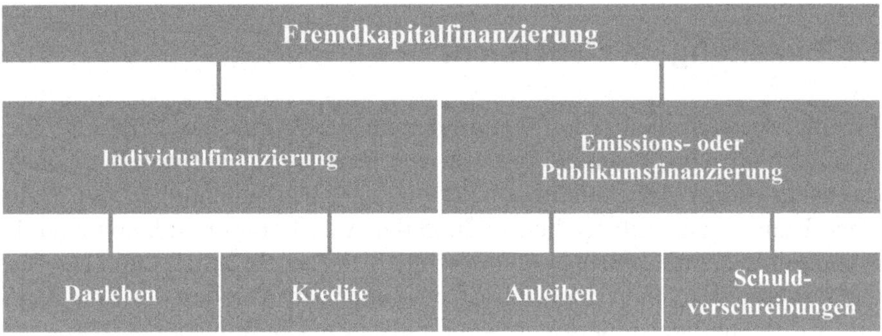

Abbildung 3-1: Möglichkeiten der Fremdkapitalfinanzierung
Quelle: Eigene Abbildung

Wie der Begriff nahelegt, finden im Rahmen der **Individualfinanzierung** bilaterale Vertragsverhandlungen zwischen einem Schuldnerunternehmen und seinen Gläubigern statt, bei denen alle oder zumindest mehrere Vertragselemente individuell ausgehandelt werden. Es ist nicht auszuschließen, dass ein künftiger Gläubiger einzelne Vertragselemente standardisiert für eine Vielzahl von ihm abgeschlossener Finanzierungsverträge vorgibt und dem Schuldnerunternehmen insoweit nur die Wahl lässt, diese zu akzeptieren oder auf den Vertragsabschluss zu verzichten.

Demgegenüber setzt ein Schuldner im Rahmen der **Emissionsfinanzierung** sämtliche Konditionen in den Emissionsbedingungen einseitig fest. So bietet er einem vorwiegend anonymen Anlegerpublikum eine Vielzahl gleichartiger Finanztitel zu einem festgelegten Emissionskurs zum Kauf an.

Die Instrumente, die einem Unternehmen im Rahmen der Individual- sowie der Emissionsfinanzierung zur Verfügung stehen, werden im Folgenden näher erläutert. Ferner werden – insbesondere anhand von Covenants – Möglichkeiten für die Fremdkapitalgeber diskutiert, im eigenen Sinne auf die Unternehmensstrategie und den Unternehmenswert einzuwirken. Die Implikationen solcher strategischer Verhaltensweisen für ein Unternehmen bilden den Abschluss des Kapitels.

3.2 Instrumente der Fremdkapitalfinanzierung – Ein Überblick

3.2.1 Individualfinanzierung

Wie oben dargestellt, sind Maßnahmen der Individualfinanzierung dadurch gekennzeichnet, dass das kreditnehmende Unternehmen mit dem künftigen Gläubiger einen individuell ausgestalteten (Kredit-)Vertrag abschließt. Neben den Banken kommen als Kapitalgeber in der Regel Kunden und Lieferanten eines Unternehmens infrage. Abbildung 3-2 stellt die drei möglichen Formen der Individualfinanzierung dar.

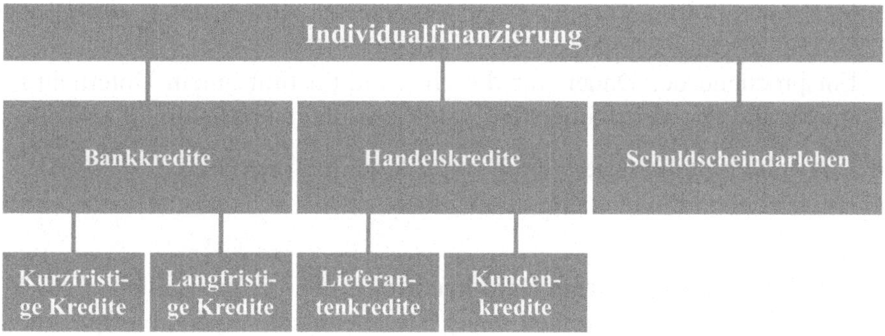

Abbildung 3-2: Formen der Individualfinanzierung
Quelle: Eigene Abbildung

Bankkredite

Der klassische Bankkredit stellt insbesondere für den deutschen Mittelstand die wesentliche Finanzierungsform dar.[4] Untersuchungen der Deutschen Bundesbank zufolge betrug der Anteil kurz- und langfristiger Bankkredite an der Bilanzsumme von 32.000 deutschen Unternehmen im Jahr 2005 rund 8 Prozent,[5] wobei der Wert je nach Größe des analysierten Unternehmens stark schwankt. Am größten ist der Anteil mit 33,6 Prozent bei kleinen und mittelgroßen Unternehmen mit einem Jahresumsatz von bis zu

---

[4] Vgl. KfW 2006: 68 ff.

[5] Vgl. Deutsche Bundesbank 2007a: 20.

10 Millionen Euro.[6] Für Unternehmen mit einem Jahresumsatz von über 50 Millionen Euro dagegen scheint diese Art der Finanzierung weniger wichtig zu sein: Hier liegt der Anteil an der Bilanzsumme bei lediglich 7 Prozent.[7]

An der großen Bedeutung des Bankkredits für kleine und mittelgroße Unternehmen wird sich auch in Zukunft voraussichtlich nichts ändern.

Im Rahmen der Kreditfinanzierung werden einem Unternehmen finanzielle Mittel für einen im Vorfeld begrenzten Zeitraum und zu einem fixierten Entgelt zur Verfügung gestellt. Rechtliche Grundlage des Bankkredits ist der Darlehensvertrag (§§ 488 ff. BGB). Dieser verpflichtet den Darlehensgeber (Bank), dem Darlehensnehmer (Unternehmen) einen Geldbetrag in vereinbarter Höhe zur Verfügung zu stellen. Im Gegenzug zur Überlassung des Kapitals verpflichtet sich das Unternehmen, der Bank in periodischen Abständen den vereinbarten Zins zu zahlen sowie das Darlehen am Ende der festgelegten Laufzeit zum Nennbetrag zu erstatten. Das Kreditinstitut hat als Gläubiger des Unternehmens in der Regel keine unternehmerischen Mitwirkungsrechte, sondern lediglich Anspruch auf periodische Zins- und Tilgungszahlungen.[8]

Entsprechend der Dauer, für die ein Kreditinstitut einem Unternehmen Fremdkapital zur Verfügung stellt, unterscheidet man prinzipiell zwischen

- kurz- und mittelfristigen (ein bis drei Jahre Laufzeit) und
- langfristigen (ab vier Jahren Laufzeit)

Bankkrediten.[9]

Kurz- und mittelfristige Bankkredite dienen im Wesentlichen zur Sicherung der Zahlungsfähigkeit eines Unternehmens. So führen Spitzenbelastungen im Zahlungsverkehr unter Umständen zu Liquiditätsengpässen, denen ein Unternehmen mit kurz- bis mittelfristigen Bankkrediten auf relativ unkomplizierte Weise begegnen kann. Werden einem Unternehmen in diesem Zusammenhang „echte“ liquide Mittel zur Verfügung gestellt, spricht man von einer **Geldleihe**. Beruft sich ein Unternehmen im Fall eines kurzfristigen Liquiditätsengpasses hingegen auf den „guten Namen der Bank“, bleibt ein unmittelbarer Liquiditätszufluss aus; es liegt eine **Kreditleihe** vor.[10] Abbildung 3-3 stellt diesen Unterschied grafisch dar.

---

[6] Vgl. ebd.
[7] Vgl. ebd.
[8] Vgl. Werner u. Kobabe 2005: 87.
[9] Vgl. Volkart 2003: 589.
[10] Vgl. Werner u. Kobabe 2005: 87.

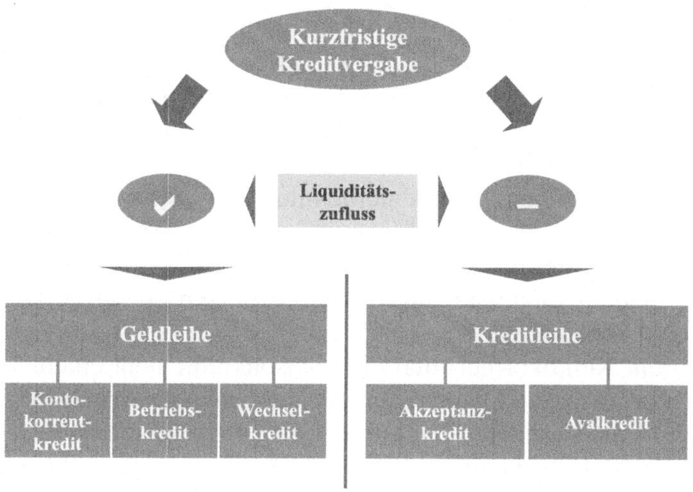

Abbildung 3-3: Formen der Kreditvergabe
Quelle: Eigene Abbildung

Die klassische Form des kurzfristigen Bankkredits ist der **Kontokorrentkredit**. Dabei räumt ein Kreditinstitut einem Unternehmen eine Kreditlinie ein, bis zu der es sein Geschäftskonto in Anspruch nehmen – d.h. „überziehen" – darf. Das Unternehmen verfügt über den Kontokorrentkredit jeweils nach eigenem Bedarf. Im Rahmen des festgelegten Limits passt sich der Kontokorrentkredit täglich dem individuellen Bedarf eines Unternehmens an und bildet somit seine Liquiditätsreserve.[11]

> Für ein Unternehmen besteht der besondere Vorteil des Kontokorrentkredits darin, dass die Gesellschaft nur auf die tatsächlich in Anspruch genommene Kreditsumme Zinszahlungen an die Bank leisten muss.[12] Unnötige, aus einer Fehleinschätzung des künftigen Liquiditätsbedarfs entstandene Zinszahlungen können so vermieden werden.

Aufgrund ihres kurzfristigen Finanzierungscharakters – Kontokorrentkredite werden meist für einen Zeitraum von sechs bis maximal zwölf Monaten gewährt – verlangen Banken im Zusammenhang mit Kreditlinien üblicherweise keine weiterführenden Kontroll- und Mitwirkungsrechte. Sie verzichten somit darauf, die Geschäftsstrategie des Schuldnerunternehmens aktiv zu beeinflussen.

[11] Vgl. ebd.

[12] Vgl. Boemle u. Stolz 2002: 395.

Unternehmen, deren kurzfristiger Liquiditätsbedarf der Höhe und Laufzeit nach bereits im Vorfeld der Kreditaufnahme feststeht, können neben dem Kontokorrentkredit auch andere kurzfristige Bankkredite in Anspruch nehmen. Anders als beim Kontokorrentkredit werden die Konditionen dieser **Saison- und Betriebskredite** vor der Inanspruchnahme in einem Darlehensvertrag zwischen dem Unternehmen und dem Kreditinstitut fest vereinbart. Die Vorteile dieser Finanzierungsform bestehen für ein Unternehmen in der Wahrung der Kontokorrentkreditlinie sowie in einer Erhöhung der Planungssicherheit und einer Verbesserung seiner (finanzwirtschaftlichen) Kalkulation.[13]

Außer dem Kontokorrent- und dem Saisonkredit steht einem Unternehmen zur kurzfristigen Finanzierung der sogenannte **Wechselkredit** zur Verfügung. Dabei handelt es sich in der Regel um eine Urkunde, mit welcher der Aussteller – vielfach der Gläubiger – seinen Schuldner anweist, den im Wechsel genannten Betrag zu einem bestimmten Zeitpunkt an ihn oder einen Dritten zu zahlen. Aus Sicht des Schuldners liegt der Vorteil einer Wechselschuld in der Gewährung eines Zahlungsaufschubs durch den Gläubiger. Für den Gläubiger stellt der Wechsel ein Kreditsicherungsmittel dar, welches er bereits vor seiner Fälligkeit bei einer Bank gegen Gewährung eines Zinsabschlags – des Diskonts – einreichen kann.[14]

Stellt die Bank einem Unternehmen im Rahmen eines Wechselkredits keine liquiden Mittel, sondern lediglich die eigene Kreditwürdigkeit zur Verfügung, liegt ein **Akzeptanzkredit** vor. Dabei übernimmt die Bank für einen Kreditkunden die aus seinem Wechsel resultierende Zahlungsverpflichtung gegenüber einem Dritten. Sie verpflichtet sich dazu, dem Gläubiger bei Fälligkeit des Wechsels die Wechselsumme auszuzahlen. Häufig wird mit dem Kreditkunden vereinbart, dass dieser der Bank den im Wechsel fixierten Betrag spätestens einen Tag vor Fälligkeit zur Verfügung stellt.[15] Ein **Avalkredit** liegt dann vor, wenn ein Kreditinstitut für einen Kunden eine selbstschuldnerische Bürgschaft übernimmt.

Das **Bankdarlehen** stellt die wohl wichtigste Form der **langfristigen Bankkredite** dar. Mit einer Laufzeit von grundsätzlich vier Jahren und länger kommt diesen im Rahmen der Investitions- und Akquisitionsfinanzierung eine besondere Bedeutung zu.[16] Ihre Dauer wird entweder im Vorfeld der Kreditvergabe fixiert oder durch Kündigungsmöglichkeiten der Gläubiger nach Ablauf einer längeren kündigungsfreien Zeit begrenzt. Die

[13] Vgl. Werner u. Kobabe 2005: 88.
[14] Vgl. Werner u. Kobabe 2005: 89.
[15] Vgl. Werner u. Kobabe 2005: 89 f.
[16] Vgl. Werner u. Kobabe 2005: 90.

Tilgung folgt in der Regel einem festen Plan, in dem einige tilgungsfreie Jahre zu Beginn der Laufzeit vorgesehen werden können.

Kreditinstitute verlangen im Gegenzug zur Kapitalbereitstellung eine angemessene Verzinsung. Der vereinbarte Nominalzins kann entweder für die gesamte Darlehenslaufzeit fixiert oder aber durch Gleit- bzw. Anpassungsklauseln variabel gestaltet werden. Die Höhe des Nominalzinses sowie des vorgesehenen Disagios – also der Effektivverzinsung – hängt vor allem vom Zinsniveau und der Bonität des Darlehensnehmers ab. Wird keine feste, sondern eine vom unternehmerischen Erfolg abhängige variable Verzinsung vereinbart, liegt ein partiarisches Darlehen vor.

Um die Rückzahlung des Darlehens durch den Schuldner über gesetzliche Gläubigerschutzmechanismen[17] hinaus abzusichern, ist je nach Rating auch die Bereitstellung von Sicherheiten erforderlich, deren Wert unter Umständen der gesamten Kreditsumme entsprechen muss. Typische Kreditsicherheiten sind[18]

- Sicherungsübereignungen,
- Forderungsabtretungen,
- Grundpfandrechte,
- Verpfändungsrechte an beweglichen Sachen und Rechten sowie
- Bürgschaften und Garantien.

Zudem greifen Gläubiger im Rahmen der Besicherung langfristiger Bankdarlehen verstärkt auf Covenants[19] zurück. Diese (kreditvertraglichen) Klauseln verpflichten ein Schuldnerunternehmen, während der Kreditlaufzeit bestimmte Anforderungen zu erfüllen. Wie noch darzustellen sein wird, werden dabei einem Gläubiger zum Teil umfangreiche Zustimmungs- und Mitwirkungsrechte eingeräumt, falls das Schuldnerunternehmen bestimmte Mindestwerte oder sonstige Verpflichtungen nicht einhält. Die Bandbreite der Maßnahmen reicht von einem einfachen Zustimmungsvorbehalt des Gläubigers im Rahmen einer geplanten Kreditaufnahme über eine vorzeitige Kündigung des Kreditvertrags bis zu einer aktiven Einflussnahme auf die Geschäftsstrategie des Schuldnerunternehmens.

Im Rahmen der Bereitstellung langfristiger Bankdarlehen ergeben sich aufgrund der Vereinbarung von Covenants zahlreiche Möglichkeiten, die Unternehmensstrategie eines Schuldnerunternehmens aktiv zu beeinflussen. Im Gegensatz zu anderen Instrumenten der

[17] Vgl. Holzamer 2007.
[18] Vgl. Werner u. Kobabe 2005: 93.
[19] Vgl. hierzu auch Kapitel 3.3.

(kurzfristigen) Individualfinanzierung verfügen langfristige Bankkredite somit über erhebliches (finanz-)strategisches Potenzial.

Exkurs: Basel II

Mit dem Konsultationspapier Basel II reagierte der Baseler Ausschuss für Bankenaufsicht von regulatorischer Seite auf die Entwicklungen des Kreditgeschäfts in den vergangenen Jahren. Die Zielsetzung besteht darin, das Kreditausfallrisiko an die tatsächliche Risikosituation des Kreditnehmers zu koppeln und somit die Kreditrisiken der Banken möglichst realistisch abzubilden. Ferner soll eine Risikoadjustierung des Fremdkapitalzinssatzes vermeiden, dass Unternehmen mit guter Bonität Unternehmen mit schlechter Bonität subventionieren.

Im Kern bedeutet dies, dass Banken künftig umso mehr Eigenkapital vorhalten müssen, je höher das Risiko des Schuldners ist, an den sie einen Kredit vergeben.[20] Zudem ist ein Schuldnerunternehmen seit dem Inkrafttreten von Basel II gefordert, den Kreditinstituten im Rahmen sogenannter „Creditor Relations“ möglichst aktuelle Informationen zur Verfügung zu stellen, um ihnen einen Einblick in seine Steuerungs- und Planungsinstrumente zu gewähren.[21]

Für die Bewertung des individuellen Kreditausfallrisikos greifen Banken auf Bonitätsprüfungen zurück. Dabei handelt es sich um eine objektive Beurteilung der künftigen Fähigkeit eines Unternehmens, seine Zins- und Tilgungsverpflichtungen termingerecht und vollständig zu erfüllen.[22] Der Preis eines Kredits bemisst sich an quantitativen und qualitativen Größen: Finanzanalytische Kennzahlen oder Jahresabschlüsse eines Unternehmens werden dazu ebenso herangezogen wie die Managementqualität oder die Branchenentwicklung. Das Resultat ist eine Abkehr vom klassischen Hausbankprinzip und dem damit verbundenen „Gewohnheitsrecht auf einen zinsgünstigen Kredit“[23] hin zu objektivierbaren Maßstäben bei der Kreditvergabe.

Auf große und solvente Unternehmen werden sich diese mit Basel II verbundenen Entwicklungen vermutlich nicht negativ auswirken. Ganz im Gegenteil dürften sie von der individuellen Risikobewertung sogar profitieren: Wahrscheinlich werden sich ihre Kreditkonditionen vor allem aufgrund ihrer vergleichsweise guten Bonität sowie ihrer geringen Ausfallrisi-

[20] Vgl. DIHK 2007.

[21] Vgl. Werner u. Kobabe 2005: 14.

[22] Vgl. Spremann et al. 2001: 139.

[23] Stadler 2002: 112.

ken leicht verbessern. Eine weitestgehende Bestätigung findet diese Einschätzung in einer Umfrage der Deutschen Industrie- und Handelskammer aus dem Jahr 2006. Demnach rechnen rund 54 Prozent der befragten Unternehmen mit über 1.000 Mitarbeitern damit, dass die Einführung von Basel II keine gravierenden Auswirkungen auf die Unternehmensfinanzierung haben wird. 34 Prozent sehen die neuen Regelungen für die Eigenkapitalunterlegung sogar als Chance. Lediglich 12 Prozent der Befragten erwarten im Rahmen der Kreditaufnahme Probleme durch Basel II.[24]

Im Gegensatz dazu könnten kleine und mittlere Unternehmen vor allem aufgrund ihrer vergleichsweise großen Ausfallrisiken sowie ihrer hohen Fremdkapitalquoten überaus negative Auswirkungen des Konsultationspapiers zu spüren bekommen. Aus ihren schlechten Bonitätseinstufungen resultieren verhältnismäßig hohe Risikozuschläge. Diese führen zu einer Verschlechterung der (individuellen) Kreditkonditionen und im Extremfall sogar dazu, dass Banken einen Kreditantrag ablehnen oder Kreditlinien kürzen. Vor diesem Hintergrund überrascht es nicht, dass in der eingangs erwähnten Umfrage rund die Hälfte der kleinen Unternehmen mit bis zu zehn Mitarbeitern in den Regelungen um Basel II eine ernsthafte Gefährdung ihrer (künftigen) Finanzierung sehen.[25] Für diese Unternehmen stellt der (erwartete) erschwerte Zugang zu Krediten das größte Risiko dar.[26]

Diese kleinen und mittelgroßen Unternehmen stützen jedoch das gesamtwirtschaftliche Wachstum, die Innovation und Beschäftigung in erheblichem Ausmaß.[27] Daher wurden im Rahmen des Konsultationsprozesses zu Basel II für den deutschen Mittelstand erleichternde Regelungen eingeführt. Sie sollen das „errechnete" Ausfallrisiko für die Bank verringern und somit das Gesamtrating verbessern. Diese Regelungen umfassen vor allem[28]

- ein niedrigeres Risikogewicht für Kredite von Gewerbetreibenden und kleineren Unternehmen mit einem Gesamtkreditengagement von weniger als einer Million Euro je Kreditnehmereinheit bei einer Bankengruppe,
- eine für Unternehmen mit bis zu 50 Millionen Euro Jahresumsatz im Durchschnitt um zehn Prozent niedrigere Eigenkapitalhinterlegung als für Großunternehmen und

---

[24] Vgl. IHK 2007: 4.
[25] Vgl. IHK 2007: 2.
[26] Vgl. ebd.
[27] Vgl. Linnemann 2007: 1; vgl. Frormann 2006: 19.
[28] Vgl. Taistra 2003: 8 ff.

- ein Aussetzen der Laufzeitanpassung für Kredite an Unternehmensgruppen mit einem Jahresumsatz von weniger als 500 Millionen Euro.

Trotz dieser Sonderregelungen bleibt das Problem der geringen Eigenkapitalquote im deutschen Mittelstand bestehen. Die Koppelung des Kreditausfallrisikos an die Bonität des Kreditnehmers wird zudem vor allem bei Krisenunternehmen zwangsläufig zu Restriktionen in der Kreditvergabe bzw. zu höheren Kreditzinsen führen. Als Fazit bleibt festzuhalten, dass mittelständische Unternehmen vor dem Hintergrund der Regelungen um Basel II neue Finanzierungsstrategien verfolgen müssen, in denen die Bedeutung der Eigenkapitalfinanzierung zunimmt.

Handelskredite

Handelskredite sind eine klassische Form der kurzfristigen Fremdfinanzierung, wobei prinzipiell zwischen einem Lieferanten- und einem Kundenkredit unterschieden wird. Ein Kreditinstitut ist in diese Transaktionen nicht einbezogen.

Im Rahmen eines **Lieferantenkredits** stellt der Lieferant seinem Kunden keine Geldmittel zur Verfügung. Vielmehr müssen die von ihm gelieferten Waren nicht sofort, sondern erst innerhalb einer bestimmten Frist von üblicherweise einem bis maximal drei Monaten bezahlt werden. Davon profitiert der Kunde hinsichtlich seiner Lagerhaltungskosten, die sich je nach durchschnittlicher Lagerumschlagszeit unter Umständen sogar vollständig aus diesen Lieferantenkrediten bestreiten lassen.[29] Da die Inanspruchnahme jedoch einen Verzicht auf den Skontoabzug voraussetzt, hat diese Kreditform vergleichsweise ungünstige Konditionen. Aus Gründen der Rentabilität kann es deshalb sinnvoller sein, einen kurzfristigen Bankkredit aufzunehmen und die Rechnung innerhalb der Skontofrist zu begleichen.

Bei größeren Projekten werden zwischen Lieferanten und Kunden häufig An- oder Zwischenzahlungen vereinbart. Diese **Kundenkredite** stehen einem Unternehmen prinzipiell zinslos zur Verfügung und verbessern somit spürbar die Liquidität des Lieferanten. Zudem stärken sie die Bindung zwischen Kunden und Lieferanten und vermindern das Risiko, dass Produkte bzw. Dienstleistungen nicht abgenommen werden.[30]

Handelskredite versetzen aufgrund ihrer vergleichsweise kurzen Laufzeiten die Gläubiger nicht in die Lage, einen (finanz-)strategisch motivierten Einfluss auf das Schuldnerunternehmen auszuüben. Im Übrigen darf

[29] Vgl. Werner u. Kobabe 2005: 95.
[30] Vgl. ebd.

ungeachtet dessen bezweifelt werden, dass sowohl Kunden als auch Lieferanten in erster Linie die Strategie eines Unternehmens beeinflussen wollen bzw. können.

Schuldscheindarlehen

Neben dem (langfristigen) Bankdarlehen und der Unternehmensanleihe ermöglicht das Schuldscheindarlehen einem Unternehmen das Aufnehmen vergleichsweise hoher Beträge an Fremdkapital. „Schuldscheine sind mittel- bis langfristige Großdarlehen, die ein Unternehmen direkt oder indirekt über ein Kreditinstitut bei großen Kapitalsammelstellen aufnimmt und über die ein sogenannter Schuldschein ausgestellt wird. Dabei ist der Schuldschein kein verbrieftes Darlehen, keine Schuldverschreibung und kein börsenfähiges Wertpapier, sondern eine Urkunde, in [der] der Schuldner […] das Bestehen einer Schuld bestätigt."[31] Traditionell von Kreditinstituten im Rahmen der eigenen Refinanzierung eingesetzt, werden Schuldscheindarlehen mittlerweile auch von Unternehmen als Alternative zum Bankdarlehen verwendet. Da Schuldscheinverschreibungen nicht börsenfähige Urkunden darstellen, setzt die Finanzierung durch sie keinen Zugang zum öffentlichen Kapitalmarkt voraus.

Versicherungsunternehmen, Pensionskassen und andere Kapitalsammelstellen gewähren diese Darlehen üblicherweise nur Unternehmen mit ausgezeichneter Bonität. Ein vielfach zwischen diese beiden Parteien geschaltetes Kreditinstitut wirkt als Intermediär und bringt die beiden Interessenten zueinander.

Da Schuldscheindarlehen in der Regel von größeren Unternehmen begeben werden, sind Finanzierungsvolumina von 20 Millionen bis 100 Millionen Euro marktüblich. Ihre Laufzeit beträgt 4 bis maximal 15 Jahre, wobei flexible Gestaltungsvarianten besonders in einem inflationsgetriebenen Marktumfeld möglich sind. Die Rückzahlung erfolgt gewöhnlich als Ratentilgung mit Freijahren. Zinsen werden prinzipiell jährlich gezahlt.[32]

Neben den „klassischen" Kreditsicherheiten – z.B. Grundpfandrechten – greifen Kreditinstitute bei der Besicherung von Schuldscheindarlehen verstärkt auf die Vereinbarung von Covenants zurück. Wie bei der Besicherung langfristiger Bankdarlehen werden die Gläubiger durch diese kreditvertraglichen Zusatzbestimmungen in die Lage versetzt, einen unter Umständen massiven Einfluss auf die Führung des Schuldnerunternehmens auszuüben.

---

[31] Werner u. Kobabe 2005: 96.

[32] Vgl. Mittendorfer u. Samudovska 2004: 186.

Im Vergleich zu anderen Instrumenten der Individualfinanzierung verfügen Schuldscheindarlehen vor allem aufgrund der einvernehmlichen Vereinbarung von Covenants über erhebliches (finanz-)strategisches Potenzial.

3.2.2 Emissionsfinanzierung

(Unternehmens-)Anleihen bzw. Schuldverschreibungen sind öffentlich gehandelte Wertpapiere, die ein Unternehmen dazu verpflichten, seinen Gläubigern kontinuierliche Zinszahlungen zu leisten und das Darlehen endfällig zum Nominalbetrag zu tilgen.[33] Mit Laufzeiten von 5 bis 15 Jahren gehören Schuldverschreibungen zu den langfristigen Instrumenten der Kreditfinanzierung, die sich nicht wie bei der Individualfinanzierung an einige wenige Gläubiger richten, sondern von einer Vielzahl von (zum Teil international agierenden, institutionellen) (Fremdkapital-)Investoren erworben werden.

Da Schuldverschreibungen in der Regel an Wertpapierbörsen zugelassen und täglich gehandelt werden, setzt ihre Emission Zugang zum Kapitalmarkt voraus. Im Gegensatz zu den ebenfalls an diesen Marktplätzen gehandelten Aktien verbriefen Anleihen jedoch keine Mitspracherechte bzw. eigentumsrechtlichen Ansprüche an ein Unternehmen.[34] Untersuchungen der Deutschen Bundesbank zufolge befanden sich 2006 festverzinsliche Unternehmensanleihen in Deutschland ansässiger Emittenten in einem Gesamtwert von rund 94 Milliarden Euro im Umlauf.[35]

Als Kapitalgeber treten neben privaten Anlegern vor allem institutionelle Investoren wie Versicherungen, Banken und Wirtschaftsunternehmen auf.[36] Ein Hauptcharakteristikum von Unternehmensanleihen ist die vergleichsweise große Finanzschuld von oftmals mehreren hundert Millionen Euro, die für die Platzierung am Kapitalmarkt in standardisierte Stücke – Teilschuldverschreibungen – zerlegt ist.[37] Bei öffentlich breit gestreuten Anleihen handelt es sich zumeist um Anteile zu einem Nominalwert von 1.000 oder 5.000 Euro, ergänzt um einige größere Stücke speziell für institutionelle Investoren. Unabhängig von ihrem Nominalbetrag bestehen alle Teilschuldverschreibungen aus einem Mantel – dem juristisch einklagba-

---

[33] Vgl. Spremann u. Gantenbein 2007: 17.
[34] Vgl. Werner u. Kobabe 2005: 98.
[35] Vgl. Deutsche Bundesbank 2007b.
[36] Vgl. Herbst 2005: 7.
[37] Vgl. Volkart 2003: 634.

ren Rückzahlungsanspruch – und einem Bogen mit mehreren Zinskupons.[38] Die mit diesen Zinskupons verbundenen Zinszahlungen werden in Prozenten des Nominalwerts festgelegt und gewöhnlich zu vorab fest vereinbarten Terminen an die Gläubiger ausbezahlt.[39] Da Anleihen grundsätzlich als Inhaberpapiere ausgestaltet sind und das mit ihnen verbriefte Recht somit an den Besitz der Wertpapierurkunde gebunden ist, können sie nahezu uneingeschränkt gehandelt werden.[40]

Neben den klassischen Unternehmensanleihen haben sich den Bedürfnissen der Unternehmen und ihrer Gläubiger entsprechend in jüngster Zeit weitere Varianten von Schuldverschreibungen am Kapitalmarkt herausgebildet. Gestaltungsmöglichkeiten bestehen hinsichtlich der Zinsstruktur und -fälligkeit (klassische Unternehmensanleihen), der verbrieften Rechte (Wandel- und Optionsanleihen) und der Besicherung von Unternehmensanleihen (Hypothekenanleihen) (vgl. Abbildung 3-4). Die Konditionen der jeweiligen Anleihenform setzen sich vor allem aus dem Emissions- und dem Rückzahlungskurs, dem Nominalzinssatz und der Laufzeit zusammen.

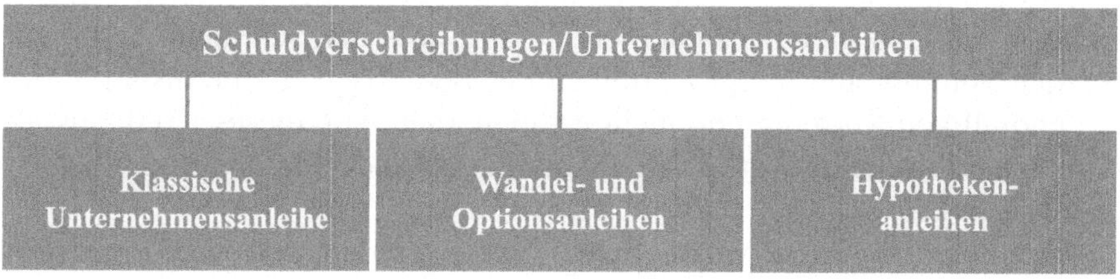

Abbildung 3-4: Arten von Schuldverschreibungen
Quelle: Eigene Abbildung

Klassische Unternehmensanleihe

Die klassische Unternehmensanleihe stellt für einen Investor eine verbriefte Forderung gegenüber einem Unternehmen dar. Mit einem fixen Zinssatz, einer festen Laufzeit sowie einer Tilgung zum Laufzeitende gilt sie prinzipiell als Grundform aller Schuldverschreibungen.

Vergleichbar mit langfristigen Bankdarlehen lassen sich allerdings Kapitalbindung, Kündigungsfristen, Verzinsung sowie Rückzahlungsmodalitäten entsprechend den Bedürfnissen der beteiligten Parteien vertraglich flexibel ausgestalten:[41] So können verschiedene Kündigungsrechte verein-

[38] Vgl. Ruh 2001: 17.
[39] Vgl. Boemle u. Stolz 2002: 412.
[40] Vgl. Herbst 2005: 7.
[41] Vgl. Werner u. Kobabe 2005: 99.

bart werden, die Kapitalbindung kann befristet oder unbefristet und die Verzinsung fest oder variabel sein. Mit dem Kauf einer festverzinslichen Anleihe erwirbt ein Gläubiger den Anspruch auf die Zahlung von fixierten Nominalzinsen zu einem festgelegten Zeitpunkt. Demgegenüber wird im Rahmen variabel verzinslicher Anleihen – der „Floating Rate Notes" – sehr oft ein fester Zinsbestandteil mit einem Referenzzinssatz verknüpft.[42]

Auch im Hinblick auf die Rückzahlungsmodalitäten klassischer Unternehmensanleihen können beide Vertragsparteien unterschiedliche Tilgungsformen vereinbaren:[43]

- Rückzahlung des gesamten Anleihenbetrags zu einem festen Termin
- Rückzahlung des gesamten Anleihenbetrags vor dem Ende der vereinbarten Laufzeit – eine vorzeitige Kündigung durch den Emittenten ist in der Regel nur gegen die Gewährung einer Rückzahlungsprämie möglich
- Rückzahlung des Anleihenbetrags durch eine regelmäßige Teilamortisation nach einigen Jahren fester Anleihendauer

Wie in jedem anderen Kreditverhältnis läuft ein Gläubiger auch mit dem Erwerb von Unternehmensanleihen Gefahr, dass der Schuldner seine vertraglich vereinbarten Verpflichtungen der periodischen Verzinsung sowie der endfälligen Rückzahlung nicht erfüllen kann. Um dieses Kreditausfallrisiko zu minimieren, werden die Gläubiger auf die Vereinbarung von Covenants drängen.

Allerdings sind diese vertraglichen Nebenabreden weit weniger restriktiv als die Sicherheitsleistungen, die ein Kreditinstitut im Gegenzug zu einem langfristigen Bankdarlehen verlangen würde. Insofern ist bei der Finanzierung über Unternehmensanleihen die Gefahr eines Eingriffs in die Unternehmensstrategie oder gar einer direkten Geschäftskontrolle[44] vergleichsweise selten gegeben. Unternehmensanleihen verfügen somit vor allem aufgrund ihrer verhältnismäßig großen Gestaltungsfreiheit sowie ihrer breiten Investorenbasis über geringe (finanz-)strategische Potenziale.

Als Beispiel für einen Emittenten einer variabel verzinslichen Unternehmensanleihe stellt Textbox 3-1 die SGL Carbon vor.

[42] Vgl. Beike u. Schlütz 2005: 290 ff.

[43] Vgl. Boemle u. Stolz 2002: 420.

[44] Eine solche üben etwa im Fall eines langfristigen Bankdarlehens Hausbankvertreter über Aufsichtsratsmandate aus.

Textbox 3-1: SGL Carbon begibt variabel verzinsliche Unternehmensanleihe

„[...] Der Vorstand der SGL Carbon AG [...] (SGL) hat heute mit Zustimmung des Aufsichtsrats die Emission einer variabel verzinslichen Unternehmensanleihe beschlossen. Die Emission wird institutionellen Investoren außerhalb der USA zum Kauf angeboten.

Das Volumen der Unternehmensanleihe beträgt circa 175 Millionen Euro. Die Papiere haben eine Mindeststückelung von 50.000 Euro und eine voraussichtliche Laufzeit von acht Jahren. Die Preisfestsetzung wird für den 11. Mai 2007 erwartet, das Settlement findet um den 16. Mai 2007 statt. Die SGL Carbon AG beabsichtigt, die Zulassung der Unternehmensanleihe zum Handel am Euro MTF Segment der Börse Luxemburg zu beantragen. Deutsche Bank, Morgan Stanley und LBBW begleiten die Platzierung der Unternehmensanleihe als Joint Lead Manager. Der Erlös aus der Platzierung der Unternehmensanleihe wird insbesondere zur Ablösung der im Februar 2004 von der SGL Carbon Luxembourg S.A. begebenen und von SGL garantierten 8,5-Prozent-Hochzinsanleihe in Höhe von 270 Millionen Euro verwendet. Dies erfolgt durch Hinterlegung von Bundesanleihen zur Zahlung von Zinsen, Kapital und Vorfälligkeitsentschädigung bis zum erstmals möglichen Rückzahlungstermin am 1. Februar 2008 [...]“

Quelle: o.V. 2007e

Wandel- und Optionsschuldverschreibungen

Eine Anleihe wird als **Wandelschuldverschreibung** – oder als „Convertible Bond“ – bezeichnet, wenn sie ihrem Besitzer das Recht einräumt, die akquirierte Schuldverschreibung innerhalb ihrer Laufzeit zu einem vorab festgelegten Verhältnis in Aktien des Unternehmens umzuwandeln. Nimmt ein Investor dieses Wandlungsrecht – den Equity-Kicker – wahr, geht damit die ursprüngliche Fremdkapitalschuld unter und er tritt als neuer Gesellschafter in das Unternehmen. Nimmt er sein Wandlungsrecht hingegen nicht wahr, ist das Unternehmen als Emittent verpflichtet, dem Investor den Wert seiner Anleihe am Ende der Laufzeit auszuzahlen.[45]

---

[45] Vgl. Häger u. Elkemann-Reusch 2007: 30 ff.

Vergleichbar mit Wandelschuldverschreibungen statten auch **Optionsschuldverschreibungen** ihre Inhaber mit Rechten aus, die über die normalen Obligationsrechte hinausgehen: Ein Investor erhält mit einer Optionsanleihe ein verzinsliches Wertpapier, das ihm erlaubt, Aktien des Unternehmens innerhalb eines bestimmten Zeitraums zu vorab festgelegten Bedingungen zu erwerben. Das Ausüben dieser Kaufoption findet jedoch unabhängig vom Bestehen der Anleihe statt: Entschließt sich ein Investor, die mit seiner Optionsanleihe verbundene Kaufoption wahrzunehmen und eine bestimmte Anzahl von Aktien zu einem bestimmten Kaufpreis – dem Optionspreis – zu erwerben, ist das Unternehmen unabhängig davon immer noch verpflichtet, dem Gläubiger den Wert seiner Anleihe am Ende der Laufzeit auszuzahlen.[46] Optionsschein und Anleihe können in der Regel getrennt voneinander über die Kapitalmärkte gehandelt werden.[47] Abbildung 3-5 stellt den Wirkungsmechanismus von Wandel- und Optionsanleihen grafisch gegenüber.

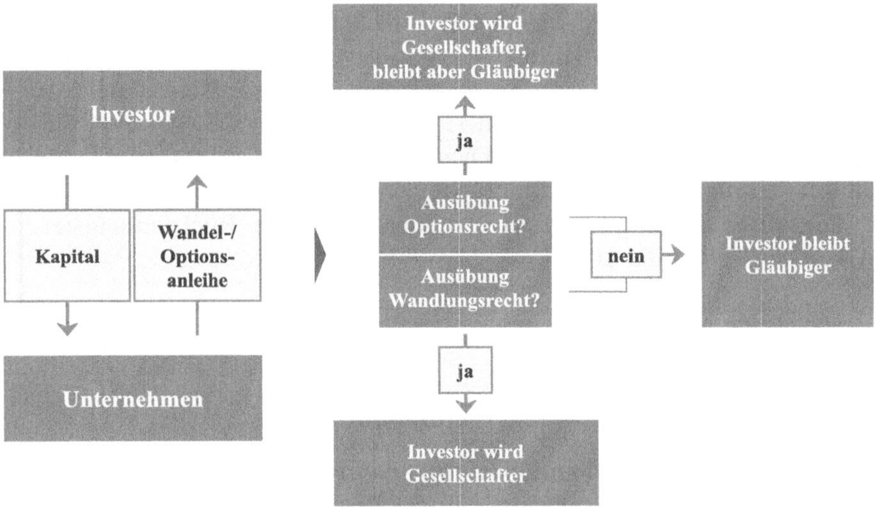

Abbildung 3-5: Wirkungsmechanismen von Wandel- und Optionsanleihen
Quelle: Eigene Darstellung in Anlehnung an Beike u. Schlütz 2005: 301

Investoren in Wandel- und Optionsanleihen treten erst nach Ausübung der entsprechenden Wandlungs- und Optionsrechte als neue Gesellschafter in ein Unternehmen ein und erhalten auch erst dann

[46] Vgl. ebd.

[47] Vgl. Ruh 2001: 64.

unternehmerische Kontroll- und Mitwirkungsrechte. Daher ist davon auszugehen, dass diese Wertpapiere in ihrer klassischen Form – d.h. vor Ausübung des Equity-Kickers – über keine bzw. vergleichsweise geringe (finanz-)strategischen Potenziale verfügen.

Hypothekenanleihen

Eine Hypothekenanleihe ist ein fest verzinsliches Wertpapier, das durch grundpfandrechtlich abgesicherte Forderungen besichert ist. Wie bei einer klassischen Unternehmensanleihe stellt ein Gläubiger einem Unternehmen Fremdkapital für einen begrenzten Zeitraum zur Verfügung und erhält im Gegenzug dazu einen Anspruch auf periodische Zinszahlungen sowie auf eine endfällige Tilgung zum Nominalbetrag. Die Besonderheit gegenüber klassischen Schuldverschreibungen besteht darin, dass das Unternehmen zugunsten der Gesamtheit der Gläubiger Grundpfandrechte bestellt und die auf die Hypothekenanleihe eingezahlten Gelder durch Grundbucheintragungen (Immobilien) des Unternehmens gesichert sind[48] (vgl. Beispiel in Textbox 3-2). Aufgrund dieser besonderen Besicherung der Hypothekenanleihe fordern Gläubiger vergleichsweise selten eine Bereitstellung weiterer Gläubigerschutzmechanismen in Form von Covenants. Insofern verfügen Hypothekenanleihen über keine (finanz-)strategischen Potenziale.

Textbox 3-2: Boetzelen platziert 3. Hypothekenanleihe erfolgreich

„[...] Die Boetzelen RheinMainHypo Vermögensverwaltung GmbH hat ihre 3. Hypothekenanleihe [...] erfolgreich platziert. Insgesamt stand für institutionelle Investoren und Privatanleger ein Zeichnungsvolumen von 30 Millionen Euro zur Verfügung. Bei beiden Zielgruppen stieß die Hypothekenanleihe auf gleichermaßen großes Interesse. Zeichnungen waren bereits ab einer Summe von 1.000 Euro möglich. Die Anleihe soll – wie die erfolgreichen Vorgängerprodukte – ab Anfang Dezember 2006 im Geregelten Markt der Frankfurter Börse gehandelt werden [...]

Mit der Hypothekenanleihe von Boetzelen werden fest und langfristig vereinbarte Mietforderungen aus Supermärkten und aus der Schnellgastronomie verbrieft. Die Mieter der Objekte sind deutsche Top-Adressen wie Edeka, Rewe, Aldi, Lidl und Plus. Die Anleihe hat eine Laufzeit von bis zu 10 Jahren, an deren Ende das Nominal-

[48] Vgl. Werner u. Kobabe 2005: 101.

kapital vollständig zurückgezahlt wird. Die jährliche, feste Verzinsung beläuft sich auf 6 Prozent. Mit dem Kauf der entsprechenden Supermärkte wird Boetzelen – nach Prüfung und Mittelfreigabe durch die Sparkasse KölnBonn – umgehend beginnen. Der Platzierungserlös soll dabei innerhalb der kommenden 12 Monate in 50 Einzelhandelsimmobilien investiert werden. Als zusätzliche Sicherheit werden die Anleiheeigner im Grundbuch bei den Objekten grundpfandrechtlich abgesichert."

Quelle: o.V. 2006b

3.3 Financial Covenants – Typische Bestandteile von Kreditverträgen

3.3.1 Definition von Covenants

Wie bereits dargestellt, sind die Geber von mittel- bis langfristigem Fremdkapital vor allem durch die (kredit-)vertragliche Vereinbarung von Covenants in der Lage, die Führung der Schuldnerunternehmen in ihrem Sinne zu beeinflussen.

Das englische Wort „covenant" bedeutet Übereinkunft oder Vereinbarung. Covenants sind (vertraglich fixierte) Vereinbarungen zwischen der Bank und ihrem Schuldner, die es der Bank im Fall einer finanziellen Notlage des Schuldners grundsätzlich ermöglichen, dessen (unternehmerischen) Handlungsspielraum einzuengen.[49]

3.3.2 Zweck und Arten von Covenants

In der Regel beziehen sich Covenants auf im Vorfeld vereinbarte Relationen der Vermögens-, Finanz- und Ertragslage eines Unternehmens. Sie sollen wesentliche Verschlechterungen der wirtschaftlichen Lage des Schuldners verhindern bzw. rechtzeitig aufzeigen. Insofern zielen Covenants vor allem darauf ab, die Finanzkraft des Schuldners während der gesamten Vertragslaufzeit zu erhalten, Risiko präventiv zu beschränken und speziell das Ausfallrisiko für den Gläubiger signifikant zu senken.

Natürlich kann eine Bank ihr Kreditausfallrisiko nicht allein durch die Vorgabe und Überwachung statischer Kennzahlen minimieren. Vielmehr

[49] Vgl. Spremann u. Gantenbein 2007: 283.

bedarf es vielfältiger kreditvertraglicher Regelungen, die für den Fall einer wirtschaftlichen Notlage des Schuldnerunternehmens detailliert die Rechte und Pflichten aller Vertragsparteien festhalten (vgl. Abbildung 3-6).

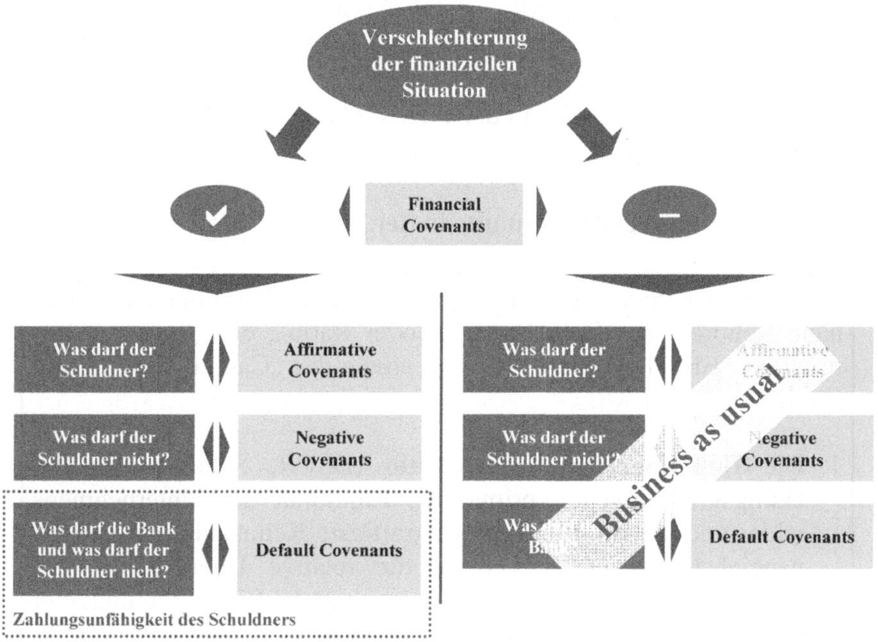

Abbildung 3-6: Arten von Covenants
Quelle: Eigene Abbildung

In einem ersten Schritt muss vertraglich vereinbart werden, wie sich eine Verschlechterung der finanziellen Situation des Schuldnerunternehmens definiert. Diese **Financial Covenants** sind Finanzkennzahlen, welche die Ertrags-, Verschuldungs- und Liquiditätslage des Unternehmens messen. Sie ermöglichen es der Bank, seine wirtschaftliche und finanzielle Lage zu erfassen und frühzeitig eventuelle Fehlentwicklungen zu erkennen. Sobald eine dieser Kennzahlen einen von der Bank festgelegten kritischen Wert unter- oder überschreitet – es also zu einem Covenant-Bruch („Breach of Covenant") kommt –, greifen weitere kreditvertragliche Maßnahmen.

Affirmative Covenants regeln in diesem Zusammenhang die Pflichten des Schuldners. Handlungen, die der Schuldner ab dem Zeitpunkt nicht mehr oder nur nach Absprache mit der Bank vornehmen darf, werden als **Negative Covenants** bezeichnet. Im Fall einer finanziellen Notlage untersagen es diese vertraglichen Regelungen dem Management eines Schuldnerunternehmens, Geschäfte zu tätigen, welche die Finanz- und Gesellschaftsstruktur der Firma verändern. Für andere über den gewöhnlichen Geschäftsbetrieb hinausgehende Transaktionen benötigt die Unternehmensführung in der Regel die Zustimmung der Bank.

Schließlich bezeichnen **Default Covenants** Klauseln bzw. Vertragsvereinbarungen, welche die Pflichten des Schuldners sowie die Rechte des Gläubigers im Fall eines „Default" – einer Zahlungsunfähigkeit – des Schuldners regeln.

Textbox 3-3 stellt die vier in der Praxis gängigsten Arten von Financial Covenants vor.

Textbox 3-3: Financial Covenants in der Praxis

Zu den in der Praxis besonders häufig angewandten Financial Covenants gehören die „Debt Service Cover Ratio", die „Leverage Ratio", das „EBITDA Interest Cover" sowie das „Capital Expenditure Limit".

1. Die **Debt Service Cover Ratio** (DSCR, Schuldendienstdeckungsgrad) spiegelt primär die Liquidität des Unternehmens wider und ist damit die aussagekräftigste Kennzahl unter den Financial Covenants. Sie misst die relative Überdeckung des Schuldendienstes durch die erwirtschaftete Liquidität und gibt somit direkt Auskunft darüber, in welchem Ausmaß das Unternehmen in der Lage ist, Zins- und Tilgungszahlungen durch den erwirtschafteten Cashflow zu bedienen. Gewöhnlich schreiben Banken ihren Schuldnern eine Debt Service Cover Ratio von 1,1 bis 1,5 vor.

2. Die **Leverage Ratio** (Nettoverschuldungsgrad) drückt den Verschuldungsgrad des Kreditnehmers aus und gibt die auf den EBITDA bezogene theoretische Entschuldungsdauer vor Zinsen, Steuern und Investitionen an. Eine Leverage Ratio von beispielsweise 2,0 bedeutet, dass der Schuldner theoretisch in der Lage ist, seine Verbindlichkeiten innerhalb von zwei Jahren vollständig durch die aus seiner Geschäftstätigkeit erzielten Gewinne tilgen zu können. Je nach Unternehmen und Branche liegt die vorgegebene Leverage Ratio in der Regel zwischen 4,0 und 6,0.

3. Das **EBITDA Interest Cover** (Zinsdeckungsgrad) misst die Überdeckung des Zinsaufwandes durch das operative Ergebnis vor Zinsen, Steuern und Abschreibungen. Ein Zinsdeckungsgrad von

beispielsweise 2,0 sagt demnach aus, dass der Schuldner theoretisch in der Lage ist, mithilfe seines operativen Ergebnisses vor Zinsen, Steuern und Abschreibungen alle in einem Geschäftsjahr notwendigen Zinszahlungen zweimal bedienen zu können.

4. Um die Belastung des Cashflows kontrollieren zu können, enthalten Kreditverträge häufig eine jährliche Investitionsobergrenze – das sogenannte **CAPEX Limit** (Capital Expenditure Limit). Dafür müssen Unternehmen im Vorfeld einer Kreditvergabe eine die gesamte Laufzeit des Kredits erfassende Geschäfts- und Investitionsplanung vorlegen. Erscheint diese der Gläubigerbank plausibel, wird das CAPEX Limit in der Regel bei 10 bis 15 Prozent über den vorgelegten Planwerten festgesetzt.

Diese Financial Covenants finden in den aktuellen Kreditvergabepraktiken deutscher Banken häufig Verwendung. Daneben existieren weitere Kennzahlen, auf die hier vor allem aufgrund ihrer geringen Praxisrelevanz nicht weiter eingegangen wird.

Quelle: In Anlehnung an Blatz et al. 2006a: 8 ff.

3.3.3 Ermittlung und Überwachung von Covenants

Damit Covenants ihre Hauptaufgabe als „Krisenfrühwarnsystem“ erfüllen können, ist es unabdingbar, dass sie in einem aktiven Dialog von Schuldner und Gläubiger entwickelt und an die individuellen Bedürfnisse des Schuldnerunternehmens angepasst werden. Das dabei von beiden Parteien angewandte Verfahren zur Ermittlung der Financial Covenants lässt sich prinzipiell in vier Schritte gliedern (vgl. Abbildung 3-7).

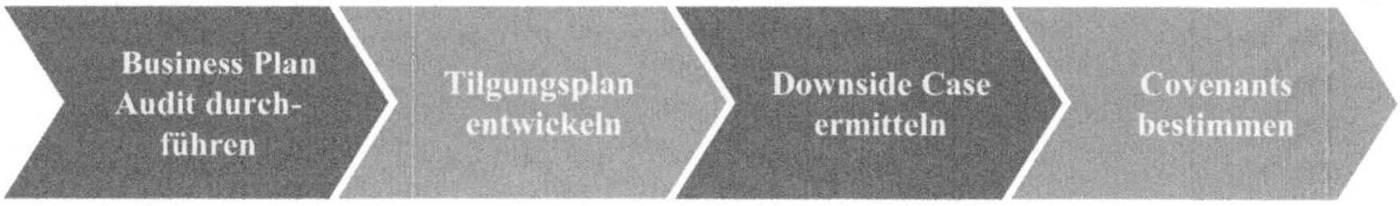

Abbildung 3-7: Verfahren zur Ermittlung von Financial Covenants
Quelle: Eigene Darstellung in Anlehnung an Blatz et al. 2006a: 11

In einem **ersten Schritt** wird das sogenannte „Business Plan Audit“ durchgeführt. Bei dieser detaillierten Analyse des Business Plan des künftigen Schuldners liegt ein besonderes Augenmerk auf den Annahmen des Managements zur allgemeinen Umsatz- und Kostenentwicklung, zur Entwicklung des „Net Working Capital" sowie zu geplanten Investitionstätigkeiten des Unternehmens.

Aufbauend auf diesen Erkenntnissen wird in einem **zweiten Schritt** ein individueller Tilgungsplan erstellt sowie die grundsätzliche Schuldendienstfähigkeit (Bonität) des Unternehmens bestimmt. Unter Einbeziehung des individuellen Risikoprofils der Firma wird im Anschluss daran die endgültige Finanzierungsstruktur des Kredits festgelegt. Neben der Höhe der einzelnen Kreditlinien determiniert diese die Laufzeit der Kredite, ihre Rückzahlungstermine sowie die jeweiligen Zinssätze.

Haben sich die beiden Vertragspartner auf eine Finanzierungsstruktur geeinigt, wird in einem **dritten Schritt** der sogenannten „Down Side Case" ermittelt. Dabei handelt es sich um ein Szenario, welches auf im Vergleich zum Business Plan pessimistischeren Annahmen basiert, das Unternehmen aber dennoch in die Lage versetzt, den vereinbarten Zins- und Tilgungszahlungen nachzukommen.

In einem **vierten und letzten Schritt** werden die Financial Covenants bestimmt. Ausgehend von den Ergebnissen sowie den Szenarien der ersten drei Schritte wird ermittelt, wie sich die ausgewählten Kennzahlen im Zeitablauf entwickeln sollten. Zwischen den Zahlen des „Management Case" – der im Business Plan festgeschriebenen Unternehmensentwicklung – und des Down Side Case ergibt sich damit ein Korridor, in dem Financial Covenants liegen sollten (vgl. Abbildung 3-8).

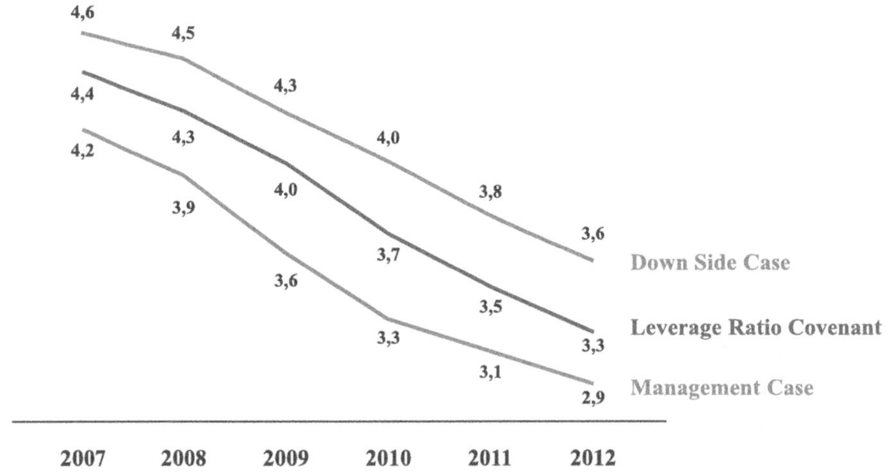

Abbildung 3-8: Festlegung der Leverage Ratio – Beispiel
Quelle: Eigene Darstellung in Anlehnung an Blatz et al. 2006a: 13

Um die potenzielle Einflussnahme auf den Schuldner zu verstärken und die Covenants als wirkungsvolles Frühwarnsystem nutzen zu können, ist es unerlässlich, dass der Gläubiger aktuelle und vollständige Informationen über die Entwicklung des Schuldnerunternehmens erhält. Die hierfür notwendigen Informationspflichten des Schuldners müssen im Kreditvertrag verankert werden. Um für die Überprüfenden ein akzeptables Verhältnis zwischen Aufwand und Nutzen zu erreichen, empfiehlt es sich, die für ein effektives Monitoring aller Financial Covenants notwendigen Informationen nicht jährlich, sondern quartals- oder – gerade im Fall besonders risikoreicher Kredite – monatsweise einzuholen.

Nur eine regelmäßige Versorgung der Gläubiger mit entscheidungsrelevanten Informationen kann sicherstellen, dass ein Nichteinhalten der Financial Covenants durch den Schuldner frühzeitig erkannt und entsprechende Sanktionen rechtzeitig eingeleitet werden.

3.3.4 Verstoß gegen Covenants – Breach of Covenants

Obwohl Definition und Überwachung von Kennzahlen und Verhaltensvorschriften einem Gläubiger die Krisenfrüherkennung erleichtern, können sie das Kreditausfallrisiko per se nicht drastisch reduzieren. Daher muss zwischen den beiden Vertragsparteien vereinbart werden, wie im Fall eines Covenant-Bruchs zu verfahren ist. In der Praxis hat sich ein großer Pool von Sanktionsmechanismen herausgebildet (vgl. Abbildung 3-9):

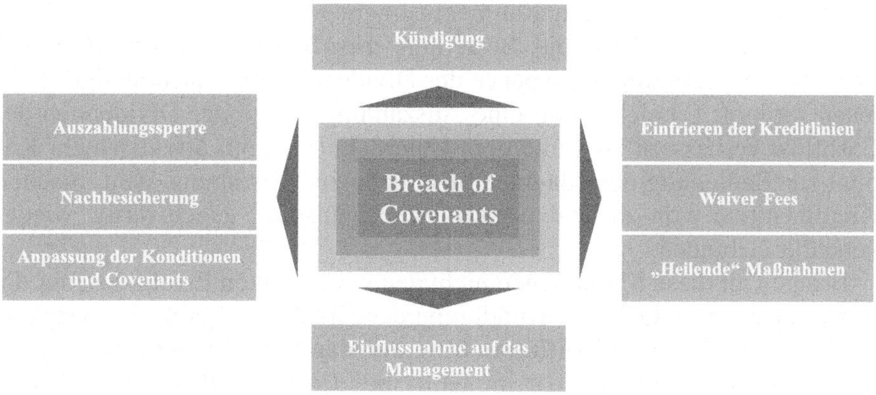

Abbildung 3-9: Sanktionsmechanismen im Fall eines Covenant-Bruchs
Quelle: Eigene Darstellung in Anlehnung an Blatz et al. 2006a: 16

Das stärkste Instrument, mit dem Gläubiger im Fall eines Breach of Covenants drohen können, ist die **Kündigung** des Kreditvertrags. Von diesem Recht wird in der Praxis jedoch kaum Gebrauch gemacht. Statt dessen kommt es üblicherweise zu einer Nachverhandlung des Kreditvertrags zwischen dem Gläubiger und seinem Schuldner. In besonders kritischen Fällen werden parallel dazu bereits die **Kreditlinien eingefroren**. Auf diese Weise wollen die Kreditinstitute eine weitere Erhöhung der Schuldenlast ausschließen und vor allem ihre Position für die anstehenden Vertragsnachverhandlungen stärken.

Ein mögliches Ergebnis der Nachverhandlung ist die Implementierung **„heilender" Maßnahmen**. Der Gläubiger kann das Management beispielsweise zum Verkauf von (nichtbetriebsnotwendigen) Vermögensteilen oder zur Aufstockung des bilanziellen Eigenkapitals verpflichten. Vorrangiges Ziel dieser Gegenmaßnahmen ist es, den Erfüllungsgrad der Financial Covenants ex post zu verbessern.

Verzichtet der Gläubiger im Fall eines Breach of Covenants auf die Kündigung des Kreditvertrags, wird dies als **Waiver** bezeichnet. Sein Einsatz bietet sich vor allem bei Nichteinhaltung unkritischer Covenants an und zieht regelmäßig die Zahlung einer als Bearbeitungsgebühr bezeichneten Strafe („Waiver Fee") nach sich.

Häufig kommt es darüber hinaus zu einer **Anpassung der Kreditvertragskonditionen**: So führt die mit dem Nichteinhalten der Financial Covenants einhergehende Bonitätsverschlechterung des Schuldners unter Umständen zu einer Erhöhung der Zinssätze. Hat die Bank des Weiteren gute Gründe zur Annahme, dass die Verschlechterung der Finanzkennzahlen des Schuldners permanenter Natur ist, werden die Financial Covenants in der Regel den veränderten Rahmenbedingungen angepasst. Ferner kann die kreditgebende Bank die Bestellung **zusätzlicher Sicherheiten** und bzw. oder die **Auszahlungssperre** der Dividenden oder nachrangiger Darlehen fordern. Da sich durch eine Auszahlungssperre der Dividenden der Cashflow verbessern lässt und dem Unternehmen somit effektiv mehr Kapital zur Bedienung der Gläubigeransprüche zur Verfügung steht, machen Kreditinstitute von diesem Sanktionsmechanismus gegenwärtig wieder verstärkt Gebrauch.

Bringen all diese Maßnahmen nicht den gewünschten Erfolg, verfügt die Bank vor einer endgültigen Kündigung des Kreditvertrags über einen letzten Hebel: die **direkte Einflussnahme auf das Management des Unternehmens**. Der Gläubiger hat im Fall eines Covenant-Bruchs das Recht, einen direkten Einfluss auf die (operative) Geschäftsführung des Schuldners auszuüben, die Unternehmenspolitik mitzubestimmen und eigene Ziele und Vorstellungen durchzusetzen.

3.3.5 Risiken beim Einsatz von Covenants

So wirksam diese Sanktionsmechanismen auf den ersten Blick erscheinen mögen, so kritisch ist ihr Einsatz letzten Endes zu bewerten. Erhält die kreditgebende Bank im Fall eines Covenant-Bruchs erst einmal erheblichen Einfluss auf die Geschäftsführung ihres Schuldners, wird sie zur Absicherung ihrer Forderungen Risiken meiden und verstärkt auf Einbringlichkeit – also auf einen hohen Cashflow – achten. Diese auf die Realisierung kurzfristiger Gewinne ausgerichtete Strategie kann indes die mittel- bis langfristigen Entwicklungsmöglichkeiten des Schuldners einschränken und letztlich seine Wettbewerbsposition verschlechtern.

Zudem besteht allein durch die Vereinbarung von Covenants die Gefahr, dass sich die wirtschaftliche Zielsetzung eines Unternehmens verschiebt: Im Fall einer Kreditaufnahme wird das Management eines Schuldnerunternehmens tendenziell Investitionen tätigen, die im Interesse der Gläubiger liegen. Abstrakte, hoch spezialisierte Vermögenswerte sind kaum verwertbar, daher wird vorzugsweise in Universalwerte investiert: Eine Fabrikhalle kann im Insolvenzfall vergleichsweise leicht einer alternativen Verwendung zugeführt werden, Tunnelbohrmaschinen hingegen nicht.

Letztlich kann es so weit kommen, dass die Beeinflussung der Geschäftsführung durch die Bank rechtswidrig ist, insbesondere wenn sie den Schuldner über die Androhung der Kündigung des Kreditvertrags zu bestimmten von ihr gewollten Maßnahmen zwingt.[50] Da die Beeinflussung selbst ein legaler Sanktionsmechanismus ist, sollten die Schuldner die Festlegung der Sanktionen im Fall eines Breach of Covenants daher bereits im Vorfeld eingehend juristisch prüfen lassen.

Textbox 3-4 zeigt Beispiele für Unternehmen auf, die Covenants einhalten müssen bzw. dies nicht geschafft haben.

Textbox 3-4: Covenants in der unternehmerischen Praxis

„Die Gesellschaft hat im November 2004 am europäischen Kapitalmarkt für Unternehmensanleihen ein über zehn Jahre laufendes Papier in Höhe von 250 Millionen Euro mit einem Zinskupon von 6,125 Prozent platziert. Die Anleihe ist an die Einhaltung banküblicher bindender Verpflichtungen (Covenants) geknüpft, wie EBITDA zu Zinsaufwand. Die Nichteinhaltung der Deckungsrelation bzw. sonstigen Verpflichtungen im Anleihenvertrag kann die Pflicht

[50] Vgl. Thießen 1996: 27.

zur vorzeitigen Rückzahlung der Anleihe zur Folge haben. Die Gesellschaft hat bisher alle Verpflichtungen eingehalten [...]"

Quelle: Hornbach 2005: 18

„[...] Aufgrund der Geschäftsentwicklung 2005, die durch einen stärker als erwarteten Umsatzrückgang und eine sich daraus ergebende Ergebnisverschlechterung geprägt war, wurden die mit den Banken vereinbarten Rahmenbedingungen (Covenants) zum 30. September und 31. Dezember 2005 gebrochen. Im Rahmen eines Stillhalteabkommens mit den Banken bis Ende April 2006 wurden Verhandlungen über eine neue Finanzierung aufgenommen. In der Bankensitzung am 28. März 2006 konnte Einigkeit mit allen acht Banken herbeigeführt werden, sodass unter geänderten Bedingungen eine gesicherte Finanzierung des Zapf Creation-Konzerns für die nächsten zwölf Monate einschließlich einer Saisonlinie eingeräumt wurde [...]"

Quelle: Zapf 2006: 26

„[...] Der Kreditvertrag läuft bis zum 31. Dezember 2012 mit einem Tilgungsplan für einen Teil der Fazilitäten. Im Zusammenhang mit diesem Investitionskredit unterliegt die Hiestand Gruppe verschiedenen Kreditbedingungen [...] Die Verschuldungsfaktoren von unter 2,5, der Eigenfinanzierungsgrad von über 30 Prozent mit einem Minimum an Eigenkapital von CHF 200 Millionen sowie der Zinsdeckungsfaktor von über 6,0 werden vorgeschrieben. Zum 31. Dezember 2006 erfüllte Hiestand alle diesbezüglichen Bedingungen."

Quelle: Hiestand 2007: 75 u. 83

3.3.6 Ergebnisse der Financial-Covenants-Studie von Roland Berger Strategy Consultants

Teilnehmer und Schwerpunkte der Studie

Um die Bedeutung von Financial Covenants in der Bankenpraxis genauer zu erfassen, hat Roland Berger Strategy Consultants zum Thema Financial Covenants ca. 100 Vertreter von mehr als 20 deutschen Kreditinstituten befragt. Darunter befanden sich alle vier deutschen Großbanken sowie die größten Banken des öffentlich-rechtlichen und genossenschaftlichen Bankensektors.[51]

Thematische Schwerpunkte der Studie sind unter anderem

- die Bedeutung und Arten von Financial Covenants bei der Kreditfinanzierung zum aktuellen Zeitpunkt und in der Zukunft,
- die Auswirkung von Financial Covenants auf den strategischen Handlungsspielraum und die (Finanzierungs-)Kosten des Schuldnerunternehmens sowie
- die Rolle von externen Beratern bei der Covenant-Implementierung und bei Covenant-Verstößen.

Kernergebnisse der Studie

Die Studie kommt zu folgenden Ergebnissen:

- Financial Covenants wird von 31 Prozent aller befragten Bankmanager eine sehr hohe, von 56 Prozent eine hohe und von 13 Prozent eine geringe Bedeutung beigemessen.
- Es ist ein allgemeiner Trend zu strikteren Financial Covenants zu beobachten, insbesondere bei LBO-Transaktionen einerseits und bei der Finanzierung von KMUs andererseits.

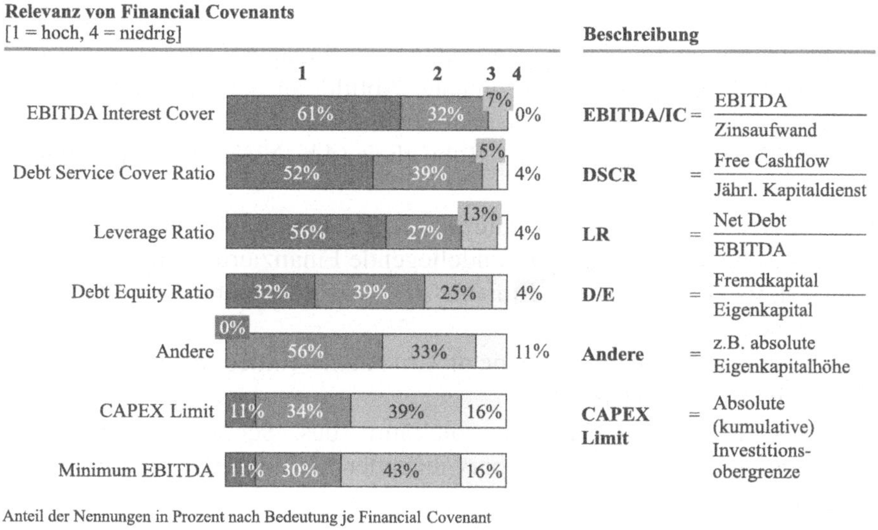

Abbildung 3-10: Relevanz ausgewählter Financial Covenants
Quelle: Haghani et al. 2008: 13

[51] Vgl. Haghani et al. 2008.

- Als wichtigste Arten von Financial Covenants werden EBITDA Interest Cover, Debt Service Cover Ratio und Leverage Ratio genannt (vgl. Abbildung 3-10).
- Financial Covenants finden insbesondere bei nachrangigen Kreditverträgen Anwendung (vgl. Abbildung 3-11).

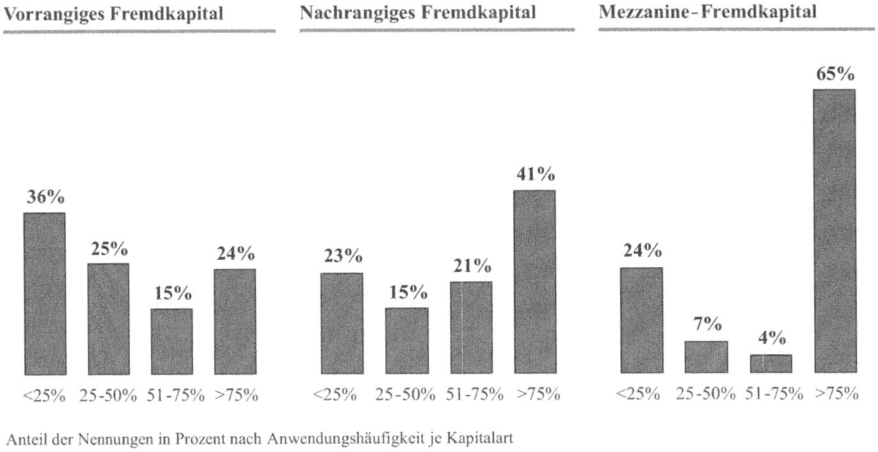

Abbildung 3-11: Anwendungshäufigkeit von Financial Covenants bei unterschiedlichen Fremdkapitaltransaktionen
Quelle: Haghani et al. 2008: 11

- Als die drei wichtigsten Eigenschaften von Financial Covenants werden genannt: Funktionalität (d.h. genaue Abbildung der finanziellen Situation des Schuldnerunternehmens; 37%), Praktikabilität (d.h. unkomplizierte Berechnung; 28%) und Robustheit (d.h. Nichtanfälligkeit gegenüber Manipulationen; 26%).
- Zwei Drittel der Kreditinstitute passen Financial Covenants schuldnerspezifisch an, wobei das zugrundeliegende Finanzierungsinstrument, das Geschäftsmodell und die Branche des Kreditnehmers die größte Rolle spielen.
- Die Überwachung von Financial Covenants findet in aller Regel auf vierteljährlicher Basis statt.
- Den strategischen Handlungsspielraum des Schuldnerunternehmens schränken Covenants nach überwiegender Meinung der befragten Banken nicht ein.
- Covenant-Brüche führen größtenteils zu einer Zinserhöhung sowie zu einer Einschaltung von (Unternehmens-)Beratern.
- Unternehmensberater stellen beim Aufsetzen von sowohl Kreditverträgen (37%) als auch Maßnahmen bei Covenant-Brüchen (50%) die größte

Gruppe externer Berater dar (noch vor Wirtschaftsprüfern, Rechtsanwälten und Steuerberatern) (vgl. Abbildung 3-12).

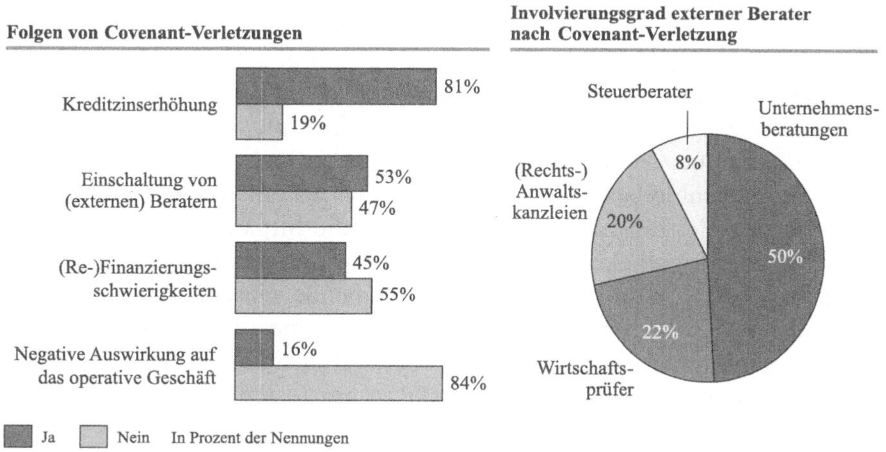

Abbildung 3-12: Konsequenzen von Covenant-Verletzungen und anschließender Involvierungsgrad externer Berater
Quelle: Haghani et al. 2008: 16

Exkurs: Einfluss der Subprime-Krise auf die Finanzierungslandschaft

Zur Jahresmitte 2007 brach die sogenannte Subprime-Krise (auch: US-Immobilienkrise) über die internationalen Finanzmärkte herein. Was zunächst ein auf die USA begrenztes Problem zu sein schien, erlangte binnen kürzester Zeit globale Bedeutung. Der Grund dafür liegt insbesondere in der Art und Weise, wie Finanzprodukte strukturiert sind. Dieser Exkurs soll die Entwicklung der Krise nachvollziehen und ihre Auswirkungen auch mit Blick auf die Unternehmensfinanzierung aufzeigen.

Entstehung und Ursachen der Subprime-Krise

Der Begriff Subprime-Markt bezeichnet den Teil des US-amerikanischen Hypothekendarlehenmarktes, dessen Kreditnehmer geringe Bonität aufweisen. In den vergangenen Jahren hatten diese Kreditnehmer damit begonnen, Grundstücke und Immobilien zu kaufen.[52] Zwar konnten sie meist weder das eine noch das andere mit Eigenkapital finanzieren, die Banken waren jedoch aufgrund der anhaltend steigenden Grundstücks- und Immobilienpreise bereit, dafür Kredite von bis zu 100 Prozent des gesamten Grundstücks- und Immobilienwertes zu vergeben. Die Verfügbarkeit die-

[52] Vgl. Kiff u. Mills 2007: 4.

ses Geldes erhöhte wiederum künstlich die Nachfrage, wodurch die Preise weiter stiegen.

Im Zuge dessen verließen die Banken die traditionelle Kreditvergabepraxis, nach der Immobilienkredite binnen einer vorab vereinbarten Dauer mit regelmäßigen Zins- und Tilgungszahlungen erstattet werden und sich die Verschuldungssituation der Kreditnehmer kontinuierlich verbessert. Vielmehr wurden Modelle der „verspäteten Tilgung" eingeführt, wonach der Kreditnehmer zunächst nur die Zinsen, jedoch keine Amortisation zahlt. Bei gleichbleibender Laufzeit führt dies zu einer höheren Belastung am Ende des Vertrags. Ähnlich verhält sich die Situation bei sogenannten „Ein-Prozent-Hypotheken": Hier bezahlt der Kreditnehmer nur einen Teil des Zinses, z.B. ein Prozent, und der verbleibende Zinsanteil wird zum Kapital addiert. Damit erhöht sich die Kreditsumme und die Rückzahlung verlagert sich abermals an das Ende der Vertragslaufzeit. In einer dritten Vertragsvariante wird für die ersten Jahre ein fester Zinssatz vereinbart, der sich anschließend kontinuierlich am Marktzins ausrichtet. Dies führt zu einer laufenden Erhöhung der Zinsen, sodass sich die Situation der Kreditnehmer mit fortschreitender Vertragslaufzeit verschlechtert.

Der anhaltende Boom auf dem Grundstücks- und Immobilienmarkt ließ das Zinsniveau in den USA immer mehr ansteigen. Erste Ausfälle der Kreditnehmer konnten noch durch die Verwertung der als Sicherheit dienenden Grundstücke bzw. Immobilien gedeckt werden. Mit einer größeren Anzahl von Forderungsausfällen stieg jedoch auch die Anzahl der Veräußerungen. Ein sich vergrößerndes Angebot von Grundstücken und Immobilien traf zu diesem Zeitpunkt auf einen Nachfragerückgang: Die Preise sanken und verschlechterten damit die Verwertbarkeit weiter. Verstärkt wurde diese Entwicklung noch durch die beschriebenen Vertragsmodelle mit erhöhter Belastung der Kreditnehmer zum Ende der Vertragslaufzeit und so kam es im Subprime-Segment zu enormen Ausfällen: Die Häufigkeit von Zahlungsverzögerungen oder Hypothekenkündigungen stieg mit dem Loan-to-Value-Verhältnis, also dem Verhältnis von Fremdfinanzierungsanteil zum Wert der hinterlegten Sicherheit. Da dieses, wie erwähnt, bis zu 100 Prozent betrug,[53] kamen auf die kreditgebenden Banken Abschreibungen in Milliardenhöhe zu; Baufinanzierer, die sich auf diese Kredite spezialisiert hatten, wurden in die Insolvenz getrieben.

Globale Dimension der Subprime-Krise

Eine globale Dimension erreichte die Subprime-Krise jedoch erst durch die Verbriefung der Zins- und Tilgungsansprüche der Banken und deren an-

[53] Vgl. Demyanyk u. Van Hemert 2007: 4.

schließende Weiterveräußerung als forderungsbesicherte Wertpapiere (Asset Backed Securities; ABSs) auf internationalen Finanzmärkten. Im Zuge dessen bündeln die Banken die Einzelkredite und teilen sie in Forderungen verschiedener Risikoklassen auf. Dabei dienen die abgetretenen Forderungen („assets") gegenüber den Kreditschuldnern als Sicherheit („backed") für die Subprime-Wertpapiere. Ein Grundpfand sichert die Darlehensforderung ab. Im August 2007 machten mit Subprime-Darlehen besicherte ABSs rund 1,5 Billionen Dollar aus.

Durch die Verbriefung der Darlehensforderungen konnten die Banken als Originator zusätzliche Erträge generieren und sie erreichten vor allem mehr Flexibilität für ihre weitere Kreditvergabe. Zudem ließen sich die Subprime-Papiere international handeln und fanden somit weltweit Eingang in die Depots von Investoren wie Banken, Investmentfonds, Versicherungen oder Hedge-Fonds. Die Investoren konnten bei Kauf der Subprime-Wertpapiere außer auf die Absicherung durch das Grundpfand lange Zeit auf einen liquiden Sekundärmarkt vertrauen, der eine kurzfristige Weiterveräußerung ermöglichte.

Als die oben skizzierte Abwärtsspirale mit sinkenden Grundstücks- und Immobilienpreisen bei steigenden Leit- und Kreditzinsen einsetzte und Zins- und Tilgungszahlungen im Subprime-Segment ausfielen, verloren auch die Subprime-Wertpapiere enorm an Wert und erlitten hohe Abschreibungen. Zwar konnten die Eigentümer der Wertpapiere auf die Grundstücke und Immobilien als Grundpfand zurückgreifen, diese prompten Veräußerungen gingen jedoch mit Verlusten einher. Die Fristenkongruenz wurde damit ausgehebelt, da den kurzfristig ausgegebenen Wertpapieren nur noch langfristig erzielbare Erlöse mit hoher Unsicherheit gegenüberstanden. Im Ergebnis wurde auch der Sekundärmarkt illiquide, da die Zins- und Tilgungszahlungen für die ausgegebenen Geldmarktpapiere nicht mehr bedient werden konnten und potenzielle Käufer das Interesse verloren.

Volkswirtschaftliche Auswirkungen der Subprime-Krise

Die großen – sowohl „originären" als auch verbrieften – Bestände an Hypothekendarlehen im Besitz internationaler Investoren verursachten bei diesen einen enormen Abschreibungsbedarf. Allein im Jahr 2007 veranlassten die Kreditausfälle die Finanzinstitute dazu, rund 113 Milliarden US-Dollar (ca. 71 Milliarden Euro) an Abschreibungen bekannt zu geben.[54] Es waren dies beispielsweise Merryl Lynch mit knapp 5,8 Milliarden US-Dollar, die Citigroup mit ca. 4,4 Milliarden, Morgan Stanley mit knapp 9,4 Milliarden – hier sollte ein chinesischer Staatsfonds zur Stärkung der

---

[54] Vgl. Bayer 2008.

Kapitalbasis für ca. 5 Milliarden US-Dollar Anteile kaufen – sowie die amerikanische Investmentbank Bear Stearns mit Wertverlusten von ca. 1,9 Milliarden US-Dollar allein bis zum dritten Quartal 2007.[55] Nachdem sich die Liquiditätssituation dieses traditionsreichen Brokerhauses weiter verschlechtert hatte, blieb keine andere Wahl, als die Insolvenz zu erklären. JP Morgan Chase unterbreitete ein Übernahmeangebot von zehn US-Dollar pro Aktie. Damit hatte Bear Stearns binnen weniger Tage einen Großteil seines gesamten Marktwertes eingebüßt.[56]

In Deutschland traf es unter anderem die Mittelstandsbank IKB, deren Spezialgesellschaft (Special Purpose Vehicle) Rhineland Funding sich am US-Immobilienmarkt verspekuliert und 12,7 Milliarden Euro in Finanzprodukte auf Basis zweitklassiger Häuserkredite investiert hatte. Zum gegenwärtigen Zeitpunkt liegen drei Rettungspakete auf, um die Bank vor der drohenden Insolvenz zu retten. Die Summe beläuft sich auf mehr als 8,5 Milliarden Euro und wird primär durch die staatliche KfW Bankengruppe getragen.[57]

Das skizzierte Substanz- und Bewertungsproblem der Banken erschütterte das Vertrauen in den gesamten Sektor, da das Ausmaß des Abschreibungsbedarfs anderer Institute nicht abzusehen war und weiterhin ist. Die Banken änderten binnen kurzer Zeit ihr Finanzierungsverhalten und Fremdkapital wurde nur noch restriktiv zu hohen Zinsen vergeben. So brach auch das Volumen von M&A-Transaktionen durch Leveraged Buyouts von 2006 auf 2007 um 45 Prozent ein. Der daraus resultierende ökonomische Schaden wird derzeit mit ca. 450 bis 500 Milliarden Euro beziffert.[58]

Diese restriktive Kreditvergabepraxis wurde durch die fehlende Liquidität am Markt für Subprime-Wertpapiere noch weiter verstärkt, sodass in Summe negative Auswirkungen auf die Volkswirtschaft zu befürchten waren. An diesem Punkt griffen die Zentralbanken ein und stellten dem Markt in großem Umfang Liquidität zur Verfügung. Momentan hatten diese Maßnahmen eine positive Wirkung, insgesamt ist die Unsicherheit auf den Märkten aber weiterhin groß, insbesondere da das gesamte Ausmaß der Subprime-Krise noch nicht beziffert ist.

Sollten im Jahr 2008 die Immobilienkrise und der steigende Ölpreis dazu führen, dass auch Konsumentenkredite vermehrt ausfallen, würde ein ähnlicher Kreislauf in Gang gesetzt, dessen Auswirkungen derzeit nicht absehbar sind. Solche übergreifenden Ereignisse erschweren Unternehmen

---

55 Vgl. Bear Stearns 2007.

56 Vgl. o.V. 2008: 1.

57 Vgl. Atzler u. Bartz 2008.

58 Vgl. Roland Berger Strategy Consultants 2007: 28.

jeder Art den Zugang zu Fremdkapital und lassen die Bonitätsanforderungen an sie steigen. Eine Restriktion der Kreditvergabe wird – dies zeigt auch die aktuelle Financial-Covenants-Studie von Roland Berger Strategy Consultants – insbesondere die Bedeutung von Covenants für die Unternehmensfinanzierung weiter erhöhen. Insgesamt wird deutlich, dass die strategische Komponente der Corporate Finance zunehmend an Bedeutung gewinnt bzw. gewinnen muss.

3.4 Finanzstrategische Implikationen der Fremdfinanzierung

Im Ergebnis bleibt festzuhalten, dass die einzelnen Instrumente der Fremdkapitalfinanzierung dem Gläubiger zahlreiche Möglichkeiten einräumen, einen (finanz-)strategisch motivierten Einfluss auf das Management des Schuldnerunternehmens auszuüben. Insbesondere in der bilateralen Vereinbarung von Covenants liegt ein hohes (finanz-)strategisches Potenzial.

Für viele deutsche Unternehmen stellt der klassische Bankkredit nach wie vor das wichtigste Instrument der Außenfinanzierung durch Fremdkapital dar: Rund ein Viertel aller kleinen und mittelgroßen Unternehmen finanzieren sich vorwiegend darüber.[59] Aufgrund der hohen Fremdkapitalquoten bergen diese Firmen jedoch auch ein vergleichsweise hohes Kreditausfallrisiko, weshalb Banken neben den klassischen Kreditsicherheiten wie Grundpfandrechten verstärkt auf die Vereinbarung von Covenants drängen. Diese (kreditvertraglichen) Klauseln verpflichten ein Schuldnerunternehmen, während der gesamten Kreditlaufzeit bestimmte Anforderungen zu erfüllen.

Es wurde gezeigt, wie ein Schuldnerunternehmen dem Gläubiger zum Teil umfangreiche unternehmerische Zustimmungs- und Mitwirkungsrechte für den Fall einräumt, dass es bestimmte Mindestwerte oder sonstige Verpflichtungen nicht einhält. Covenants müssen für ein Schuldnerunternehmen jedoch nicht von Nachteil sein. Vielmehr können sie dem Management eine Art Orientierungshilfe im Rahmen finanzieller Entscheidungen bieten. Der durch die Gläubiger ausgeübte Druck kann zudem dazu führen, dass die Führungsriege ihren gewohnten „Alltagstrott" verlässt, unternehmerische Entscheidungen bewusst hinterfragt und somit die gesamtwirtschaftliche Performance des Unternehmens steigt.

Letztlich bewirken die mit Covenants verbundenen eingehenden Informations- und Reportingverpflichtungen unter Umständen eine Optimie-

[59] Vgl. Linnemann 2007: 17.

rung des unternehmensinternen Controlling- und Reportingsystems. Indem etwaige Ineffizienzen des Informationsflusses beseitigt werden, erhält das Management im Ergebnis weniger, aber dafür wichtigere Informationen.

> Kreditvertragliche Zusatzvereinbarungen schaden einem Unternehmen per se nicht. Unternehmensindividuell ausgestaltet, können sie einer aktiven Unternehmensführung als (finanzwirtschaftliche) Orientierungshilfe dienen und so zu einer Steigerung der gesamtwirtschaftlichen Performance des Unternehmens beitragen. So gesehen kann sich die Unternehmensführung für die Finanzierung über einen Bankkredit und die damit verbundene Vereinbarung von Covenants entscheiden, um nicht zuletzt die daraus resultierenden unternehmensinternen Vorteile aktiv zu nutzen.

Allerdings stellen Covenants vor allem aufgrund ihrer Hauptzielsetzung – der Minimierung des Kreditausfallrisikos – keine finanzwirtschaftlichen Allzweckwaffen dar. Vielmehr ist ihr Einsatz mit erheblichen Risiken verbunden. So kann ihre Vereinbarung nicht nur die strategische Zielsetzung des Unternehmens verschieben, sondern auch die unternehmerischen Freiheiten des Managements einengen.

Vor diesem Hintergrund verwundert es nicht, dass sich Unternehmen verstärkt über den (öffentlichen) Kapitalmarkt finanzieren. Durch Emission von Unternehmensanleihen sind sie in der Lage, zu selbst festgesetzten Kreditvergabekonditionen Fremdkapital von einer Vielzahl anonymer Gläubiger zu erlangen. Die Vereinbarung von Covenants und die damit verbundene Möglichkeit der aktiven Beeinflussung des Managements kann ein Unternehmen in den Emissionsbedingungen explizit ausschließen. Tut es dies nicht, verfügt das Management trotzdem über einen verhältnismäßig großen operativen Spielraum: Aufgrund der Vielzahl von Gläubigern ist die Macht des Einzelnen überaus beschränkt.

> Will ein Unternehmen die mit der Vereinbarung von Covenants verbundene Einengung der unternehmerischen Freiheit verhindern, sollte sein Management bei der Unternehmensfinanzierung schwerpunktmäßig auf den Kapitalmarkt und damit auf eine Vielzahl von Gläubigern setzen.

Allerdings sind auch mit der Emission von Unternehmensanleihen zum Teil umfangreiche Informations- und Offenlegungsvorschriften verbunden. Besonders für kleine Unternehmen kann der Umstand, dass nicht nur die Hausbank Einblick in ihre finanzielle und wirtschaftliche Lage bekommt, sehr ungewohnt sein. Weit wichtiger erscheint jedoch die Tatsache, dass diese Informationspflichten beträchtliche Kosten nach sich ziehen können: Unter Umständen müssen neue Controlling- bzw. Reportingsysteme sowie alternative Informationswege eingeführt werden. Bei kleinen und mittelgroßen nicht börsennotierten Unternehmen können die entsprechenden Kosten sehr leicht überhandnehmen und letztlich gegen die Nutzung des öffentlichen Kapitalmarktes sprechen. Unternehmen, die eine Inanspruchnahme des Kapitalmarktes durch die Emission von Anleihen planen, müssen nicht zuletzt in der unternehmensinternen finanzwirtschaftlichen Planung berücksichtigen, dass die Informationskosten bis zum Ende der Laufzeit Jahr für Jahr auf sie zukommen.

> Mit der Emission von Anleihen sind beträchtliche Kosten für die Informationsbereitstellung verbunden. Dies lässt kleinen nicht börsennotierten Unternehmen aus betriebswirtschaftlicher Sicht möglicherweise eher die Aufnahme eines Bankkredits und das Akzeptieren der damit verbundenen Covenants sinnvoll erscheinen.

3.5 Resümee

Für die meisten Unternehmen stellt die Finanzierung über Fremdkapital – vor allem in Form von Bankkrediten – nach wie vor die klassische Form der Außenfinanzierung dar. Untersuchungen der Bundesbank zufolge betrug allein im Jahr 2005 der Anteil von Fremdkapital an der Bilanzsumme deutscher Unternehmen durchschnittlich rund 46 Prozent.[60] Etwa ein Viertel aller kleinen und mittelgroßen Unternehmen greifen im Rahmen der Außenfinanzierung insbesondere auf Bankkredite zurück.[61] Insofern ist davon auszugehen, dass trotz möglicher Restriktionen in Folge von Basel II die Finanzierung über Bankkredite für deutsche Unternehmen auch künftig von Bedeutung sein wird. Vor allem kleine Unternehmen werden aufgrund ihrer historisch bedingt geringen Eigenkapitalbasis weiterhin auf die Bankenfinanzierung angewiesen sein.[62] Welche (negativen) Folgen die durch die Subprime-Krise in den USA ausgelösten Verwerfungen auf den internationalen Kreditmärkten für die Fremdfinanzierung deutscher Unternehmen haben werden, bleibt zum gegenwärtigen Zeitpunkt abzuwarten.

Wie dargestellt wurde, handelt es sich bei Covenants um (kreditvertragliche) Klauseln, die ein Schuldnerunternehmen dazu verpflichten, während

[60] Vgl. Deutsche Bundesbank 2007a.
[61] Vgl. Linnemann 2007: 17.
[62] Vgl. KfW 2006: 73.

der gesamten Kreditlaufzeit bestimmte Anforderungen zu erfüllen. Mit ihrer Hilfe wollen Kreditinstitute frühzeitig potenzielle Kreditausfallrisiken ihrer Schuldnerunternehmen erkennen und geeignete Gegenmaßnahmen ergreifen.

Trotz ihrer vielfältigen Anwendungsmöglichkeiten sind kreditvertragliche Regelungen keine finanzwirtschaftlichen Selbstläufer. Vielmehr verlangen Covenants eine zielgerichtete und strukturierte Unternehmensführung. Banken müssen sich einen umfassenden Einblick in die Firma und die dazugehörige Branche verschaffen. Sie benötigen ein tief gehendes Verständnis des Marktes, seiner saisonalen Auswirkungen auf das Net Working Capital sowie der Ergebnis- und Cashflow-Situation des jeweiligen Unternehmens.

Gesellschaften haben sich darauf einzustellen, folgende Fragen der Kreditgeber realistisch und gleichzeitig zu deren Zufriedenheit zu beantworten: Wie positioniert sich das Unternehmen? Ist künftig mit Wachstum, Stagnation oder gar Schrumpfung zu rechnen? An welchen Meilensteinen ist zu erkennen, dass die gewählte Strategie Früchte trägt? Sind die Risiken korrekt abgebildet?

Neben den klassischen Instrumenten der Bankenfinanzierung steht kreditsuchenden Firmen mit der Unternehmensanleihe eine weitere Form der Fremdfinanzierung offen. Aufgrund ihrer Anforderungen ist die Börsenemission von Unternehmensanleihen nahezu ausschließlich großen Unternehmen vorbehalten. Kleine und mittelgroße Firmen können Unternehmensanleihen außerbörslich emittieren. Vor dem Hintergrund der damit verbundenen Informationspflichten muss sich ein Unternehmen damit abfinden, dass nicht nur die Hausbank Einblick in seine finanzielle und wirtschaftliche Lage erhält.[63]

Von Anfang an sollte sichergestellt sein, dass ein Unternehmen im Zuge der Fremdkapitalfinanzierung eine Kombination unterschiedlicher Finanzierungsinstrumente optimal auf seine individuellen Bedürfnisse unter Berücksichtigung der Gläubigerinteressen abstimmt. Zu diesem Zweck empfiehlt es sich, auf die Kompetenz eines externen Corporate-Finance-Beraters zurückzugreifen. Aufgrund seiner (finanzwirtschaftlichen) Sachkenntnis sowie seiner Erfahrung sollte dieser in der Lage sein, auf das Unternehmen zugeschnittene Finanzierungsalternativen zu entwickeln, die vor allem das (finanz-)strategische Verhalten der Fremdkapitalgeber berücksichtigen und dieses zum Vorteil des Unternehmens einbinden.

[63] Vgl. Ruh 2001: 90.

4 Mezzanine – Wie hybrides Kapital die Eigenkapitalbasis stärken kann

4.1 Einleitung und Übersicht

„Mezzanine boomt" – treffender lässt sich die momentane Entwicklung im Bereich der Mezzanine-Finanzierung deutscher Unternehmen nicht beschreiben. Die Mezzanine-Finanzierung ist als Mischform von Eigen- und Fremdkapital definiert, wenn als Abgrenzungskriterien für das Eigenkapital die volle Risikohaftung und für das Fremdkapital die Absicherung durch Aktiva gelten. Die Charakteristika von Eigen- und Fremdkapital können dabei vielfältig kombiniert und individuell auf das gewünschte Risiko-Rendite-Profil des Unternehmens und des Mezzanine-Kapital-Gebers zugeschnitten werden.

Nachfrage und Angebot von mezzaninen Finanzierungen sind in den letzten Jahren sprunghaft gestiegen.[1] So hat sich nach einer Untersuchung des Mezzanine Panel beispielsweise das Volumen unbesicherter und damit dem wirtschaftlichen Eigenkapital zuzurechnender Darlehen im Zeitraum von 2003 bis 2006 nahezu verdoppelt. Der neue Rekordstand betrug 2006 rund 1,4 Milliarden Euro.[2]

Grundsätzlich wird diese Entwicklung von einem tief greifenden Wandel des deutschen Finanzierungsmarktes getrieben. Insbesondere mittelständische Unternehmen haben sich in Deutschland zu einem Großteil traditionell über Hausbankkredite finanziert. Der enge Kontakt ermöglichte ihnen trotz schlechter konjunktureller oder unternehmensspezifischer Lage die Aufnahme weiterer Kredite, was zu einer kontinuierlichen Substitution von Eigen- durch Fremdkapital geführt hat. Die Eigenkapitalverordnung nach Basel II[3] besagt nun, dass in der Europäischen Union seit 2007 Ratings als Bewertungsmaßstab für die Bonität der Kreditnehmer und für die Eigenkapitalhinterlegung der Banken dienen. Dies hat dazu geführt, dass das „Gewohnheitsrecht auf einen zinsgünstigen Kredit" abgelöst wurde

---

1 Vgl. Häger u. Elkemann-Reusch 2007: 5.

2 Vgl. o.V. 2006c: o.S.

3 Vgl. hierzu auch den Exkurs zu Basel II in Kapitel 3.2.1.

von einer risikoadjustierten Kreditvergabe, damit deutlich schlechteren Kreditkonditionen und letztlich einer gesunkenen Bereitschaft der Banken, Fresh Money in die Unternehmen zu investieren.[4] Vor diesem Hintergrund sind sowohl Kreditinstitute als auch Unternehmen zu der Erkenntnis gelangt, dass eine reine Kreditfinanzierung speziell für umfangreiche Wachstumsinvestitionen nicht immer zielführend respektive möglich ist. Daher bemühen sich gegenwärtig viele Unternehmen um eine Erhöhung ihrer – im internationalen Vergleich immer noch geringen – Eigenkapitalquote.[5] Die Aufnahme von Eigenkapital am Kapitalmarkt steht jedoch bei Weitem nicht allen Unternehmen offen bzw. sie ist mit Blick auf die derzeitige Entwicklung am Kapitalmarkt wenig opportun. Wenn zudem eine alternative Finanzierung durch echtes Eigenkapital externer Investoren nicht infrage kommt,[6] gewinnen mezzanine Finanzierungsformen an Bedeutung.

Die Finanzierung durch Mezzanine-Kapital als flexible Finanzierungsform erfreut sich insbesondere im deutschen Mittelstand einer hohen Akzeptanz, was auf die besonderen Eigenschaften der betreffenden Unternehmen zurückzuführen ist:[7] Aufgrund ihrer unzureichenden Größe ist ihnen in aller Regel der direkte Zugang zum Kapitalmarkt versperrt.[8] Überdies legen die vielen familiengeführten Unternehmen in Deutschland Wert auf den Erhalt ihrer unternehmerischen Entscheidungsfreiheit. Daher kann Mezzanine-Kapital hier sehr hilfreich sein.

Wie die jüngste Auswertung der Jahresabschlüsse von IKB-Kunden aus dem verarbeitenden Gewerbe zeigt, schlägt sich diese Tendenz positiv in den Unternehmensbilanzen nieder: Der Anteil nachrangiger Finanzierungen an der Bilanzsumme stieg im Zeitraum 2002 bis 2005 von 0,8 auf 1,6 Prozent und hat sich somit innerhalb von drei Jahren verdoppelt.[9] Bei der Gesamtheit der deutschen Unternehmen hat die verstärkte Nutzung mezzaniner Finanzierungsinstrumente zu einer Verbesserung der betrieblichen Eigenkapitalquote von 21 Prozent im Jahr 2002 auf 24 Prozent im Jahr 2005 beigetragen.[10] Es ist davon auszugehen, dass sich dieser Trend fortsetzt.

---

4 Vgl. Haghani u. Heinemann 2008: 453; vgl. Häger u. Elkemann-Reusch 2007: 5.

5 Vgl. Häger u. Elkemann-Reusch 2007: 5.

6 Gründe hierfür können sein, dass keine Einigkeit über die Bewertung des Unternehmens erreicht wird, dass eine Verwässerung der Kapitalstruktur vermieden oder die traditionelle Familienführung beibehalten werden soll.

7 Vgl. Häger u. Elkemann-Reusch 2007: 5.

8 Vgl. Werner 2007: 13.

9 Vgl. Häger u. Elkemann-Reusch 2007: 5.

10 Vgl. Böttges-Papendorf 2007: 6; vgl. o.V. 2006c: 47.

Im Folgenden wird aufgezeigt, was Mezzanine-Kapital ist, welche Arten sich unterscheiden lassen, welche Punkte für und welche gegen seinen Einsatz sprechen und, vor allem, was die Existenz mezzaniner Finanzierungsformen für die Finanzierung des jeweiligen Unternehmens bedeutet.

4.2 Der Begriff Mezzanine-Kapital

Das italienische Wort „mezzanino" bezeichnet die in der Renaissance typische Bauweise eines Halbgeschosses, das sich zwischen zwei Hauptgeschossen befindet.[11] Unter Mezzanine-Kapital versteht man verschiedene Instrumente zur Unternehmensfinanzierung, die – wie der architektonische Originalzusammenhang nahelegt – eine (ökonomische) **Zwischenform** von Eigen- und Fremdkapital darstellen und Eigenschaften beider Finanzierungsformen aufweisen. In vielfältigen Kombinationsmöglichkeiten können die Charakteristika beider Kapitalformen individuell auf das gewünschte Risiko-Rendite-Profil eines Unternehmens zugeschnitten werden. Abbildung 4-1 veranschaulicht grafisch die „Zwitterform" des Mezzanine-Kapitals.

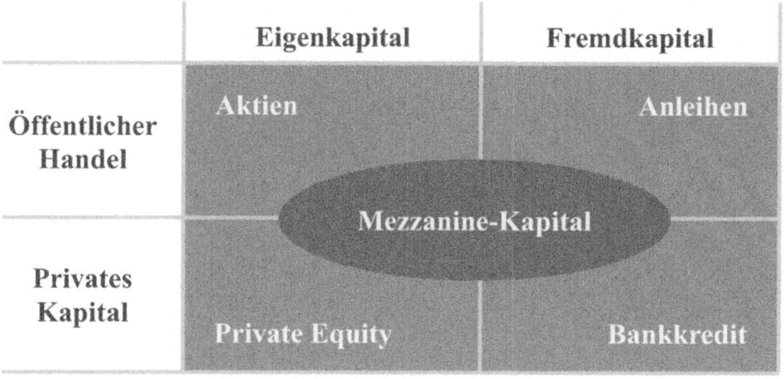

Abbildung 4-1: Mezzanine-Kapital als Zwischenform von Eigen- und Fremdkapital
Quelle: Eigene Darstellung in Anlehnung an Spremann et al. 2001: 312

Durch entsprechende vertragliche Regelungen lässt sich so einerseits Eigenkapital beschaffen, dessen befristete Vertragslaufzeiten, fixierte Zinszahlungen und feste Rückzahlungsansprüche für Fremdkapital typisch sind. Andererseits gewinnt man Fremdkapital, das mit den dazugehörigen unternehmerischen Kontroll- und Entscheidungsbefugnissen sowie Divi-

[11] Vgl. Reichling 2004: 1.

dendenansprüchen Merkmale von Eigenkapital aufweist.[12] Mezzanine-Kapital schließt also die Finanzierungslücke, die effektiv weder Eigen- noch Fremdkapital decken kann.[13]

Analog zur hybriden Stellung des Mezzanine-Kapitals zwischen Eigen- und Fremdkapital liegen auch die Kapitalkosten – die von den Mezzanine-Kapital-Gebern geforderte Verzinsung – aufgrund der mittleren Risikoposition zwischen denen von Eigen- und Fremdkapital.[14] Aus der charakteristischen Nachrangigkeit gegenüber dem Fremdkapital sowie den teilweise überaus komplexen Vergütungsstrukturen ergeben sich für Mezzanine-Kapital höhere Risikopositionen als für herkömmliches Fremdkapital. Im Vergleich zu Eigenkapital ist das Risiko jedoch vor allem aufgrund der fixierten Zahlungsvereinbarungen und Zinszahlungen geringer.[15] Wie in Abbildung 4-2 dargestellt, fordern derzeit Investoren in Abhängigkeit von den eingesetzten mezzaninen Finanzierungsinstrumenten eine Rendite von 10 bis 30 Prozent pro Jahr.[16]

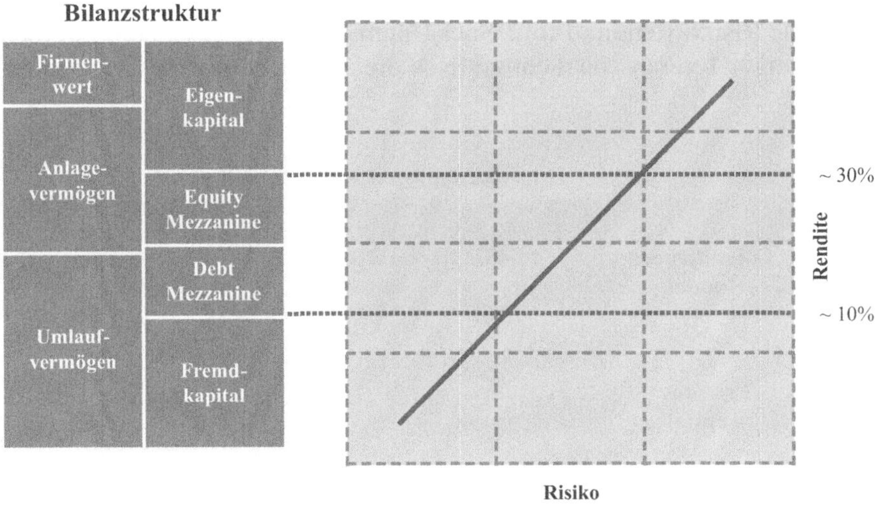

Abbildung 4-2: Ertrags-Risiko-Profil von Mezzanine-Kapital
Quelle: Eigene Darstellung in Anlehnung an Fischer 2004: 227; Golland et al. 2005: 2; Steiner 2007: 12

[12] Vgl. von Tippelskirch 2006: 964.
[13] Vgl. Broda 2003: 468.
[14] Vgl. Golland et al. 2005: 2.
[15] Vgl. ebd.
[16] Vgl. Steiner 2007: 12.

Obwohl einzelne Instrumente der Mezzanine-Finanzierung entsprechend den individuellen Anforderungen des Unternehmens überaus unterschiedlich und flexibel ausgestaltet sein können, lassen sich dem Mezzanine-Kapital einige charakteristische Merkmale zuordnen. Die Literatur verweist hier in vergleichsweise großer Übereinstimmung auf die Nachrangigkeit von Mezzanine- gegenüber dem gesamten oder einem Teil des Fremdkapitals.[17] Die vereinbarten Nachrangigkeitsklauseln können so weit gehen, dass das Mezzanine-Kapital im Fall einer Insolvenz des Unternehmens erst nach einer vollständigen Tilgung des Fremdkapitals zurückgezahlt werden darf.

Darüber hinaus wird Mezzanine-Kapital einem Unternehmen grundsätzlich nur für eine vertraglich befristete Dauer von üblicherweise sechs bis zehn Jahren überlassen.[18] Letztlich kann eine entsprechende Vertragsgestaltung ein Unternehmen in die Lage versetzen, alle auf das Mezzanine-Kapital gezahlten Zinsen handels- und steuerrechtlich geltend zu machen.[19] Abbildung 4-3 stellt die charakteristischen Eigenschaften von Eigen-, Fremd- und Mezzanine-Kapital gegenüber.

Je nachdem, ob bei einer Finanzierung durch Mezzanine-Kapital die Charakteristika von Eigen- oder Fremdkapital überwiegen, werden Eigenkapital(Equity)-Mezzanine und Fremdkapital(Debt)-Mezzanine unterschieden. Die Übergänge sind zwar oft fließend, jedoch spielt die Zuordnung eine entscheidende Rolle für bilanzielle und steuerliche Aspekte.

Equity Mezzanine liegt in der Regel dann vor, wenn der Kapitalgeber einerseits am Wertzuwachs des Unternehmens partizipiert und andererseits über Anteilsrechte am Unternehmen verfügt.[20] Der Eigenkapitalcharakter von Equity Mezzanine gründet insbesondere auf der Mitunternehmerschaft des Investors. So ist er im Gegenzug zur Kapitalbereitstellung neben dem Gewinn auch an dem Verlust, den stillen Reserven und dem Geschäftswert des Schuldnerunternehmens beteiligt, er erhält Geschäftsführungsbefugnisse und weiterführende unternehmerische Kontrollrechte. Je prominenter der mitunternehmerische Anteil ist, desto eher kann das damit verbundene Mezzanine-Kapital als Eigenkapital eingestuft werden.

Die Rendite hat in der Regel zwei Komponenten: einen vom Unternehmenserfolg unabhängigen festverzinslichen Anspruch und eine mögliche Beteiligung an der Wertsteigerung des Unternehmens durch sogenannte Equity- oder Non-Equity-Kicker. Mehr als bei Debt Mezzanine zählt bei Equity Mezzanine das erfolgsabhängige Element.

---

[17] Vgl. Plankensteiner u. Rehbock 2005: 790 f.

[18] Vgl. Golland et al. 2005: 2.

[19] Vgl. ebd.; vgl. außerdem Kapitel 4.3.

[20] Vgl. Teuber 2007: 23.

	Fremdkapital	Mezzanine-Kapital	Eigenkapital
Covenants	Umfassend vorhanden	Vielfach wie Fremdkapital	Nicht vorhanden
Laufzeit	5-9 Jahre	6-10 Jahre	Unbefristet
Kosten	Variabler/fixer Zinssatz	Cash Coupon und Rollup	Dividenden
Erfolgs-beteiligung	Nein; fixer Zins-anspruch	Erfolgsabhängige Verzinsungsanteile	Beteiligung an Gewinn und Verlust
Geschäfts-führung	Nein; ausgeschlossen	Stimm- und Kon-trollrechte möglich	In der Regel dazu berechtigt
Sicherheiten	Vorhanden; erster Rang	In der Regel nicht vorhanden	Nicht vorhanden
Haftung	Keine Haftung; Gläubigerstellung	Nur im Ausmaß des gewandelten Anspruchs	Haftung zumindest in Höhe der Einlage
Rang	Vorrang gegenüber allen anderen Kapitalarten	Nachrang gegen-über Fremdkapital	Nachrang gegen-über Fremdkapital und Mezzanine

Abbildung 4-3: Vergleich charakteristischer Eigenschaften von Eigen-, Fremd- und Mezzanine-Kapital
Quelle: Eigene Darstellung in Anlehnung an Fischer 2004: 230; Platzer u. Riess 2004: 157

Der Equity-Kicker bezeichnet das Recht des Kapitalgebers, sein zur Verfügung gestelltes Mezzanine-Kapital entweder in „echtes" Eigenkapital umzuwandeln („Convertible Right") oder später Anteile des Eigenkapitals zu vorab festgelegten Vorzugskonditionen zu erwerben (Warrant). Letztere Option wird üblicherweise an ein bestimmtes Ereignis, z.B. das Laufzeitende, gekoppelt.[21] Die höheren Finanzierungskosten, bedingt durch die Nachrangigkeit des Kapitals, können durch den Equity-Kicker auf einen

21 Eine Gestaltungsalternative zur Senkung der Eigenkapitalkosten besteht darin, dem Investor einen „Put" auf den Warrant zu geben, der es ihm ermöglicht, den Warrant an das Unternehmen zum Marktpreis zurückzugeben. Dem Unternehmen wird dabei ein zeitlich verschobener „Call" auf den Warrant eingeräumt, womit es den Warrant vorzeitig zum Marktpreis zurückerwerben kann. Vgl. hierzu Golland 2000: 36.

späteren Zeitpunkt verschoben werden, sodass der operative Cashflow während der Beteiligung geschont wird. Im Gegensatz zum Beteiligungskapital ist hier ein Börsengang keine entscheidende Exit-Strategie für die Investoren. Daher steht diese Finanzierungsform auch dem traditionellen Mittelstand mit soliden Wachstumsaussichten zur Verfügung.

Der Non-Equity-Kicker sieht hingegen keine direkte Beteiligungsmöglichkeit vor. Entweder bekommt der Investor im Rahmen des sogenannten „Shadow Warrant" bei Austritt denjenigen Kapitalgewinn ausgezahlt, den er bei einem Börsengang des Unternehmens über den Erwerb von Warrants hätte erzielen können. Oder er erhält zum Ende der Laufzeit eine einmalige Ausschüttung – entweder in Form einer Wertzuwachspauschale oder abhängig vom Erreichen absoluter oder relativer Ergebniskennziffern.[22] Aus Sicht des Unternehmens besteht der Vorteil des Non-Equity-Kickers darin, dass der Mezzanine-Kapital-Geber keinen – juristisch begründbaren – Einfluss auf die Unternehmensführung ausüben kann.[23]

Von **Debt Mezzanine** spricht man, wenn der Investor eine eher banknahe Investitionsstrategie verfolgt, in der befristete Vertragslaufzeiten, fixierte Zinszahlungen und feste Rückzahlungsansprüche im Vordergrund stehen. Die bilanzielle Behandlung als Fremdkapital verhindert eine Verwässerung der Eigentümerstruktur. Zudem werden die im Zusammenhang mit der Kapitalbeschaffung anfallenden Kosten als handels- und steuerrechtlicher Betriebsaufwand anerkannt.

4.3 Mezzanine Finanzierungsinstrumente – Ein Überblick

Die rechtliche Ausgestaltung von Mezzanine-Kapital kann und muss individuell auf den Finanzierungsbedarf eines jeden Unternehmens zugeschnitten sein.[24] Zu den in der Praxis wesentlichen mezzaninen Finanzierungsinstrumenten zählen im Rahmen von Equity Mezzanine hauptsächlich die atypisch stille Beteiligung und Genussscheine, im Rahmen von Debt Mezzanine vor allem die typisch stille Beteiligung, Wandel- und Optionsanleihen sowie Nachrangdarlehen. Diese Klassifizierung verbildlicht Abbildung 4-4. Die Tatsache, dass die Ausgestaltung von Mezzanine-Kapital kaum standardisiert ist, lässt die Grenzen zwischen den einzelnen mezzaninen Finanzierungsinstrumenten letzten Endes jedoch verschwimmen.

[22] Vgl. Barthold 2001: 13 ff.
[23] Vgl. Werner u. Kobabe 2005: 125.
[24] Vgl. Werner 2007: 55.

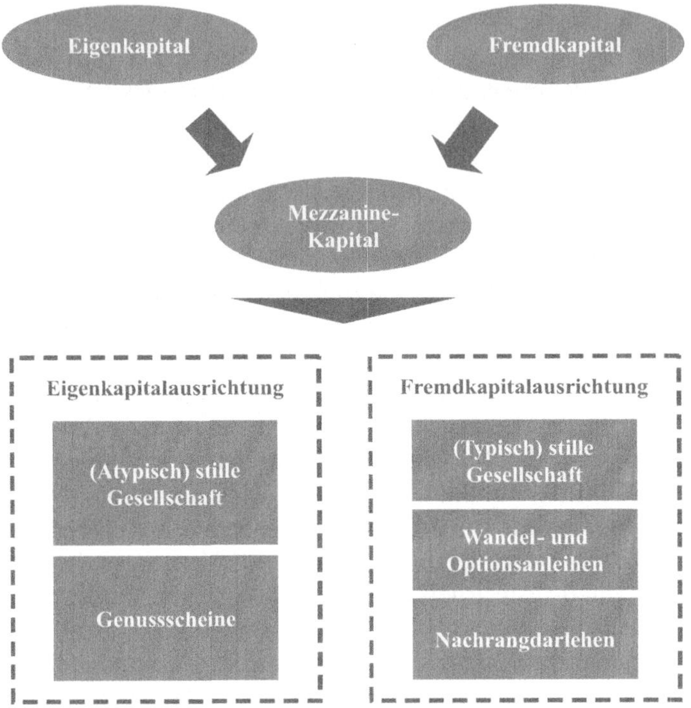

Abbildung 4-4: Klassifizierung der wichtigsten Finanzierungsinstrumente von Mezzanine-Kapital
Quelle: Eigene Abbildung

Im Folgenden werden die hier aufgezeigten, in der Praxis häufig angewandten Formen mezzaniner Finanzierungsinstrumente näher beschrieben.

4.3.1 Stille Gesellschaften

Ein gesellschaftsrechtliches Instrument zur Mezzanine-Finanzierung ist die Beteiligung stiller Gesellschafter an einem Unternehmen. Als Unterform einer BGB-Innengesellschaft findet die stille Gesellschaft ihre gesellschaftsrechtlichen Regelungen in den §§ 230 ff. HGB. Charakteristisch für diese Form der Finanzierung ist die Tatsache, dass ein Kapitalgeber, der an einem Handelsgeschäft eines anderen beteiligt ist, prinzipiell weder dieses Geschäft im Außenverhältnis vertritt noch einen aktiven Einfluss auf die Unternehmensführung ausübt.[25] Der Investor leistet vielmehr eine Einlage, die direkt in das Vermögen des Unternehmens übergeht, und erhält im Ge-

[25] Vgl. Werner 2007: 94.

genzug zumindest einen Anspruch auf die Zahlung eines im Vorfeld vereinbarten Anteils am erwirtschafteten Gewinn des Schuldners.[26] Wie der Name suggeriert, verhält sich ein stiller Gesellschafter im Anschluss an die Kapitalbereitstellung in aller Regel still.

Ihrer Rechtsnatur nach ist eine stille Gesellschaft eine Personengesellschaft in Gestalt einer Innengesellschaft zwischen dem stillen Gesellschafter und dem Eigentümer des Unternehmens.[27] Mit anderen Worten ist eine stille Gesellschaft niemals Trägerin von (juristischen) Rechten und Pflichten und sie kann auch kein Gesellschaftsvermögen bilden.[28]

Abhängig von den mit der Kapitalbereitstellung verbundenen Kontroll- und Mitwirkungsrechten unterscheidet man zwischen einer typisch und einer atypisch stillen Gesellschaft und damit zwischen Debt und Equity Mezzanine (vgl. Abbildung 4-5).

	Typisch stille Gesellschaft	Atypisch stille Gesellschaft
Charakter	Innengesellschaft bürgerlichen Rechts	
Mezzanine-Kapital-Geber wird …	… Gläubiger der Gesellschaft	… Gläubiger der Gesellschaft in einer gesellschafterähnlichen Stellung
Mezzanine-Kapital-Geber hat …	… geringe unternehmerische Mitwirkungs- und Kontrollrechte	… z.T. umfangreiche unternehmerische Mitwirkungs- und Kontrollrechte
Rendite	Eine feste Vergütung und eine Gewinnbeteiligung sind zwingend, eine Verlustbeteiligung ist möglich	
Dauer/Beendigung	Vollständige Rückzahlung am Ende der Laufzeit	Vollständige Rückzahlung am Ende der Laufzeit; evtl. unter Verwendung des Equity-Kickers

Abbildung 4-5: Charakteristische Merkmale stiller Gesellschaften
Quelle: Eigene Darstellung in Anlehnung an Sparkasse KölnBonn 2006: 18

Typisch stille Gesellschaft

Eine typisch stille Gesellschaft bezeichnet die gesellschaftsrechtliche Beteiligung eines stillen Gesellschafters an einem Unternehmen, wobei der Gesellschafter am Gewinn des Unternehmens partizipiert, eine Verlust-

[26] Vgl. Häger u. Elkemann-Reusch 2007: 75 f.
[27] Vgl. von Tippelskirch 2006: 967.
[28] Vgl. Häger u. Elkemann-Reusch 2007: 29.

beteiligung hingegen ganz oder teilweise ausgeschlossen werden kann.[29] Ist ein stiller Gesellschafter am Verlust beteiligt, so maximal in Höhe seines Einlagebetrags.[30]

Als reine Innengesellschaft tritt die typisch stille Gesellschaft prinzipiell nicht nach außen auf. Da die Unternehmensführung weiterhin sämtliche Entscheidungen des operativen bzw. strategischen Geschäfts trifft, wird ein stiller Gesellschafter im Außenverhältnis auch nicht Dritten gegenüber verpflichtet.[31] Insofern kann das von ihm eingebrachte Kapital im Insolvenzfall nur dann zur Befriedigung der Gläubigeransprüche eingesetzt werden, wenn dies zwischen dem stillen Gesellschafter und dem Unternehmen explizit (vertraglich) vereinbart wurde.[32]

Obwohl ein Investor im Rahmen einer stillen Gesellschaft über keine direkten unternehmerischen Mitsprache- oder Vertretungsrechte verfügt, stehen ihm gewisse – gesetzlich fixierte – Kontrollrechte zu.[33] Diese sind in Reichweite und Umfang allerdings beschränkt und nicht mit denen eines Anteilseigners vergleichbar. Entsprechend § 233 Abs. 1 HGB ist der stille Gesellschafter befugt, eine Kopie des Jahresabschlusses zu verlangen und diesen anhand der Bücher zu prüfen. Zudem hat er einen mittelbaren, im Extremfall juristisch durchsetzbaren Anspruch auf eine ordnungsgemäße Bilanzierung und Buchführung des Unternehmens.[34]

Die Bilanzierung stiller Gesellschaften ist in den Vorschriften des Handelsgesetzbuchs nicht ausdrücklich geregelt. Daher richtet sich die bilanzielle Zuordnung zu Eigen- oder Fremdkapital und damit direkt auch zu Equity oder Debt Mezzanine maßgeblich nach der konkreten gesellschaftsrechtlichen Ausgestaltung des jeweiligen Beteiligungsverhältnisses:[35] Stellt ein stiller Gesellschafter einem Unternehmen Kapital für einen längeren Zeitraum ohne direkte Kündigungsrechte zur Verfügung, muss dieses Kapital als Eigenkapital ausgewiesen werden.[36] Entspricht das Beteiligungsverhältnis dagegen grundsätzlich den Rahmenvorschriften der §§ 230 ff. HGB, ist das Beteiligungskapital als Fremdkapital in der Handelsbilanz zu passivieren.[37]

---

29 Vgl. Kudla 2005: 145.
30 Vgl. Stahl et al. 2005: 73.
31 Vgl. Werner u. Kobabe 2005: 129.
32 Vgl. Häger u. Elkemann-Reusch 2007: 96.
33 Vgl. Werner u. Kobabe 2005: 133.
34 Vgl. Häger u. Elkemann-Reusch 2007: 79.
35 Vgl. Werner u. Kobabe 2005: 135.
36 Vgl. Häger u. Elkemann-Reusch 2007: 161.
37 Vgl. Werner 2007: 104.

Unabhängig von der konkreten bilanziellen Zuordnung kann die Vergütung, die ein Unternehmen an den typisch stillen Gesellschafter zahlt, als Betriebsausgabe steuerrechtlich geltend gemacht werden.[38] Ein prominentes Beispiel für einen stillen Gesellschafter wird in Textbox 4-1 vorgestellt.

Textbox 4-1: Schweigen ist Gold

„[...] Wenn es um Wachstumsfinanzierung geht, lässt sich Peter Schaufler so leicht nichts vormachen. Der geschäftsführende Gesellschafter des Sindelfinger Kühlmaschinenbauers Bitzer kennt die Alternativen zum Bankkredit schon seit 15 Jahren aus eigener Erfahrung. Damals brauchte sein Unternehmen dringend Kapital, um die Expansion zu stemmen – immerhin wuchs der Umsatz mit zweistelligen Prozentsätzen.

Schaufler entschied sich dafür, die Commerzbank als stillen Teilhaber aufzunehmen: Sie leistete – ganz wie ein Eigenkapitalinvestor – eine Einlage gegen Gewinnbeteiligung. Zugleich musste Bitzer für das neue Kapital weder Anteile abgeben noch irgendwelche Sicherheiten stellen.

Und: Der Mittelständler profitiert vom langjährigen Engagement eines Gesellschafters, der sich aus unternehmerischen Entscheidungen heraushält. ‚Wir entscheiden frei, was wir mit dem Geld tun', sagt Christian Wahlers, Finanzchef von Bitzer. ‚Diese Finanzierungsform erschien uns daher als ideal.' [...]

Unternehmen können das Geld von der Bank handelsrechtlich wie Eigenkapital bewerten und so ihre Bilanz aufpolieren. Damit verbessern Mittelständler das Firmenrating – und sichern sich so wiederum günstigere neue Kredite.

Die Finanzämter betrachten den stillen Investor dagegen wie einen Darlehensgeber. Die laufenden Vergütungen können Unternehmen deshalb als Betriebsausgaben geltend machen. Wäre der Kapitalgeber vor dem Fiskus ein Mitunternehmer, müssten die Zahlungen als gewerbesteuerpflichtige Gewinnausschüttungen deklariert werden [...]"

Quelle: Wittrock u. Hus 2006: o.S.

[38] Vgl. Sparkasse KölnBonn 2006: 20.

Atypisch stille Gesellschaft

Im Gegensatz zu einer typisch stillen Gesellschaft verfügen Gesellschafter bei einer atypisch stillen Gesellschaft über Geschäftsführungsbefugnisse, die über passive Kontrollrechte hinausgehen, und somit über eine (steuerliche) Mitunternehmerschaft.[39] Die Bandbreite der Einflussmöglichkeiten reicht dabei von einem einfachen Zustimmungsvorbehalt bei Änderungen der Geschäftspolitik über Weisungsrechte gegenüber dem Management bis hin zu einer unmittelbaren Übertragung direkter Geschäftsführungsbefugnisse.[40] Im Ergebnis verhält sich ein Gesellschafter im Zuge einer atypisch stillen Gesellschaft nach der Kapitalbereitstellung also alles andere als still. Vielmehr verfügt er über zum Teil erhebliche unternehmerische Mitsprache- und Kontrollrechte, die ihm einen vergleichsweise starken Einfluss auf die Unternehmensführung zugestehen.

Die Beteiligungseinlage des atypisch stillen Gesellschafters stellt – anders als bei einem typisch stillen Gesellschafter – für das Unternehmen stets auch Eigenkapital dar.[41] Da ein atypisch stiller Gesellschafter als Mitunternehmer Einkünfte aus dem Gewerbebetrieb realisiert, ist nach § 15 Abs. 1 Nr. 2 EStG auch für die atypisch stille Gesellschaft eine Steuerbilanz aufzustellen. Daher können die vom Unternehmen an den atypisch stillen Gesellschafter geleisteten Zinszahlungen nicht als Betriebsausgaben steuerlich geltend gemacht werden.[42]

Aufgrund der mit einer atypisch stillen Gesellschaft einhergehenden umfangreichen Kontroll- und Mitwirkungsrechte sollte der Einsatz dieses mezzaninen Finanzierungsinstruments wohlüberlegt sein. Letztlich wird der Mezzanine-Kapital-Geber – wenn auch für einen befristeten Zeitraum – zum Mitgesellschafter des Unternehmens, der naturgemäß auf die Verwertung seiner Unternehmensanteile drängen wird. Vor allem Private-Equity-Fonds, die sich nur für drei bis sieben Jahre an einem Unternehmen beteiligen, streben am Ende des Investitionszeitraums oft den Verkauf ihrer Beteiligungen an.[43] Da Risikokapitalgeber am Ende der Halteperiode ihre Unternehmensanteile zu einem möglichst hohen Preis verkaufen wollen, ist davon auszugehen, dass sie die im Rahmen einer atypisch stillen Gesellschaft „erworbenen“ Mitsprache- und Kontrollrechte für die Implementierung wertsteigernder Maßnahmen einsetzen werden.

---

[39] Vgl. von Tippelskirch 2006: 968.
[40] Vgl. von Tippelskirch 2006: 967.
[41] Vgl. Werner u. Kobabe 2005: 137.
[42] Vgl. Sparkasse KölnBonn 2006: 21.
[43] Vgl. Fischer 2004: 229.

Unternehmen müssen sich im Vorfeld der Aufnahme eines atypisch stillen Gesellschafters darüber im Klaren sein, dass mit dem Einsatz dieses mezzaninen Finanzierungsinstruments ein neuer Gesellschafter in das Unternehmen tritt, der unter Umständen einen starken Einfluss auf die Unternehmensführung ausüben wird. Atypisch stille Gesellschafter werden sich in strategischen Belangen einbringen, um den Wert ihrer Beteiligungen zu maximieren.

Ein Beispiel zum Status atypisch stiller Gesellschafter im Insolvenzfall liefert Textbox 4-2.

Textbox 4-2: Nachspiel bei der Göttinger Gruppe

„Seit das endgültige Aus der Göttinger Gruppe verkündet wurde, stehen in einigen Anwaltskanzleien die Telefone nicht mehr still. Während sich zwei Insolvenzverwalter noch um die Zuständigkeit in dem Fall streiten, treibt die rund 100.000 Anleger vor allem eine Frage um: Wenn die Einlage nun schon verloren ist, kann der Insolvenzverwalter Nachzahlungen verlangen?

‚Theoretisch ist das der Fall', sagt Jochen Resch, Vorstand der Verbraucherzentrale Brandenburg. Denn über 90 Prozent der Anleger haben in einer (atypisch) stillen Beteiligung in den Finanzkonzern investiert.

In dieser Form sind sie als Mitunternehmer nicht nur am Gewinn und Verlust beteiligt, sondern haften auch für Risiken des Unternehmens. ‚Bei atypischen stillen Beteiligungen sind Anleger im Insolvenzfall keine Gläubiger, die Forderungen aus der Insolvenzmasse erwarten können', sagt Anwalt Wolf von Buttlar. ‚Vielmehr kann der Insolvenzverwalter Nachzahlungen in Höhe noch ausstehender Einlagen einfordern.' Das sei bei Ratensparern der Fall, die noch nicht die volle Einlage geleistet haben […]"

Quelle: Kubsova 2007: o.S.

4.3.2 Wandel- und Optionsanleihen

Wandelanleihen zählen zu den mezzaninen Kapitalmarktinstrumenten mit Fremdkapitalcharakter. Sie räumen einem Investor das Recht ein, die erworbene Schuldverschreibung während ihrer Laufzeit zu einem vorab festgelegten Verhältnis in Aktien des Unternehmens umzuwandeln – also einen Equity-Kicker durchzuführen.[44] Nimmt ein Investor dieses Wandlungsrecht wahr, geht damit die ursprüngliche Fremdkapitalschuld unter. Verzichtet er hingegen darauf, ist das Unternehmen als Emittent verpflichtet, dem Investor den Wert seiner Anleihe am Ende der Laufzeit auszuzahlen. Im Fall ausgeübter Wandlungsrechte kann ein Unternehmen dementsprechend Eigenkapitalquote und Bonität erhöhen.[45] Textbox 4-3 belegt die Platzierung einer Wandelanleihe in jüngerer Zeit.

Textbox 4-3: Grafitfirma SGL platziert Wandelanleihe

„Der Wiesbadener Grafitspezialist SGL Group hat eine Wandelanleihe im Volumen von 200 Millionen Euro platziert.

Im Rahmen der Preisfeststellung seien der Kupon auf 0,75 Prozent und die Wandlungsprämie bei 30 Prozent festgesetzt worden, teilte SGL am Mittwoch mit. Der Wandlungspreis je Aktie liege bei 36,52 Euro. Die Emission des Papiers mit einer Laufzeit von sechs Jahren sei etwa zwölffach überzeichnet gewesen."

Quelle: o.V. 2007b

Ähnlich wie Wandelanleihen statten auch **Optionsanleihen** ihre Inhaber mit Rechten aus, die über die „normalen" Obligationsrechte hinausgehen. Ein Investor erwirbt mit einer Optionsanleihe neben dem (fest-)verzinslichen Wertpapier[46] einen Optionsschein auf die Aktien des Emittenten, der ihm das Recht einräumt, diese innerhalb eines bestimmten Zeitraums zu vorab festgelegten Bedingungen zu erwerben.[47] Diese Kaufoption ist jedoch unabhängig vom Bestehen der Anleihe: Entschließt sich ein Investor, eine gewisse Anzahl von Aktien zu einem in der Option bestimmten Kaufpreis zu erwerben, ist das Unternehmen trotzdem verpflichtet, dem Investor den Wert seiner Anleihe am Ende der Laufzeit auszuzahlen. Der Investor ist ab diesem Zeitpunkt nicht mehr ausschließlich Gläubiger, sondern auch Gesellschafter des Unternehmens. Textbox 4-4 liefert dafür ein aktuelles Beispiel mit der Activa Resources AG.

---

[44] Vgl. Spremann u. Gantenbein 2007: 25.

[45] Vgl. Kudla 2005: 142 f.

[46] Im Vergleich zu klassischen Anleihen ist die Basisverzinsung von Optionsanleihen vor allem aufgrund der mit ihnen verbundenen Sonderrechte geringer.

[47] Vgl. Stahl et al. 2005: 75.

Textbox 4-4: Activa Resources begibt Optionsanleihe

„Der Vorstand der Activa Resources AG [...] hat am 27. März 2006 mit Zustimmung des Aufsichtsrats vom 27. März 2006 beschlossen, unter Ausnutzung der auf der Hauptversammlung vom 30. August 2005 erteilten Ermächtigung, eine mit 7% p. a. verzinste Optionsanleihe mit einer Laufzeit von fünf Jahren zu begeben. Die anfänglich beigefügten Optionsscheine berechtigen zum Bezug von neuen Aktien der Activa Resources AG zu einem Optionspreis von EUR 55 je Aktie [...]. Das Bezugsangebot richtet sich ausschließlich an die Aktionäre der Gesellschaft und stellt kein öffentliches Angebot dar. Aktionäre werden gebeten, ihr Bezugsrecht auf die Optionsanleihe in der Zeit vom 30. März bis einschließlich 12. April 2006 auszuüben. Die von Aktionären der Activa Resources AG nicht bezogenen Teilschuldverschreibungen werden institutionellen Investoren im Rahmen einer Privatplatzierung zum Bezugspreis angeboten. Es ist beabsichtigt, nach Abschluss der Bezugsrechtemission für die Anleihe sowie den Optionsschein eine Börsennotierung im Freiverkehr zu erwirken. Der erwartete Mittelzufluss in Höhe von EUR 8.220.000,00 wird für die Bohrprogramme der US-Tochtergesellschaft Activa Resources, Ltd. [...] verwendet."

Quelle: o.V. 2006a

Analog zu einer atypisch stillen Gesellschaft führt auch der Equity-Kicker von Wandel- und Optionsanleihen zu einer Verwässerung der Gesellschafterstruktur eines Unternehmens. Unternehmen müssen sich somit auch im Zuge der Vergabe von Wandel- und Optionsanleihen darauf einstellen, dass der Equity-Kicker neue Gesellschafter in das Unternehmen führt, die ihre Renditen aktiv vom Management einfordern werden.

Möchte ein Unternehmen die mit dem Equity-Kicker verbundene Verwässerung der Gesellschafterstruktur vermeiden und gleichzeitig nicht auf die Ausgabe von Wandel- und Optionsanleihen verzichten, kann mit dem Mezzanine-Investor alternativ ein „Phantom Warrant" vereinbart werden. Bei dieser „Als-ob-Beteiligung" werden dem Investor keine Rechte zum Erwerb von Gesellschaftsanteilen eingeräumt. Vielmehr erwirbt der Kapitalgeber einen schuldrechtlichen Anspruch gegenüber dem Schuldnerunternehmen, der die Gesellschaft dazu verpflichtet, dem Investor auf Verlangen einen Geldbetrag auszuzahlen. Dessen Höhe muss dem Betrag entsprechen, der dem Investor durch die Ausübung der Wandel- und Optionsrechte zugeflossen wäre.[48]

Das Gesetz schreibt vor, Wandel- und Optionsanleihen in zwei Posten – die Anleihe und das Aufgeld für die Option – aufzuteilen und getrennt voneinander zu bilanzieren.[49] Bei einer Optionsanleihe ist der auf die Optionskomponente entfallende Anteil des Emissionserlöses in die Kapitalrücklage einzustellen – unabhängig davon, ob der Kapitalgeber sein Optionsrecht später auch tatsächlich ausübt. Er stellt somit einen direkten Kapitalzufluss für das Unternehmen dar.[50]

Auch bei der Bilanzierung von Wandelanleihen ist der auf die Wandlungsrechte entfallende Anteil des Emissionserlöses in die Kapitalrücklage einzustellen.[51] Die Verbindlichkeiten aus beiden Anleihearten werden mit dem Rückzahlungsbetrag angesetzt.[52] Insofern resultiert die Ausgabe von Wandel- und Optionsanleihen nur bedingt in einer Erhöhung der Eigenkapitalquote und somit einer direkten Verbesserung der Bonität. Unternehmen, die durch Mezzanine-Kapital vorrangig ihr Rating verbessern wollen, sollten deshalb statt auf Wandel- und Optionsanleihen lieber auf eigenkapitalnahe mezzanine Finanzierungsinstrumente – wie stille Gesellschaften – zurückgreifen.

Da Wandel- und Optionsanleihen grundsätzlich den Charakter klassischer Verbindlichkeiten besitzen, kann ein Unternehmen die Zinszahlungen, die es auf den Nominalbetrag an den Anleiheninhaber entrichtet, als Betriebsausgaben steuerrechtlich geltend machen.[53]

4.3.3 Nachrangdarlehen

Das mittel- bis langfristige Nachrangdarlehen kommt am ehesten der in Deutschland üblichen klassischen Fremdfinanzierung über Kredite nahe. Wie der Name andeutet, sind Nachrangdarlehen im Gegensatz zu klassischen Krediten nicht besichert, wodurch sie im Fall einer Insolvenz des Unternehmens anderen Fremdkapitalgebern gegenüber nachrangig gestellt werden.[54] Diese Eigenschaft resultiert in erster Linie aus einer vertragli-

[48] Vgl. CMS Hasche Single 2007: 6.
[49] Vgl. Werner 2007: 134; vgl. Häger u. Elkemann-Reusch 2007: 326.
[50] Vgl. Häger u. Elkemann-Reusch 2007: 326.
[51] Vgl. Sultana u. Willeke 2006: 224.
[52] Vgl. Werner 2007: 134.
[53] Vgl. Werner 2007: 136.
[54] Vgl. von Tippelskirch 2006: 965.

chen Vereinbarung über den Nachrang – der Rangabtrittsvereinbarung.[55] Eine Verlustbeteiligung ist ausgeschlossen.

Ein Gläubiger, der einem Unternehmen ein nachrangiges Darlehen gewährt, trägt trotz fehlender Verlustbeteiligung aufgrund der mit dem Darlehen verbundenen Rangabtrittsvereinbarungen ein höheres Risiko als ein klassischer Kreditgeber, was sich in höheren Renditeerwartungen niederschlägt. Diese zusätzliche Vergütung ist in der Regel gewinnabhängig zu zahlen, weshalb die Finanzierungskosten für ein Unternehmen insbesondere in wirtschaftlich profitablen Jahren hoch ausfallen können.[56] In wirtschaftlich schlechten Zeiten wiederum führt die gewinnabhängige Verzinsung des nachrangigen Darlehens dazu, dass Unternehmen nur vergleichsweise kleine Beträge des ohnehin knappen Cashflows für Zinszahlungen aufbringen müssen und ihnen somit mehr Kapital für Investitionen zur Verfügung steht. Daher sollte ein (finanz-)strategisch vorausschauendes Unternehmen bei Bedarf in wirtschaftlich schlechten Zeiten auf Nachrangdarlehen zurückgreifen und diese in besseren Zeiten durch klassische Bankkredite ersetzen.

Um die Liquiditätsbelastung eines Unternehmens durch periodische Zinszahlungen möglichst gering zu halten, werden in der Praxis zudem vergleichsweise oft eine jährlich fixierte Zinszahlung und eine endfällige Verzinsung kombiniert (vgl. Abbildung 4-6). Der laufende Zinssatz orientiert sich stark an der Verzinsung eines klassischen Bankkredits.[57] Abhängig von der jeweiligen Bonitätsklasse sind gegenwärtig Risikozuschläge von sieben bis zehn Prozent[58] zu beobachten.[59]

Neben vertraglich fixierten Zinszahlungen kann die Vergütung eines nachrangigen Darlehens auch Elemente einer flexiblen Gewinnbeteiligung enthalten. Sind Unternehmen zudem nicht in der Lage oder gewillt, die höhere Mezzanine-Prämie zu bezahlen, besteht auch bei nachrangigen Darlehensvereinbarungen die Möglichkeit eines Equity-Kickers.

---

55 Vgl. Werner 2007: 58.

56 Vgl. Werner u. Kobabe 2005: 154.

57 Vgl. ebd.

58 Daran lässt sich erkennen, dass Bonitätseinstufungen auch im Rahmen der Mezzanine-Finanzierung einen hohen Stellenwert besitzen und sich ihre Bedeutung künftig noch erhöhen wird.

59 Vgl. Sultana u. Willeke 2006: 221.

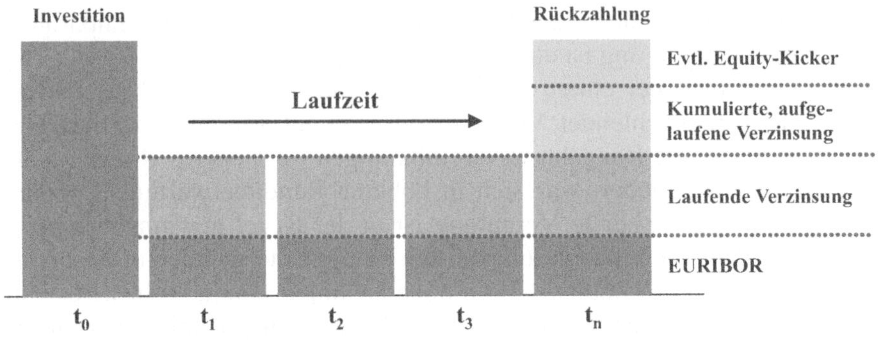

Abbildung 4-6: Typische Renditestruktur eines Nachrangdarlehens
Quelle: Eigene Darstellung in Anlehnung an Stahl et al. 2005: 72

> Mit der Vergabe nachrangiger Darlehen sind prinzipiell keine Einflussrechte der Darlehensgeber verbunden, obwohl die Gewährung unternehmerischer Mitwirkungsrechte mit dem Equity-Kicker theoretisch möglich ist. Eine Verwässerung der Gesellschafterstruktur findet praktisch nicht statt. Dennoch müssen sich Unternehmen darüber im Klaren sein, dass auch externe Darlehensgeber beispielsweise durch die Vorgabe von Covenants zu Mitwirkungs- und Kontrollrechten gelangen, die es ihnen ermöglichen, die Unternehmensstrategie und damit den Wert ihrer Beteiligung aktiv zu beeinflussen.

Ungeachtet seiner Form als mezzanines Finanzierungsinstrument handelt es sich bei einem Nachrangdarlehen grundsätzlich um eine Art der klassischen Kreditfinanzierung.[60] Mit einem Ausschluss der Haftung, einer definierten Laufzeit sowie einer festen Verzinsung trägt das Nachrangdarlehen typische Merkmale von Fremdkapital. Die Stellung des Kapitalgebers ist somit – anders als beim stillen Gesellschafter – nicht mit der eines Anteilseigners vergleichbar, sodass Nachrangdarlehen als langfristige Verbindlichkeiten zu passivieren sind.[61] Insofern sind auch die Zinsen, die ein Unternehmen regelmäßig an einen Gläubiger zahlt, als Betriebsausgaben steuerlich absetzbar.

Textbox 4-5 zeigt beispielhaft, wie ein Unternehmen seine Liquidität durch die Aufnahme eines Nachrangdarlehens stärkte.

[60] Vgl. Werner u. Kobabe 2005: 155.
[61] Vgl. Werner 2007: 121.

Textbox 4-5: PAION stärkt Liquidität durch Nachrangdarlehen über sieben Millionen Euro

„Die PAION AG stärkt ihre Liquiditätsposition zum Ausbau ihrer Entwicklungstätigkeiten im Bereich Schlaganfall und anderer thrombotischer Erkrankungen durch ein verbrieftes Nachrangdarlehen.

Wie der Konzern am Donnerstag erklärte, hat das Nachrangdarlehen ein Gesamtvolumen von 7 Mio. Euro und ist Teil einer strukturierten Finanzierung, die von der HSBC Trinkaus & Burkhardt KGaA unter der Bezeichnung ‚H.E.A.T Mezzanine I-2006' durchgeführt und am Kapitalmarkt verbrieft wurde. Die Laufzeit des endfälligen Darlehens beträgt sieben Jahre.

‚Das langfristige Nachrangdarlehen stärkt PAIONs Liquiditätsausstattung und wird als wirtschaftliches Eigenkapital eingestuft', so Bernhard Hofer, Finanzvorstand von PAION. ‚Der Mittelzufluss ist ein weiterer Finanzierungsbaustein für unsere Entwicklungsprojekte sowie für die Vorbereitung auf die Vermarktung unseres Hauptprodukts. Darüber hinaus erhöht er unsere Flexibilität hinsichtlich strategischer Optionen. PAION hat sich als eines von 47 Unternehmen für das H.E.A.T Programm qualifiziert und dabei erfolgreich einen dreistufigen Auswahlprozess durchlaufen, der nach Bilanzbeurteilung und qualitativer Analyse des Unternehmens eine abschließende Beurteilung durch das Investmentboard der Emittentin umfasste.'"

Quelle: o.V. 2006d

4.3.4 Genussscheine

Mit einem Marktanteil von ca. 30 Prozent ist der Genussschein das in Deutschland am häufigsten verwendete Instrument der Mezzanine-Finanzierung.[62] Er ist ein gesetzlich weitgehend ungeregeltes Wertpapier, das je nach seiner konkreten (vertraglichen) Ausgestaltung einer Aktie oder einer Anleihe ähnelt und folgende Rechte verbriefen kann:[63]

- Recht auf einen Anteil am Gewinn des Unternehmens
- Recht auf einen Anteil am Liquidierungserlös des Unternehmens

---

[62] Vgl. Fleischhauer u. Sauter 2007: 24.
[63] Vgl. Stahl et al. 2005: 74.

- Recht auf Forderung eines fixierten Geldbetrags
- Sonstige Rechte (insbesondere Bezugs-, Umtausch-, Auslosungs- und Benutzungsrechte)

Da es sich bei Genussrechten um Gläubigerrechte handelt, besteht für die Inhaber am Ende der Laufzeit ein – vertraglich fixierter – Anspruch auf Rückzahlung des investierten Kapitals zum Nennwert. Anders als bei einer stillen Gesellschaft verfügt der Inhaber eines Genussscheins prinzipiell über keine effektiven Verwaltungs-, Stimm- oder Kontrollrechte, die er beispielsweise bei den Haupt- oder Gesellschafterversammlungen des Unternehmens ausüben könnte.[64]

Über die Ausgabe von Genussscheinen ist ein Unternehmen in der Lage, einen Eigenkapital- und bzw. oder Risikopuffer zu bilden, ohne den Investoren damit eine aktive Einflussnahme auf die Unternehmensführung ermöglichen zu müssen.

Darüber hinaus sind Genussscheine in der Regel nur dann durch ein Unternehmen zu bedienen, wenn Gewinne erwirtschaftet werden.[65] Regelmäßige, den finanziellen Handlungsspielraum des Unternehmens einschränkende Zinszahlungen fallen bei Genussscheinen vergleichsweise selten an. Genussscheine können zudem in Form eines Equity-Kickers mit Bezugs- und Wandlungsrechten ausgestattet sein. Mit Wandlungsgenussrechten ist ein Unternehmen unabhängig von Rechtsform und etwaiger Börsennotierung in der Lage, Wertpapiere auszugeben, die im Anschluss in Eigenkapitalanteile umgewandelt werden können.[66]

Soweit zwischen dem Unternehmen und dem Genussrechtsinhaber keine besonderen Vertragsvereinbarungen vorliegen, ist das Genussrechtskapital aufgrund seiner begrenzten Kontroll- und Mitwirkungsrechte, seiner limitierten Laufzeit sowie seines Haftungsausschlusses gegenüber Dritten als Verbindlichkeit zu passivieren.[67] Wird das Genussrechtskapital einem Unternehmen jedoch für einen unbestimmten Zeitraum zur Verfügung gestellt, ist es am Gewinn und auch an den Verlusten des Unternehmens beteiligt. So kann der Rückzahlungsanspruch des Genussscheininhabers im Fall einer Insolvenz des Unternehmens erst nach der Befriedigung aller anderen Gläubigeransprüche geltend gemacht werden. In diesem speziellen Fall darf Genussrechtskapital auch als Eigenkapital ausgewiesen werden.[68]

---

[64] Vgl. Werner 2007: 56.
[65] Vgl. Kudla 2005: 145.
[66] Vgl. ebd.
[67] Vgl. Werner 2007: 87; vgl. Werner u. Kobabe 2005: 142.
[68] Vgl. Häger u. Elkemann-Reusch 2007: 280.

Obwohl Genussrechte bei entsprechender vertraglicher Ausgestaltung eigenkapitalähnliche Ausstattungsmerkmale besitzen, werden sie steuerrechtlich als Fremdkapital betrachtet.[69] Damit sind auf die Genussrechte gezahlte Gewinnausschüttungen als Steuerschuld mindernde Betriebsausgaben abzugsfähig.[70] Ein prominenter deutscher Nutzer von Genussscheinen ist der Bundesligist Hertha BSC (vgl. Textbox 4-6).

Textbox 4-6: Genussscheine sollen Hertha Geldregen bescheren

„Genussscheine im Wert von 25 Millionen Euro sollen bei Bundesligist Hertha BSC Berlin Geld in die leere Kasse spülen. Laut Medienberichten stehen die Verhandlungen mit einem Finanzinvestor kurz vor dem Abschluss.

Dem finanziell stark angeschlagenen Bundesligisten Hertha BSC blüht offenbar ein warmer Geldregen. Nach übereinstimmenden Medienberichten sollen die Verhandlungen mit einem Finanzinvestor für die Zeichnung sogenannter Genussscheine im Wert von 25 Millionen Euro kurz vor dem Abschluss stehen. Für Dienstag werde die Zusage des Geldgebers aus Berlin erwartet.

Interessant soll der Deal für den Investor deshalb sein, da die Rendite an den sportlichen Erfolg gekoppelt wird. Ein Platz in der Champions League bringt demnach einen deutlich höheren Zinssatz als eine Platzierung im Mittelfeld. Der Geldgeber soll allerdings nicht in Entscheidungen der Vereinsspitze eingebunden werden.

Die Hertha, die am Sonntag Titelanwärter Werder Bremen zu Gast hat, will das Geld zur Tilgung der Verbindlichkeiten in Höhe von 46 Millionen Euro und zur Stärkung der Mannschaft einsetzen. Spätestens auf der Mitgliederversammlung am 14. Mai soll der Coup präsentiert werden.“

Quelle: o.V. 2007a

[69] Vgl. Häger u. Elkemann-Reusch 2007: 275.

[70] Im Jahr ihrer wirtschaftlichen Verursachung durch ein Unternehmen, vgl. Werner 2007: 91.

Da es sich bei Mezzanine-Kapital um nicht standardisierte Finanzierungsinstrumente handelt, ist es dringend erforderlich, die Grundlagen der jeweiligen Finanzierung in einem zwischen dem Mezzanine-Kapital-Geber und dem Unternehmen abgeschlossenen Einzelvertrag zu dokumentieren.[71] In jüngster Zeit kommen dabei die aus der angelsächsischen Finanzwelt bekannten (kredit-)vertraglichen Verpflichtungserklärungen (Covenants) verstärkt zum Einsatz.[72] Wie im bereits dargestellten Fall der Kreditfinanzierung führt die Vereinbarung von Covenants auch bei mezzaninen Finanzierungsinstrumenten dazu, dass den Gläubigern bei einem Breach of Covenants eine aktive Einflussnahme auf die Unternehmensführung ermöglicht wird.

4.4 Strategische Implikationen für die Unternehmensfinanzierung

Im Ergebnis ist festzustellen, dass die unterschiedlichen mezzaninen Finanzierungsinstrumente den Kapitalgebern zahlreiche Möglichkeiten einräumen, einen (finanz-)strategisch motivierten Einfluss auf das Management des Schuldnerunternehmens auszuüben.

Jedoch bedeutet eine Kapitalbereitstellung durch Mezzanine-Investoren für das Management nicht zwangsläufig eine Einengung des unternehmerischen Handlungsspielraums. Vielmehr verfügt ein Unternehmen über diverse Möglichkeiten, den strategischen Einwirkungsbestrebungen der Mezzanine-Kapital-Geber effektiv zu begegnen und sie unter Umständen sogar zu seinem Vorteil zu nutzen.

Einem Unternehmen, dessen Kapitalbedarf die Möglichkeiten der Eigen- und Fremdfinanzierung übersteigt, steht mit dem Mezzanine-Kapital eine Option zur Verfügung, das für die Finanzierung erfolgversprechender Vorhaben notwendige Kapital zu beschaffen.[73] Durch seine potenzielle Qualifizierung als wirtschaftliches Eigenkapital führt Mezzanine-Kapital direkt zu einer Verbesserung der Bilanzstruktur und damit der Bonität.[74] Dies kann sich positiv auf die Finanzierungsbedingungen auswirken sowie zu einer Erweiterung des Kreditspielraums führen.[75]

Insbesondere für Unternehmen, denen der Zugang zum öffentlichen Kapitalmarkt aufgrund ihrer mangelnden Größe oder ihrer Rechtsform

71 Vgl. Häger u. Elkemann-Reusch 2007: 56.
72 Vgl. hierzu Kapitel 3.
73 Vgl. Credit Suisse Economic Research 2006: 8.
74 Vgl. Werner 2007: 64.
75 Vgl. Credit Suisse Economic Research 2006: 8.

verschlossen bleibt, stellt Mezzanine-Kapital eine Möglichkeit dar, durch die Beschaffung eigenkapitalähnlicher Mittel die Bilanzstruktur zu optimieren.[76]

> Mezzanine Finanzierungsinstrumente sind vor allem für Unternehmen sinnvoll, die nicht in der Lage sind, ihre Bilanzstruktur durch kapitalmarktnahe Maßnahmen zu optimieren.

Darüber hinaus kann ein Unternehmen mit Mezzanine-Kapital wirtschaftliches Eigenkapital aufnehmen, ohne dadurch eine Verwässerung der Eigentumspositionen oder einen Verlust der Eigentumsrechte zu erleiden.[77] Dies ist vor allem für eigentümergeführte Unternehmen ein schwerwiegendes Entscheidungskriterium. Da mezzanine Finanzierungsinstrumente in der Regel nicht mit umfangreichen Mitsprache- und Mitbestimmungsrechten verknüpft sind, kann die Unternehmensführung zudem weiterhin eigenständig agieren.[78]

> Ein Unternehmen sollte die Finanzierung mit Mezzanine-Kapital anstreben, wenn seine Kreditlinien nahezu ausgereizt sind oder im Zuge der Eigenkapitalbeschaffung die unternehmerische Freiheit des Managements bestehen bleiben soll.

Aufgrund seiner Flexibilität und der damit verbundenen Gestaltungsfreiheit im Hinblick auf Risikoverteilung und Anreize kann Mezzanine-Kapital den individuellen Bedürfnissen und Wünschen der Parteien angepasst werden.[79] Je nach konkreter Ausgestaltung bietet es vergleichsweise attraktive steuerliche Optimierungspotenziale.[80] So lassen sich die mit der Kapitalbeschaffung anfallenden Kosten unter Umständen als handels- und steuerrechtlicher Betriebsaufwand absetzen, wodurch sie in Verbindung mit den ebenfalls zu den Betriebsausgaben zählenden Zinsen das zu versteuernde Betriebsergebnis mindern.

Des Weiteren ist Mezzanine-Kapital durch vergleichsweise hohe Finanzierungskosten gekennzeichnet.[81] Bedingt durch den Rangrücktritt und die fehlende Besicherung fordern die Investoren Risikozuschläge, die je nach Bonitätsklasse um sieben bis zehn Prozent[82] über der Verzinsung eines

[76] Vgl. ebd.
[77] Vgl. Häger u. Elkemann-Reusch 2007: 57.
[78] Vgl. Credit Suisse Economic Research 2006: 9.
[79] Vgl. Häger u. Elkemann-Reusch 2007: 57.
[80] Vgl. Werner 2007: 64.
[81] Vgl. Werner 2007: 65.
[82] Vgl. Sultana u. Willeke 2006: 221.

klassischen Bankkredits liegen können. Neben diesen Risikozuschlägen werden Investoren im Rahmen der Absicherung ihrer Forderungen zudem zeitnahe Informationen über die aktuelle wirtschaftliche Entwicklung des Unternehmens und die Einhaltung spezifischer Finanzkennzahlen (Covenants) verlangen. Dem zu entsprechen verursacht Kosten und stellt Anforderungen an Rechnungswesen, Controlling und Informationspolitik, die besonders kleinen und mittelständischen Unternehmen erhebliche Probleme bereiten können.[83]

> Mezzanine-Kapital sollte dann von einem Unternehmen aufgenommen werden, wenn die steuerlichen Vorteile die – im Vergleich zu klassischen Krediten höheren – Finanzierungskosten übersteigen.
>
> Im Rahmen der Mezzanine-Finanzierung müssen sich Unternehmen darüber im Klaren sein, dass damit verbundene Informationspflichten unter Umständen hohe Zusatzkosten verursachen. Diese können in Verbindung mit der ebenfalls verhältnismäßig hohen Verzinsung dazu führen, dass die Finanzierungskosten von Mezzanine-Kapital deutlich über denen alternativer Finanzierungsinstrumente liegen und der Einsatz des Mezzanine-Kapitals somit aus betriebswirtschaftlicher Sicht nicht sinnvoll erscheint. Insofern erfordert der Einsatz eine vorausschauende und detaillierte (Finanz-)Planung.

Nachdem Investoren bestimmte Mindestvolumina anlegen wollen und darüber hinaus in Unternehmen mit ausreichend starkem Unternehmenswachstum und hohem Finanzierungsbedarf investieren, bleibt kleineren Unternehmen mit vergleichsweise geringem Kapitalbedarf der Weg der Mezzanine-Finanzierung in der Regel versperrt.[84] Zudem ist die Finanzierung durch Mezzanine-Kapital im Vergleich zu „reinem" Eigenkapital ausstiegsorientiert und stellt somit eine zeitlich befristete Kapitalüberlassung dar.[85]

> Da mezzanine Finanzierungsinstrumente kleinen, wachstumsschwachen Unternehmen nicht zur Verfügung stehen, sollten diese Firmen die Beziehung zu ihrer Hausbank intensivieren und auf diesem Wege eine Verbesserung ihrer Kreditkonditionen anstreben.

[83] Vgl. Credit Suisse Economic Research 2006: 9.
[84] Vgl. Häger u. Elkemann-Reusch 2007: 58.
[85] Vgl. ebd.

4.5 Resümee

Mezzanine-Kapital erweitert das Spektrum bestehender Finanzierungsalternativen für Unternehmen deutlich. Insbesondere für Gesellschaften mit guter Bonität, deren Kapitalbedarf die Schwelle für eine Finanzierung über den öffentlichen Kapitalmarkt nicht erreicht, kann das Mezzanine-Kapital den finanziellen Handlungsspielraum erweitern.

In diesem Zusammenhang darf ein Unternehmen Mezzanine-Kapital allerdings nicht als Ersatz, sondern vielmehr als Ergänzung zur klassischen Eigen- und Fremdkapitalfinanzierung ansehen. Vor allem in Fällen, in denen der Kapitalbedarf durch den Einsatz klassischer Finanzierungsinstrumente nicht mehr vollständig gedeckt werden kann, erscheint die Nutzung mezzaninen Kapitals sinnvoll.[86]

Mezzanine-Kapital steht zwischen Eigen- und Fremdkapital. Entscheidet sich ein Unternehmen für seinen Einsatz, verbessert es daher die Kapitalstruktur mit „frischem“ Eigenkapital, ohne dadurch eine Verwässerung der Gesellschafterstrukturen oder einen Verlust der Eigentumsrechte in Kauf nehmen zu müssen. Auf diese Weise lassen sich – im Hinblick auf eine ebenfalls verbesserte Bonität – Finanzierungsbedingungen optimieren und der Kreditspielraum erweitern. Trotz dieser vielfältigen Vorteile der Finanzierung mit Mezzanine-Kapital stellen mezzanine Finanzierungsinstrumente keine finanzwirtschaftliche Allzweckwaffe dar. Eine verfehlte Geschäftspolitik vermögen auch die flexibelsten Formen von Mezzanine-Kapital nicht ungeschehen zu machen.

Es ist davon auszugehen, dass Mezzanine-Kapital durch seine vielfältigen Gestaltungsmöglichkeiten für Rückzahlungsmodalitäten, Zinsen, Laufzeiten und Sicherheiten im Vergleich zu klassischen Finanzierungsinstrumenten auch weiter an Bedeutung gewinnen wird. Abzuwarten bleibt indes, ob und inwieweit eine erwartete Angebotserweiterung die Zugangsmöglichkeiten kleinerer Unternehmen zur Mezzanine-Finanzierung verbessert.

---

[86] Vgl. Credit Suisse Economic Research 2006: 17.

5 Management Buyouts – Wie aus Managern Unternehmer werden

5.1 Einleitung und Übersicht

In vielfältigen Konstellationen können (finanzwirtschaftliche) Strategien des Managements so weit gehen, dass es die Gesellschaft im Rahmen eines Management Buyout (MBO) übernimmt. Dies kann unter anderem dann sinnvoll erscheinen, wenn Unternehmen wirtschaftlich angeschlagen sind oder wenn bestehende Eigentümer das Unternehmen nicht mehr finanzieren wollen, das Management jedoch an die Entwicklungsmöglichkeiten glaubt.

Ausgehend von den USA und Großbritannien hat die Unternehmensübernahme in Form von Management Buyouts in jüngster Zeit auch in Deutschland Fuß gefasst. Einer Untersuchung des Centre for Management Buy-out Research zufolge betrug das Volumen von in Deutschland durchgeführten (Management) Buyouts allein im Jahr 2006 geschätzte 21 Milliarden Euro.[1] Gemessen am gesamteuropäischen Volumen von ca. 160 Milliarden Euro[2] liegt der deutsche Markt nach Großbritannien, Frankreich und den Niederlanden damit auf Platz 4.

Auf Basis der zunehmenden Bedeutung von MBOs wird in diesem Kapitel aufgezeigt, was sich hinter dem Begriff Management Buyout verbirgt, welche Arten sich unterscheiden lassen, welche Motive dazu führen, dass das Management „sein“ Unternehmen übernimmt, wie ein idealtypischer Buyout-Prozess aussieht, woher das Kapital dazu stammt, zu welchen Interessenkonflikten es kommt und, vor allem, was all dies für die Unternehmen bedeutet.

---

[1] Vgl. CMBOR 2007a: o.S.
[2] Vgl. CMBOR 2007b: o.S.

5.2 Grundlagen von Buyouts

Buyouts sind spezielle Formen von Unternehmensübernahmen, bei denen eine Gesellschaft vollständig oder teilweise übernommen wird und eine Ablösung der Alteigentümer stattfindet. In wissenschaftlichen Abhandlungen und insbesondere in der Praktikerliteratur zeigt der Begriff des Buyout eine Vielzahl von Facetten, die den unterschiedlichen (praxisrelevanten) Arten und Zielsetzungen der Unternehmensübernahmen Rechnung tragen wollen. Abbildung 5-1 nimmt eine mögliche Klassifizierung unterschiedlicher Buyout-Formen vor.

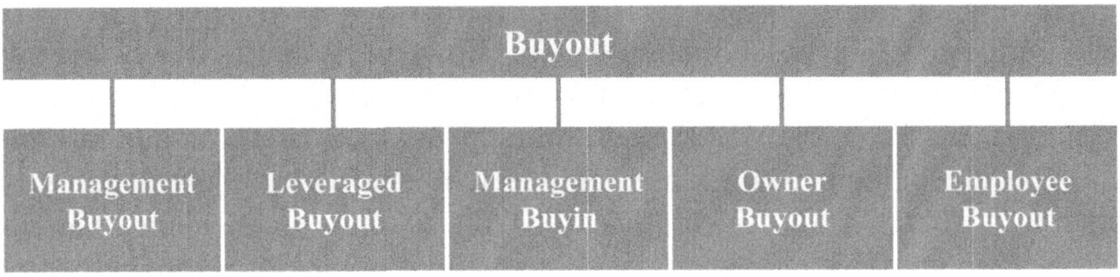

Abbildung 5-1: Typologie von Buyout-Transaktionen
Quelle: Eigene Abbildung

Ein **Management Buyout** ist eine Unternehmensübernahme, bei der das aktive Management das Unternehmen ganz oder teilweise erwirbt. Folgende Merkmale sind für Management Buyouts typisch:[3]

- Das Management ist in erheblichem Umfang am Eigenkapital der Transaktion beteiligt.
- Die operative Geschäftsführung liegt auch weiterhin bei der gegenwärtigen Unternehmensführung.
- Die Übernahme wird vielfach mit einem hohen Fremdkapitalanteil finanziert.

Werden Management Buyouts zu großen Teilen durch die Aufnahme von Fremdkapital finanziert, spricht man von einem „Leveraged Management Buyout“. Entfällt das Kriterium der Anteilsübernahme durch die Manager, wird die Transaktion als **Leveraged Buyout** bezeichnet. Bei dieser Finanzierungstechnik von Unternehmensübernahmen kann unter der Prämisse einer konstanten Gesamtkapitalrentabilität die Eigenkapitalrentabilität durch Erhöhung des Verschuldungsgrades – der Relation zwischen Fremd- und Eigenkapital – gesteigert werden. Abbildung 5-2 stellt die Hebelwir-

[3] Vgl. Achleitner u. Fingerle 2003: 3.

kungen des Leverage-Effektes stark vereinfacht am Beispiel einer Investition von 200 Millionen Euro dar.

Verschuldungsgrad	25%	50%	75%	100%
Transaktionsvolumen [Mio. EUR]	200,0	200,0	200,0	200,0
Eigenkapital* [Mio. EUR]	160,0	133,3	114,3	100,0
Fremdkapital* [Mio. EUR]	40,0	66,7	85,7	100,0
Gewinn vor FK-Kosten [Mio. EUR]	40,0	40,0	40,0	40,0
FK-Kosten* (FK-Zins: 8%) [Mio. EUR]	3,2	5,3	6,9	8,0
Gewinn nach FK-Kosten* [Mio. EUR]	36,8	34,7	33,1	32,0
EK-Rendite	23%	26%	29%	32%

Abbildung 5-2: Darstellung des Leverage-Effektes
Quelle: Eigene Darstellung in Anlehnung an Teuber 2007: 26
* Zahlen gerundet

Ein kurzer Abriss über die Geschichte von Leveraged Buyouts findet sich in Textbox 5-1.

Textbox 5-1: Der Leveraged Buyout

Seit Beginn der 1980er-Jahre erfolgen Unternehmensübernahmen in den USA zunehmend auf dem Wege sogenannter Leveraged Buyouts (LBOs). Dabei finanzieren die Übernehmer – in der Regel Private-Equity-Fonds – den Kaufpreis fast ausschließlich durch Fremdkapital. Die aufgenommenen Fremdmittel werden anschließend mit dem Vermögen des erworbenen Unternehmens besichert und aus dem Cashflow zurückgezahlt. Zur Gewährleistung der Tilgungs- und Zinszahlungen sind häufig einschneidende Rationalisierungsmaßnahmen erforderlich, z.B. die Freisetzung von Personal und die Schließung nicht profitabler Unternehmensteile. Nach mehreren

Jahren wird das Unternehmen als Ganzes oder in Teilen mit möglichst hohem Gewinn weiterverkauft.

Inzwischen stehen auch immer mehr deutsche Unternehmen im Mittelpunkt von LBOs. Laut einer Studie der Wirtschaftsprüfungsgesellschaft Ernst & Young betrug das Volumen aller veröffentlichten LBO-Transaktionen allein im Jahr 2006 etwa 51 Milliarden Euro. Mit einem Anteil von nahezu 96 Prozent aller LBO-Transaktionen dominieren nach wie vor ausländische Beteiligungsgesellschaften den deutschen LBO-Markt.

Quelle: In Anlehnung an Kußmaul et al. 2005; o.V. 2007d

Unter einem **„Management Buyin"** versteht man einen Buyout externer Investoren, die künftig selbst die Führung der erworbenen Firma übernehmen wollen. Bei einem entsprechend hohen Einsatz von Fremdkapital kann analog zum Begriff des Leveraged Management Buyout von einem „Leveraged Management Buyin" gesprochen werden.

Sonderformen eines Buyout sind der „Owner Buyout" und der „Employee Buyout": Bei einem **Owner Buyout** übertragen die Eigentümer Anteile des Unternehmens an eine externe Erwerbergesellschaft, an der sie wiederum Anteile aufkaufen. Eine derartige Transaktion eignet sich vor allem dann, wenn es keine familieninterne Nachfolge für die Unternehmensführung gibt. Sie ermöglicht es dem angestammten Eigentümer, einen Großteil des Unternehmenswertes zu realisieren, ohne sich vollständig von seinem Unternehmen trennen zu müssen.[4]

Entschließen sich Teile der Belegschaft, ihr Unternehmen selbst zu übernehmen, spricht man von einem **Employee Buyout**. Er bietet sich insbesondere zur Abwehr feindlicher Übernahmen oder im Rahmen komplexer Sanierungsfälle an. Das Problem für die Belegschaft besteht vor allem darin, das nötige Kapital aufzubringen. Eine Finanzierung über klassische Bankkredite scheidet in der Regel aus, da Kreditinstitute kaum dazu bereit sind, Fremdkapital ohne Sicherheiten an eine Vielzahl von Schuldnern zu vergeben. Insofern ist die Belegschaft mehr oder weniger zur Entwicklung alternativer Finanzierungskonzepte gezwungen. Beispielsweise kann sie dem Unternehmen ihre Ansprüche aus der betrieblichen Altersversorgung als Abgeltung für die Übernahme vorschlagen. Vor allem bei amerikanischen Unternehmen bilden derartige Ansprüche eine durchaus ernst zu nehmende Verhandlungsbasis gegenüber den Eigentümern.

[4] Vgl. Hoffmann u. Ramke 1992: 29.

In der finanzwirtschaftlichen Praxis lassen sich die beschriebenen Übernahmeformen nur in den seltensten Fällen trennscharf voneinander differenzieren. Generell stellen reale Buyout-Transaktionen eine Mischung mehrerer Formen dar. So werden bei komplexen strategischen Neuausrichtungen der akquirierten Unternehmen neben dem Management vielfach auch die Belegschaft sowie die Alteigentümer am Eigenkapital beteiligt.[5]

5.3 Motive für Buyouts

Es lassen sich vor allem drei Interessentengruppen ausmachen, die einen Buyout treiben können: das Management, die externen Finanzierungspartner und die Alteigentümer.

Für das **Managementteam** kann ein MBO aus unterschiedlichen Gründen interessant sein. Prinzipiell bedeutet die Übernahme des „eigenen" Unternehmens einen Schritt in die Selbstständigkeit:[6] Die Manager können das Unternehmen ihren eigenen Visionen entsprechend weiterentwickeln. Nicht weniger wichtig sind die monetären Vorteile, die sich vor allem aus der Beteiligung am wirtschaftlichen Erfolg des Unternehmens sowie aus den attraktiven Vorzugskonditionen beim Erwerb von Unternehmensanteilen – aus „Sweet Equity" – ergeben.

Allen beteiligten **Finanzierungspartnern** ist gemein, dass sie im Zuge ihres Engagements eine vorteilhafte Möglichkeit zur Intensivierung des Kreditgeschäftes sehen.[7] Im Vordergrund der Überlegungen steht daher die Maximierung der Rendite des Kapitals, das zur Finanzierung der Transaktion eingesetzt wird. Hinzu kommt vielfach eine Streuung des Anlegerrisikos sowie die Absicht eines direkten Beteiligungserwerbs.[8] Unter Umständen können die zwischen dem Unternehmen und seinen Finanzierungspartnern bestehenden Geschäftsbeziehungen fortgeführt werden, was verbunden mit der Kontinuität des Managements im Allgemeinen die (finanz-)wirtschaftliche Leistungsfähigkeit des Unternehmens aufrechterhält.

Im Unterschied zu klassischen Unternehmenskäufen bietet ein Management Buyout den beteiligten Eigen- und Fremdkapitalgebern den Vorteil eines deutlich reduzierten Transaktionsrisikos: Sie profitieren vor allem von der Tatsache, dass das Management das Zielunternehmen kennt und

---

[5] Vgl. Then Berg 1998: 8.

[6] Vgl. Betsch et al. 1998: 239.

[7] Vgl. Hoffmann u. Ramke 1992: 43.

[8] Vgl. ebd.

daher bewerten kann. Mögliche Informationsasymmetrien werden auf ein Minimum reduziert.[9]

Darüber hinaus kann der Verkauf des Unternehmens an das Management für die **Alteigentümer** überaus attraktiv sein. In einigen Fällen ist eine solche Veräußerung die letzte Möglichkeit, den Fortbestand der Gesellschaft zu sichern. Der Management Buyout bietet sich deshalb vor allem bei Unternehmen an, denen ein Mangel an qualifizierten Nachfolgern einen Generationswechsel innerhalb der Eigentümerfamilie verwehrt.[10]

Bedeutung haben MBOs zudem im Rahmen unternehmensinterner **Restrukturierungsprozesse**:[11] In den 1960er-Jahren bestand ein Trend zur breiteren Diversifizierung von Unternehmen. Global agierende Gesellschaften drangen damals in wirtschaftliche Bereiche vor, die ihnen aussichtsreich erschienen, mit ihrem Kerngeschäft jedoch nicht verwandt waren.

Ein prominentes Beispiel dafür ist die heutige Daimler AG. Unter dem damaligen Vorstandsvorsitzenden Edzard Reuter wollte sich der traditionsreiche deutsche Autobauer durch strategische Zukäufe bzw. Beteiligungen an der Allgemeinen Elektrizitäts-Gesellschaft (AEG), den Flugzeugbauern Dornier und Fokker sowie der MTU Motoren- und Turbinenunion zu einem integrierten Technologiekonzern weiterentwickeln. Allerdings erzwangen die zunehmende Globalisierung, die verkürzten Produktlebenszyklen sowie der Wegfall traditioneller Wirtschaftszweige Anfang der 90er-Jahre eine strategische Neuausrichtung des Konzerns. Dabei besann man sich auf das eigentliche Kerngeschäft des Unternehmens. Nach dem Motto „Back to the Basics“ konzentrierten sich in der Folgezeit viele international agierende Unternehmen auf ihre (traditionellen) Kernkompetenzen. Randgeschäftsbereiche, die nicht mehr in die Geschäftsstrategie passten, wurden abgestoßen.

Will ein Unternehmen im Zuge dieser Desinvestitionsstrategie vermeiden, dass das in den Randbereichen des Konzerns generierte Wissen verloren geht oder gar für die Konkurrenz greifbar wird, bietet sich eine Veräußerung dieser Bereiche an das Management förmlich an. Sensible Daten müssen somit nicht kaufinteressierten Dritten gegenüber offengelegt werden. Dies verhindert Missbrauch, der den Unternehmenswert mindern könnte.[12]

Abbildung 5-3 gibt einen Überblick über die wesentlichen Motive aller an einem Management Buyout beteiligten Parteien.

---

[9] Vgl. Weitnauer 2003b: 2.

[10] Vgl. Hoffmann u. Ramke 1992: 38 f.

[11] Vgl. Weitnauer 2003b: 2.

[12] Vgl. Niemann 1995: 20 f.

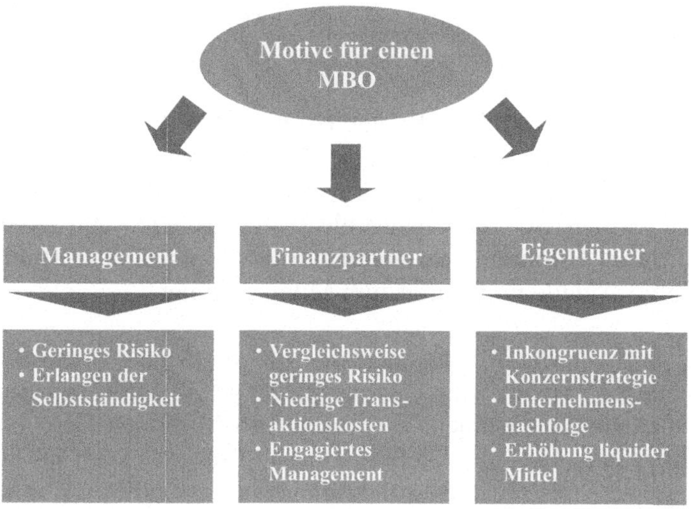

Abbildung 5-3: Motive für einen Management Buyout
Quelle: Eigene Abbildung

Textbox 5-2 beschreibt beispielhaft den MBO der deutschen Melvo GmbH.

Textbox 5-2: Melvo GmbH – Ein Spinoff des Salamander-Konzerns

Im Jahr 2003 wurde die Melvo GmbH – ein Spezialist für Feinschuhpflegemittel, der Produkte der Marken Salamander, Woly und Coxy im In- und Ausland vertreibt – in Form eines Management Buyout aus dem Salamander Konzern herausgelöst.

Nach mehreren Eigentümerwechseln kam Salamander um die Jahrtausendwende in den Besitz der ENBW Energie Baden-Württemberg AG. Im Zuge eines Strategiewechsels hatte sich der Energiekonzern entschlossen, Randgeschäfte wie den Salamander Konzern und damit die Melvo GmbH abzustoßen. Nun stellte sich die Frage, wie es weitergehen sollte. „Melvo war ein profitables, schlankes Unternehmen, besaß eine extreme Nähe zu den Vertriebspartnern, hohe Loyalität der Mitarbeiter und verfügte mit Salamander und Woly über zwei internationale Top-Marken im Schuhpflegebereich", sagt Michael Niks, geschäftsführender Gesellschafter der Melvo GmbH, der bereits seit 1980 in der Firma arbeitet. „Da bot es sich an, das Unternehmen im Rahmen eines Management Buyouts zusammen mit einem Finanzinvestor zu übernehmen und als eigenständige Einheit weiterzuführen." Die Alternative wäre wohl der Verkauf an einen Konzern gewesen.

Auch für Geschäftsführer Reiner Hildbrand, zum damaligen Zeitpunkt erst seit anderthalb Jahren im Unternehmen, hatte der Management Buyout Charme: „Das gab mir die Chance, unternehmerisch tätig zu werden. So eine Chance bietet sich vielleicht nur einmal im Leben", sagt Hildbrand. So übernahm das Management 15 Prozent der Melvo-Anteile und wurde zum Miteigentümer.

Bisher hat sich der Management Buyout für Management und Finanzinvestor gelohnt: Der Umsatz stieg von 25 Millionen Euro im Jahr vor dem Management Buyout auf 36 Millionen Euro im vergangenen Jahr, ein Plus von immerhin 44 Prozent. Auch für die Zukunft stünden die Zeichen auf Expansion, sagt Niks: „Wir wollen weiterhin neue Märkte erschließen, zunächst in Süd- und Mitteleuropa. Weitere Überlegungen gehen in Richtung Asien."

Quelle: In Anlehnung an Hofelich 2007

5.4 Planung und Umsetzung von Buyouts

Der Verlauf einer MBO-Transaktion kann idealtypisch in Initiierungs-, Planungs-, Durchführungs- und Post-MBO-Phase untergliedert werden (vgl. Abbildung 5-4).[13]

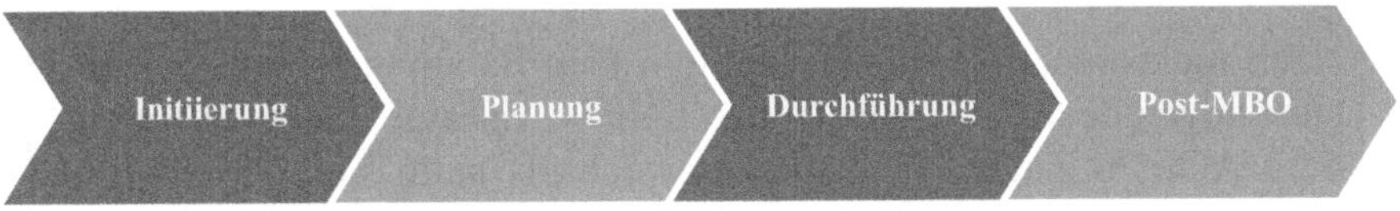

Abbildung 5-4: Idealtypischer Ablauf eines Management Buyout
Quelle: Eigene Abbildung

Initiierungsphase: Die Initiative für die Übernahme eines Unternehmens durch das Management kann von den Eigentümern, dem Management selbst oder von externen Investoren ausgehen. In dieser Phase werden generell erste Sondierungsgespräche zwischen allen an der Transaktion beteiligten Gruppen geführt. Um die Machbarkeit und den Erfolg des geplanten

[13] Vgl. Achleitner u. Fingerle 2003: 11 ff.

MBO grundsätzlich gewährleisten zu können, empfiehlt es sich bereits zu diesem frühen Zeitpunkt, auf die Kompetenz externer Unternehmens- und Steuerberatungen zurückzugreifen.

Planungsphase: Im Vorfeld einer detaillierten Strukturierung des Buyout ist es dringend erforderlich, die Machbarkeit der geplanten Transaktion durch das Managementteam und externe Experten feststellen zu lassen. Die Untersuchungen in diesem Zusammenhang stützen sich vor allem auf eine umfassende Analyse des Geschäftsmodells und der Finanz- und Ertragslage sowie auf eine indikative Unternehmensbewertung.[14] Schon in einem frühen Stadium ist zu klären, ob das Unternehmen auf künftige Marktveränderungen reagieren kann und welche konkreten Auswirkungen diese Veränderungen auf den frei verfügbaren Cashflow haben werden. Der MBO stellt insoweit einen Sonderfall unter den Buyouts dar, als die Manager das Unternehmen von einer Insider-Position aus einschätzen und bewerten können.

Neben dem Geschäftsmodell und seiner Erweiterung im Anschluss an die Übernahme der Gesellschaft spielt in dieser Phase die Finanzplanung für die Zeit nach der Übernahme eine entscheidende Rolle. So stellen Private-Equity-Gesellschaften im Zuge von MBOs sehr hohe Anforderungen an den „Financial Business Plan".[15] Die Finanzplanung sollte also detailliert auf Basis der Geschäftsstrategie sowie der aktuellen finanzwirtschaftlichen Daten für die kommenden drei bis fünf Jahre entwickelt werden. Diese frühe Ausarbeitung dient zunächst als Ausgangspunkt für eine umfangreiche Unternehmensbewertung und erzeugt Transparenz für alle am Buyout beteiligten Parteien.[16]

Durchführungsphase: Im Anschluss an die Prüfung und Bewertung aller an der Unternehmensübernahme interessierten Personengruppen wählt der Verkäufer in der Regel einen oder mehrere Kaufinteressenten aus und räumt ihnen die Möglichkeit einer eingehenden Analyse des Unternehmens sowie seiner Daten ein. Im Rahmen dieser sogenannten „Due Diligence" konzentriert sich die Analyse nicht nur auf finanzielle, steuerliche und rechtliche Aspekte, sondern auch auf qualitative Größen wie die allgemeinen Weiterentwicklungsmöglichkeiten und die Markt- und Wettbewerbssituation des Unternehmens.[17] Um die Entscheidungsfindung zu unterstützen, werden zu einer Due Diligence neben externen Sachverständigen auch Kunden, Lieferanten, Wettbewerber und Zulieferer des betref-

---

14 Vgl. KPMG 2003: 2.

15 Vgl. Constantin u. Rau 2002: 749.

16 Vgl. ebd.

17 Vgl. KPMG 2003: 3.

fenden Unternehmens hinzugezogen.[18] Ergibt die Untersuchung keine oder nur minimale (wirtschaftliche) Risiken, halten die beteiligten Parteien die Konditionen der Kaufinteressenten üblicherweise in einem „Letter of Intent" fest.[19]

In einem nächsten Schritt erfolgt die rechtliche und finanzielle Strukturierung der Transaktion. Aus juristischer Sicht kann der MBO in Form entweder eines „Asset Deal" – dem direkten Kauf aller Aktiva des Unternehmens – oder eines „Share Deal" – dem Erwerb der Gesellschaftsanteile des Zielunternehmens – durchgeführt werden.[20] Da die Transaktion nach der Veräußerung aller Geschäftsanteile für die Alteigentümer prinzipiell abgeschlossen ist, werden diese aus Selbstzweck einen Share Deal bevorzugen. Für den Käufer – also das Management – birgt ein Share Deal hingegen die Gefahr einer verdeckten Einlagenrückgewähr.[21] Deshalb treten in der Praxis Asset und Share Deal oftmals in Kombination auf: Das Zielunternehmen wird nach dem Erwerb der (Gesellschafts-)Anteile im Zuge einer Übernahme der Aktiva konzernrechtlich in ein eigens zu diesem Zweck gegründetes Übernahmevehikel – die „NewCo" (= New Company) – integriert.[22]

Erklären sich alle beteiligten Personengruppen mit der juristischen Ausgestaltung der Buyout-Transaktion einverstanden, erfolgen in einem letzten Schritt die Feinstrukturierung der Transaktionsfinanzierung sowie die finalen Verhandlungen zu den Kauf- und Finanzierungsverträgen bis zu deren Abschluss.

Post-MBO-Phase: Nach der erfolgreichen Durchführung eines Management Buyout beginnt die in der Regel mehrere Jahre dauernde Post-MBO-Phase. Sofern eine Private-Equity-Gesellschaft involviert ist, unterstützt sie die Unternehmensführung in dieser Zeit aktiv bei der Umsetzung und Anpassung der neuen Geschäftsstrategie.[23] Sie strebt in der Regel einen Exit aus ihrer Investition entweder über den Verkauf von Unternehmensanteilen oder über einen Börsengang an. Nach einer weitergehenden Entschuldung des Unternehmens durch seine Neueigentümer besteht die Möglichkeit eines „Re-Leveraging".[24]

Trotz aktiver Hilfestellungen durch die Finanzierungspartner haben in der Praxis jedoch viele Käufer Schwierigkeiten, die übernommene Firma

---

[18] Vgl. Achleitner u. Fingerle 2003: 12.
[19] Vgl. Weitnauer 2003c: 188.
[20] Vgl. Achleitner u. Fingerle 2003: 12.
[21] Vgl. Ernst u. Häcker 2007: 157.
[22] Vgl. Ernst u. Häcker 2007: 156.
[23] Vgl. Achleitner u. Fingerle 2003: 13.
[24] Vgl. ebd.

erfolgreich weiterzuführen. Jüngere Untersuchungen beziffern die Wahrscheinlichkeit für eine geglückte Unternehmensübernahme sogar mit unter 50 Prozent.[25] Die Gründe für diese vergleichsweise geringen Erfolgsaussichten liegen weniger in einer falschen Kaufentscheidung oder einer mangelnden Eignung des Zielunternehmens. Vielmehr scheitert ein Großteil aller Unternehmensübernahmen an der Tatsache, dass die Käufer die Vorbereitung der Nach-Akquisitionsphase vernachlässigen bzw. völlig unterschätzen.[26] Typische Versäumnisse betreffen die Maßnahmenplanung für die Übergangsphase, die Mitarbeiterkommunikation sowie die Anpassung der bestehenden Führungsstrukturen an die neuen Rahmenbedingungen.[27] Um sicherzustellen, dass der Buyout zur Zufriedenheit aller beteiligten Parteien abläuft, empfiehlt es sich, bereits sehr frühzeitig – spätestens jedoch mit Beginn der Due Diligence – detaillierte Pläne für die Post-MBO-Phase zu erarbeiten.[28] Da diese Ausarbeitung einen entscheidenden Erfolgsfaktor für die gesamte Transaktion darstellt, ist es unabdingbar, von Anfang an auf eine hohe Qualität der Maßnahmenpakete zu achten. Letztlich hängt der künftige (wirtschaftliche) Erfolg des akquirierten Unternehmens wesentlich davon ab, dass das Management sofort im Anschluss an die Übernahme die „richtigen" Entscheidungen trifft.[29]

5.5 Finanzierung von Buyouts

Das Management des betreffenden Unternehmens wird nur in den seltensten Fällen in der Lage sein, das für einen Management Buyout notwendige Kapital aus eigener Kraft aufzubringen. Daher sind an nahezu allen Transaktionen eigenkapitalgebende institutionelle Anleger – oftmals Private-Equity-Gesellschaften – sowie fremdkapitalgebende Banken beteiligt. Der Fremdkapitalanteil liegt bei MBOs typischerweise zwischen 40 und 70 Prozent.[30]

Für die Mitglieder der am Buyout partizipierenden Führungsriege ist es entscheidend, sich möglichst früh einen umfassenden Überblick über die potenziellen Buyout-Financiers, die (zeitliche) Struktur der Unternehmensübernahme sowie die marktüblichen vertraglichen

[25] Vgl. Müller-Buttmann 2003: 211.
[26] Vgl. ebd.
[27] Vgl. Bötzel 2005: o.S.
[28] Vgl. Müller-Buttmann 2003: 216.
[29] Vgl. ebd.
[30] Vgl. Bartholomäus u. Schuck 2007: o.S.

und finanziellen Konditionen zu verschaffen. Bei der Auswahl institutioneller Eigenkapitalgeber ist zudem höchste Sorgfalt anzuraten, da das künftige Managementteam mit ihnen vor, während und nach der Transaktion die grundsätzlich zu verfolgende Geschäftsstrategie abstimmen muss.

Prinzipiell wird ein Zielunternehmen im Rahmen eines Management Buyout durch eine Zwischengesellschaft erworben, die Transaktion finanziert sich durch Eigen-, Fremd- und Mezzanine-Kapital. Das Fremdkapital besteht in der Regel aus strukturierten Bankkrediten, deren Höhe und Konditionen von Stabilität und Höhe des künftig realisierbaren freien Cashflows abhängen.[31] Abbildung 5-5 veranschaulicht die idealtypische Finanzierungsstruktur eines MBO.

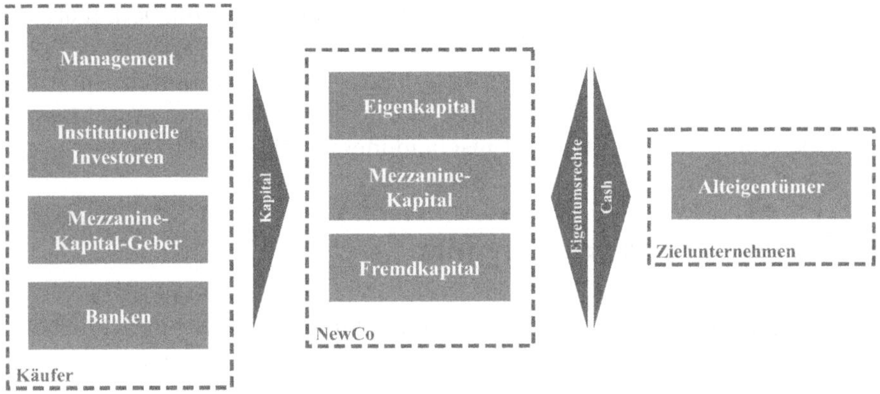

Abbildung 5-5: Idealtypische Finanzierungsstruktur eines Management Buyout
Quelle: Eigene Darstellung in Anlehnung an Constantin u. Rau 2002: 757

Bei der Planung der MBO-Finanzierung ist eingangs die maximale Höhe des **Fremdkapitals** festzulegen. Einerseits nimmt mit dem Einsatz von Fremdkapital die Eigenkapitalrendite unter der Prämisse zu, dass die Gesamtkapitalrendite die Fremdkapitalkosten übersteigt. Andererseits lehnen Banken eine Finanzierungsstruktur mit zu hohem Fremdkapitalanteil in der Regel ab, da der Schuldner dann die Verbindlichkeiten oftmals nicht mehr verlässlich bedienen kann.

Erklären lässt sich das Phänomen dadurch, dass Unternehmen sich grundsätzlich dazu verpflichten (müssen), ihre Verbindlichkeiten in regelmäßigen Abständen abzuzahlen. Diese Zahlungsversprechen ändern sich

[31] Vgl. KPMG 2003: 2.

nicht mit der wirtschaftlichen oder finanziellen Leistungsfähigkeit. Einmal eingegangene Zahlungsverpflichtungen muss die Gesellschaft somit auch in wirtschaftlich schwierigen Zeiten einhalten. Im Fall einer Rezession kann die durch Zinszahlungen verursachte hohe Fixkostenbelastung eine Firma mit zu hohem Fremdkapitalanteil sogar in die Zahlungsunfähigkeit treiben.

Für den Erfolg eines Management Buyout ist es entscheidend, dass sich alle beteiligten Parteien frühzeitig mit der Frage auseinandersetzen, wie hoch der Fremdkapitalanteil idealerweise sein sollte.

Das für die Finanzierung der Transaktion notwendige **Eigenkapital** besteht aus zwei Komponenten: Gelder, welche die Manager aus ihrem Privatvermögen einbringen, und die Anteile, die institutionelle Investoren zur Verfügung stellen. Gegenwärtig erwarten die am Management Buyout beteiligten Finanzierungspartner zumeist eine private Eigenbeteiligung in Höhe von 20 bis 30 Prozent des Gesamtakquisitionsvolumens.[32]

Vor allem wenn ein Unternehmen mit einer vergleichsweise hohen Marktkapitalisierung bzw. einem hohen Unternehmenswert übernommen werden soll, wird das Management nicht in der Lage sein, die geforderte Anteilsquote zu erreichen. In diesem Fall werden die Finanzierungspartner in der Regel ein über ihre Stammeinlage hinausgehendes Agio einbringen (müssen).[33] Erst diese zusätzliche Einlage stellt einen ausreichenden Eigenkapitalanteil sicher.

Bei der potenziellen dritten Finanzierungssäule, dem **Mezzanine-Kapital**,[34] handelt es sich um ein hybrides Finanzierungsinstrument, das sich individuell als Eigen- oder Fremdkapital gestalten und somit flexibel an die Anforderungen der jeweiligen Transaktion anpassen lässt.[35] Das Management kann hierbei den Vertrag so gestalten, dass es trotz eines im Vergleich zum Mezzanine-Kapital-Geber verhältnismäßig geringen Kapitaleinsatzes von Anfang an das Zielunternehmen nahezu vollständig kontrolliert.[36]

Da der Mezzanine-Investor mit der fehlenden Besicherung und der Nachrangigkeit seines Kapitals ein vergleichsweise hohes Ausfallrisiko in Kauf genommen hat, wird er in der Regel eine höhere Verzinsung auf das einge-

[32] Vgl. Bartholomäus u. Schuck 2007: o.S.
[33] Vgl. Weitnauer 2003a: 66.
[34] Vgl. hierzu auch Kapitel 4.
[35] Vgl. Golland et al. 2005: 2.
[36] Vgl. Werner 2007: 68.

setzte Kapital verlangen. Je nach mezzaninem Finanzierungsinstrument erwarten Investoren gegenwärtig eine Rendite von 10 bis 30 Prozent.[37]

> Das Management kann durch mezzanine Finanzierungsinstrumente frisches Kapital für einen Management Buyout beschaffen und dabei die Aufnahme neuer Gesellschafter vermeiden, die mit einer Beteiligung von Risikokapitalgebern einhergeht.

Abbildung 5-6 stellt die mögliche Struktur einer MBO-Finanzierung mit einem Kaufpreis von 100 Millionen Euro, einer geforderten Eigenkapitalquote von 30 Prozent und einer Fremdkapitalquote von 70 Prozent dar.

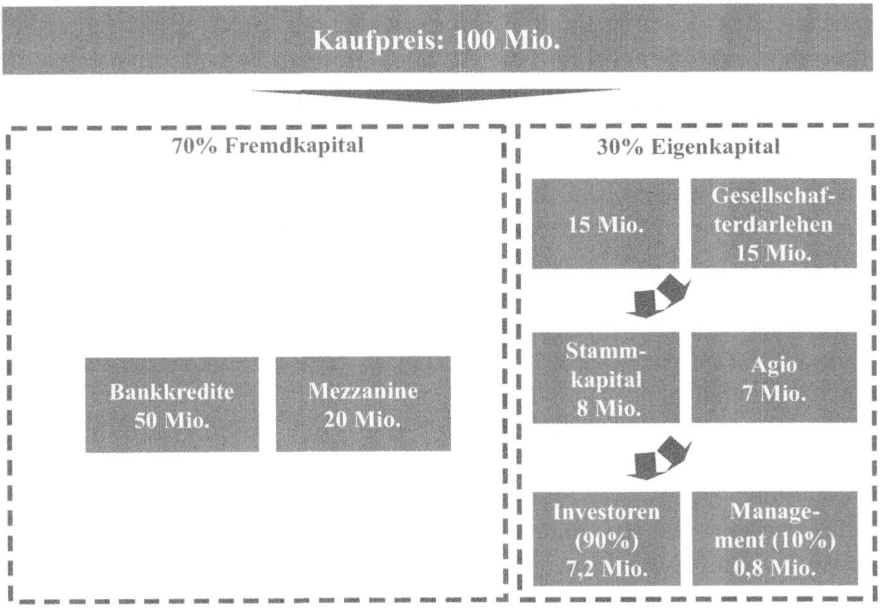

Abbildung 5-6: Finanzierungsstruktur [EUR] eines Management Buyout – Beispiel
Quelle: Eigene Darstellung in Anlehnung an Constantin u. Rau 2002: 757

5.6 Der Interessenkonflikt im Buyout

Während des gesamten Buyout-Prozesses befindet sich das beteiligte Management in einem Interessenkonflikt: Einerseits hat es den Verkäufer fort-

[37] Vgl. Steiner 2007: 12.

laufend mit Unternehmensinformationen zu versorgen. Andererseits muss es bereits in den frühen Phasen des Buyout mit den künftigen Finanzinvestoren den Business Plan und die Entwicklungsmöglichkeiten des Unternehmens eingehend diskutieren.

Gerade wenn es darum geht, die Machbarkeit eines Buyout zu prüfen, ist das Management gezwungen, vertrauliche Unternehmensdaten gegenüber den potenziellen Finanzinvestoren offenzulegen. Genau daran sind die Mitglieder der Unternehmensführung jedoch häufig durch eine vertraglich fixierte Schweigepflicht gehindert.[38] Zudem hat der Vorstand einer börsennotierten Gesellschaft aufgrund der Verschwiegenheitsregelungen der §§ 93 und 404 AktG zu beachten, dass die unbefugte Weitergabe unternehmenssensibler Informationen im ungünstigsten Fall einen strafrechtlich relevanten Sachverhalt darstellt[39] und einen Prozess nach sich ziehen kann. Um den Erfolg einer Buyout-Transaktion nicht zu gefährden, sollten die Altgesellschafter oder – im Fall einer börsennotierten Gesellschaft – die Mitglieder des Aufsichtsrats das Management von diesen vertraglich und gesetzlich fixierten Verschwiegenheitspflichten befreien.[40]

Darüber hinaus gerät das Management aufgrund seiner geplanten (finanziellen) Beteiligung am Zielunternehmen leicht in einen weiteren Interessenkonflikt:[41] Auf der einen Seite möchte es die Anteile des Zielunternehmens zu möglichst günstigen Konditionen erwerben. Auf der anderen Seite ist es dazu verpflichtet, dem Verkäufer die Planzahlen aufzuzeigen, die dieser wiederum in die Verhandlungen über den Kaufpreis einfließen lassen wird. Im ungünstigsten Fall kann dieser Interessenkonflikt das Vertrauen des Alteigentümers in das Management schwächen. Kommt der Eigentümer im Zuge dessen außerdem zu dem Schluss, dass sich ein Verkauf seiner Firma an das Management nicht (mehr) „lohnt", kann er die Buyout-Idee verwerfen und als Käufer einen strategischen Finanzinvestor anvisieren.[42] Ein Erwerb des Unternehmens durch das Management ist damit ausgeschlossen.

5.7 Implikationen für ein Unternehmen

Im Rahmen der strategischen Implikationen stellt sich die Frage, in welchen Situationen das Management den Erwerb des eigenen Unternehmens

[38] Vgl. Weitnauer 2003c: 182.
[39] Vgl. Constantin u. Rau 2002: 759.
[40] Vgl. Weitnauer 2003c: 184.
[41] Vgl. KPMG 2003: 3.
[42] Vgl. KPMG 2003: 4.

in Erwägung ziehen sollte, ob dazu Alternativen existieren und, falls ja, welche.

Eine mögliche Strategie, die für den Kauf des eigenen Unternehmens spricht, ist seine künftige Modernisierung. Sinnvoll erscheint eine so motivierte Übernahme für das Management vor allem dann, wenn dem Unternehmen im Zuge des Buyout zusätzliche, (bisher) fehlende Managementkapazitäten bzw. -kompetenzen sowie das für seine künftige Weiterentwicklung notwendige Kapital zur Verfügung gestellt werden.[43] Diese Situation soll idealtypisch am fiktiven Beispiel der Logistik GmbH betrachtet werden (vgl. Textbox 5-3).

Textbox 5-3: Logistik GmbH

Die Gesellschaft hat ihre historischen Wurzeln im traditionellen Speditionsgeschäft, ist für ihre Zuverlässigkeit und Qualität bekannt und hat vergleichsweise enge Bindungen zu namhaften Kunden. Um diesen einerseits die Verfolgung ihrer Sendungen zu erleichtern sowie andererseits durch ein aktives Flottenmanagement die Kosten erheblich senken zu können, investiert die Logistik GmbH jahrelang wesentlich in den Aufbau einer neuen IT-Infrastruktur.

Der 60-jährige geschäftsführende Gesellschafter möchte im Rahmen einer Nachfolgeregelung den Fortbestand des Unternehmens sichern und verkauft seine Geschäftsanteile an die Unternehmensführung (MBO) unter Beteiligung eines Finanzinvestors und eines externen Softwarespezialisten. Sowohl die Finanzpartner als auch das Managementteam sehen erhebliche Potenziale für das Unternehmen in einer Konzentration auf das logistische Know-how sowie auf die Weiterentwicklung der internen Software. In den darauf folgenden Jahren nutzt die Firma ihre guten Kundenbeziehungen, ihre Kenntnisse über deren Warenströme und ihr logistisches Know-how und entwickelt sich – unter anderem durch den Zukauf kleinerer Softwarefirmen – zu einem Anbieter von Materialfluss-Software und Logistikberatung.

Um die im Zuge des Buyout aufgenommenen Verbindlichkeiten gegenüber den Fremdkapitalgebern nach und nach abzubauen, veräußert die Unternehmensführung den eigenen Fuhrpark sowie die Lagerhallen, sodass das Unternehmen fortan als Frachtmakler agiert. Nach einigen Jahren realisiert der Finanzinvestor seinen Exit aus der

[43] Vgl. Constantin u. Rau 2002: 762.

mittlerweile in eine AG umgewandelten Logistik GmbH über die Börse. Ein Teil des Managements verbleibt im Unternehmen. Im Ergebnis konnte durch den Management Buyout externes Knowhow in die Logistik GmbH eingebracht werden, das es dem damaligen Management ermöglichte, „sein" Unternehmen zu modernisieren und zu einem erfolgreichen Dienstleistungsunternehmen zu entwickeln.

Quelle: In Anlehnung an Constantin u. Rau 2002: 762

Die Übernahme des eigenen Unternehmens ist für das Management dann eine gewinnbringende Alternative, wenn der Firma im Zuge des Buyout Managementkapazitäten oder -kompetenzen zugeführt werden können, die bisher für eine umfangreiche Modernisierung der Gesellschaft nicht zur Verfügung standen. Darüber hinaus erscheint ein MBO sinnvoll, wenn die Alteigentümer notwendigen Modernisierungsbestrebungen der Unternehmensführung entgegenstehen.

Unbestrittenermaßen verbessert ein MBO die wirtschaftliche Effizienz eines Unternehmens und damit direkt auch den Gewinn aus den unternehmerischen Aktivitäten. Die Führungsriege eines Unternehmens kann neben der von den Eigentümern geforderten Maximierung des Shareholder Value aber auch zum Teil opportunistische Interessen verfolgen. Bestrebungen, die eigene Macht, das eigene Einkommen und damit den eigenen Status zu erhöhen, sind bei Weitem keine Seltenheit.

Dieser generelle Prinzipal-Agenten-Konflikt, der aus einer asymmetrischen Informationsverteilung zwischen dem Management und den Eigentümern resultiert, lässt sich lösen, indem dem Management Anreize geboten werden, im Sinne der Eigentümer zu handeln. Der Großteil der wissenschaftlichen Literatur schlägt dazu vor, dem Management die positiven und auch die negativen Konsequenzen des eigenen Handelns vollständig aufzubürden, sodass es schließlich im Sinne der Eigentümer handelt.

Im Zuge eines Management Buyout findet grundsätzlich nichts anderes statt: Da das Management im Anschluss an die Übernahme des Unternehmens sowohl an dessen Gewinn als auch an dessen Verlust direkt beteiligt ist, wird es aus reinem Selbstzweck heraus versuchen, effizient zu wirtschaften und den Unternehmenswert durch gezielte Maßnahmen zu steigern.

Das Management des betreffenden Unternehmens wird nur in den seltensten Fällen in der Lage sein, das für einen Management Buyout notwendige Kapital aus eigener Kraft aufzubringen. Daher sind an nahezu allen Transaktionen eigenkapitalgebende institutionelle Anleger – oftmals Private-Equity-Gesellschaften – sowie fremdkapitalgebende Banken beteiligt. Diese externen Finanzinvestoren können eine zusätzliche Überwachungsinstanz darstellen, neue Motivationsanreize schaffen und die Unternehmensführung so zur Implementierung effizienter Führungsstrukturen sowie zu einer raschen Tilgung der Verbindlichkeiten veranlassen.

Im Ergebnis kann sich ein Management Buyout überaus positiv auf den Wert eines Unternehmens auswirken. Eine Studie der Deutschen Beteiligungs AG und des Finanzmagazins FINANCE bestätigt diese Einschätzung weitestgehend: Demnach stieg der Umsatz von Buyout-Unternehmen mit jährlich 7,4 Prozent fast doppelt so schnell wie der von Unternehmen, die nicht durch Private Equity finanziert wurden.[44]

> Der mit einem MBO verbundene Übergang der Manager von Angestellten zu Gesellschaftern kann dazu führen, dass sie im Anschluss an die Transaktion „effektiver" arbeiten und den Unternehmenswert aktiv steigern. Insofern eignet sich ein Management Buyout vor allem in Fällen, in denen der Kapitalmarkt oder die gegenwärtigen Eigentümer nicht in der Lage sind, ihre Kontroll- und vor allem Motivationsfunktion effektiv auszuüben.

5.8 Resümee

Im Ergebnis kann ein MBO für Managementteams aus unterschiedlichen Gründen überaus attraktiv sein, sei es durch die Sicherung des Fortbestands eines Unternehmens, das mögliche Erreichen einer überdurchschnittlichen Rendite auf das eingesetzte Kapital oder das Erlangen weitgehender unternehmerischer Freiheiten.

Wichtigster Erfolgsgarant für Buyout-Transaktionen ist die professionelle Abwicklung. Ein durchgängiges und starkes Projektmanagement, wie es vor allem ein Corporate-Finance-Berater leisten kann, ist in allen Phasen eines Buyout von besonderer Bedeutung, um die Interessen aller an der Transaktion beteiligten Parteien zu sichern.

Die deutliche Zunahme an Buyout-Transaktionen in Europa und somit auch in Deutschland ist ein eindeutiges Indiz für die hohe Attraktivität, die MBOs nicht nur für das Management, sondern auch für die beteiligten Finanzinvestoren besitzen. Es ist davon auszugehen, dass sich die Tendenz

---

[44] Vgl. DBAG u. FINANCE 2004: 16.

der vergangenen Jahre fortsetzen wird. Mit einem verwalteten Gesamtvermögen von rund 29 Milliarden Euro im Jahr 2006 steht in Deutschland auf Seiten der Finanzinvestoren ausreichend Eigenkapital für die Finanzierung derartiger Transaktionen zur Verfügung.[45]

[45] Vgl. BVK 2007b: 1.

6 Sonderfall – Wie strategische Corporate Finance in der Restrukturierung wirkt

6.1 Einleitung und Übersicht

Worldcom, Swissair, Enron, Philipp Holzmann, Babcock Borsig, Kirch Media – die Zahlen und Namen belegen: Weder eine Branche noch die schiere Größe bewahrt Unternehmen vor finanziellen oder wirtschaftlichen Krisen. 30.680 Unternehmensinsolvenzen gab es 2006 in Deutschland, für das Jahr 2007 werden 27.490 Insolvenzen erwartet:[1] Der resultierende gesamtwirtschaftliche Schaden beläuft sich auf geschätzte 29,2 Milliarden Euro.[2]

Die Überwindung einer Unternehmenskrise oder gar das Abwenden einer drohenden Insolvenz zählt zu den anspruchsvollsten Aufgaben des Managements. Unter sehr hohem Zeitdruck muss mit einer Vielzahl von „Stakeholdern" Konsens in Form eines Restrukturierungskonzeptes gefunden werden. Dabei hat sich das Verständnis der Restrukturierung in Deutschland grundlegend geändert. Traditionell wurden darunter Maßnahmen zur Verbesserung des operativen Geschäfts bzw. Kostensenkungsprogramme verstanden, die eng mit der strategischen Neuausrichtung verknüpft waren, d.h. mit der Konzentration auf profitable Kernbereiche bzw. die Erschließung wichtiger Zukunftsmärkte. Heute umfasst eine Restrukturierung auch eine Neuordnung der Unternehmensfinanzierung. Diese soll es dem notleidenden Unternehmen ermöglichen, seine Liquidität und seine Eigenkapitalbasis zu sichern, um so in Verbindung mit einer (strategischen) Neupositionierung dauerhaft in die Gewinnzone zurückkehren zu können.[3]

Für das Erreichen der genannten Ziele gibt es keine standardisierte Lösung. Jedes notleidende Unternehmen hat seine individuellen Besonderheiten, jede Situation hat andere Rahmenbedingungen und auch die Stakeholder verfolgen in der Regel unterschiedliche Ziele und Interessen. Jedoch

---

1 Vgl. Creditreform 2007: 3.

2 Vgl. Creditreform 2007: 18.

3 Vgl. Haghani u. Heinemann 2008: 450 f.; vgl. Kraus u. Haghani 2004: 14.

gelten trotz der Komplexität von Einzelfällen in der Restrukturierung gewisse „Grundregeln", deren Befolgung die Erfolgsaussichten deutlich verbessert. Entscheidend ist der Interventionszeitpunkt im Krisenverlauf und es greift die leicht nachvollziehbare Regel: Je früher man auf eine sich anbahnende Krise reagiert, desto höher ist die Erfolgswahrscheinlichkeit der eingeleiteten Gegenmaßnahmen.[4]

Im Anschluss an eine überblicksartige Darstellung unterschiedlicher Krisenphasen zeigt dieses Kapitel auf, welche Finanzierungsmöglichkeiten dem Management in der Restrukturierung zur Verfügung stehen, ob Manager notleidender Unternehmen finanzstrategische Verhaltensweisen externer Investoren fürchten müssen und, falls ja, wie sie diesen am besten begegnen können. Die Implikationen, die sich hieraus für ein notleidendes Unternehmen ergeben, bilden den Abschluss des Kapitels.

6.2 Anzeichen für eine Unternehmenskrise

Im betriebswirtschaftlichen Sinn bezeichnet eine Krise das Ende eines ungewollten Prozesses, in dessen Verlauf sich die Erfolgspotenziale, das Reinvermögen und bzw. oder die Liquidität eines Unternehmens derart verschlechtert haben, dass dessen Existenz ernsthaft bedroht ist. Als wesentliches Element eines Krisenprozesses lässt sich somit der existenzbedrohende Charakter identifizieren.[5]

Die Öffentlichkeit nimmt Krisensituationen vielfach erst dann wahr, wenn die Arbeitsplätze eines Unternehmens akut bedroht sind. Dabei steht dieser Umstand meist am Ende eines längeren, dem eigentlichen Krisenereignis vorangegangenen Prozesses. Die drei wesentlichen Phasen einer Unternehmenskrise sind in Abbildung 6-1 grafisch dargestellt (strategische Krise, Ergebniskrise, Liquiditätskrise). Der Grad der Existenzbedrohung nimmt während ihres Verlaufs überproportional zu.

Das Stadium einer **strategischen Krise** ist geprägt von einer Verschlechterung der eigenen Wettbewerbsposition am Markt. Da diese vielfach nur an „schwachen" Signalen erkannt werden kann, ist dazu ein hohes Maß an Sensibilität erforderlich. Unternehmen erwirtschaften in dieser frühen Phase einer Krise üblicherweise positive Ergebnisse, sodass das Management den Handlungsdruck häufig unterschätzt und die unterneh-

---

[4] Vgl. ebd.

[5] Vgl. Manzel u. Manzel 2003: 13.

merischen Ressourcen auch weiterhin für das operative Tagesgeschäft und nicht zur Krisenbewältigung einsetzt.[6]

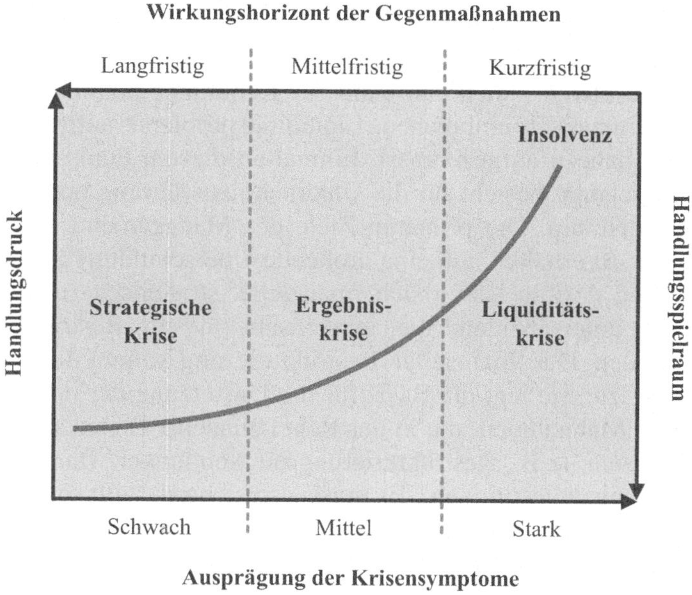

Abbildung 6-1: Krisenarten und Krisenverlauf
Quelle: Eigene Darstellung in Anlehnung an Haghani u. Heinemann 2007: 286

Ist ein Unternehmen nicht in der Lage, rechtzeitig und in angemessenem Umfang auf strategisch bedeutsame Entwicklungen zu reagieren, ist es zumeist nur eine Frage der Zeit, bis es in die Phase der **Ergebniskrise** eintritt. Unternehmen in diesem Stadium verfehlen in der Regel ihre mittelfristigen Gewinn- und Rentabilitätsziele. Hier bilden vor allem die Konkurrenten im Markt die Messlatte. Bleibt das eigene Unternehmen deutlich hinter dem Marktdurchschnitt zurück, besteht akuter Anlass zum Ergreifen umfassender Maßnahmen. Regelmäßig bildet aber nicht einmal mehr der Marktdurchschnitt das Benchmark, sondern eine „schwarze Null“. Das Vertrauen der Stakeholder in die Fähigkeiten des Managements ist zu diesem Zeitpunkt bereits stark erschüttert. Lieferanten fordern teilweise Vorauskasse und Kreditgeber verlangen zusätzliche Informationen und Sicherheiten bzw. reduzieren ihre Engagements zum Teil erheblich. Mit anderen Worten steigt der Handlungsdruck, während der Handlungsspielraum gleichzeitig immer enger wird.[7]

---

6 Vgl. Kraus u. Haghani 2004: 15 f.
7 Vgl. Haghani u. Heinemann 2007: 286.

Studien der Unternehmensberatung Roland Berger Strategy Consultants zufolge spricht das Management selbst in diesem unternehmensbedrohenden Zustand vielfach noch von vorübergehenden Erscheinungen, die in Kürze bereinigt sein werden, und ignoriert die existenzielle Krise somit völlig.[8]

Sie wird in vielen Fällen erst dann zur Kenntnis genommen, wenn die Ergebnisse dramatisch einbrechen, Liquiditätsprobleme auftreten und das Eigenkapital nahezu aufgezehrt ist. Einmal an diesem Punkt der **Liquiditätskrise** angelangt, besteht für die Unternehmensführung nur noch wenig Handlungsspielraum. Die primären Ziele des Managements liegen darin, die Liquidität zu erhalten und eine drohende Überschuldung abzuwenden.[9] Auf dem Weg dorthin lassen sich finanzielle, strategische und operative Maßnahmen unterscheiden, die gemeinsam in ein Restrukturierungskonzept münden. Der finanziellen Restrukturierung kommt dabei besondere Bedeutung zu: Sie legt die Basis für die Umsetzung der operativen und strategischen Maßnahmen, die in der Regel zunächst Eigenkapital und Liquidität belasten (z.B. Restrukturierungsaufwendungen für Sozialpläne, Rationalisierungsinvestitionen). Es muss also sichergestellt sein, dass diese Maßnahmen ausreichend finanziert sind und die Eigenkapitalbasis die zusätzlichen Belastungen verkraften kann.

6.3 Finanzierung in der Restrukturierung

Die existenzielle Gefährdung eines Unternehmens kommt letzten Endes immer in seiner Finanzsphäre zum Ausdruck.[10] Anhaltende Verluste und damit direkt einhergehende (Finanz-)Mittelabflüsse resultieren über kurz oder lang in Liquiditätsengpässen und im ungünstigsten Fall in einer Überschuldung des Unternehmens. Oberste Priorität innerhalb der finanziellen Sanierung muss daher sein, das Überleben des Unternehmens kurzfristig zu sichern. Mit finanzwirtschaftlichen Maßnahmen soll die drohende Zahlungsunfähigkeit des Unternehmens abgewendet sowie mittel- bis langfristig wieder eine gute und solide Kapitalstruktur erreicht werden. Diese Maßnahmen lassen sich analog zur bisherigen Unterscheidung der Kapitalarten gliedern in[11]

- Zuführung von besichertem Fremdkapital durch Gläubiger und Dritte,

[8] Vgl. Roland Berger Strategy Consultants 2006.
[9] Vgl. Haghani u. Heinemann 2007: 287.
[10] Vgl. Kudla 2005: 111.
[11] Vgl. Kudla 2005: 139.

- Zuführung von Eigenkapital durch Gläubiger und Dritte sowie
- Zuführung von Mezzanine-Kapital durch Gläubiger und Dritte.

6.3.1 Zuführung von Fremdkapital durch Gläubiger und Dritte

Prinzipiell steht einem Krisenunternehmen im Rahmen der Fremdkapitalfinanzierung das gleiche Spektrum an Finanzierungsinstrumenten zur Verfügung wie einem gesunden Unternehmen.[12] Die Möglichkeiten reichen von der Emission öffentlicher Anleihen über langfristige Bankdarlehen bis hin zu kurzfristigen Kontokorrentkrediten.[13] Jedoch weisen die Bilanzen von Unternehmen in Krisensituationen regelmäßig eine hohe Fremdverschuldung, geringe Eigenkapitalquoten, teilweise überhöhte Buchwerte und einen Mangel an liquiden Mitteln auf, die während der Umsetzung des operativen Restrukturierungskonzeptes weitestgehend aufgezehrt wurden. Aus einer hohen Verschuldung erwächst eine enorme Zinslast, welche die Unternehmen nicht mehr schultern können und die Wachstum erschwert bzw. verhindert. Weitere Finanzierungswünsche finden bei den Banken daher meist kein Gehör, da sich diese durch Basel II sowie stärkeren internationalen Performancedruck systematisch von notleidenden Krediten zu trennen versuchen. Der entstehende „Credit Crunch" zwingt Krisenunternehmen zur Erschließung neuer Finanzierungsformen und die Finanzierung wird zu einer Kernaufgabe des Topmanagements.

Vor diesem Hintergrund wird die Bedeutung einer Kapitalzuführung durch die Gläubiger des Unternehmens offensichtlich. Letztlich haben diese vor allem aufgrund ihrer bestehenden Geschäftsbeziehungen mit dem Unternehmen Interesse an seinem Fortbestand. Je nach bilanzieller Ausgangslage und mittel- bis langfristigem Liquiditätsbedarf des Schuldnerunternehmens stehen den Kreditgebern unterschiedliche Finanzierungsinstrumente zur Verfügung. Die Bandbreite reicht von einem temporären Forderungsaufschub über eine direkte Eigenkapitalbeteiligung bis hin zu einem Verkauf der ausfallgefährdeten Kredite – der sogenannten „Non-Performing Loans" (NPLs) – an Private-Equity-Gesellschaften oder institutionelle Finanzinvestoren. Vor allem letzteres Instrument eröffnet Krisenunternehmen (indirekten) Zugang zu einer innovativen Finanzierungsform und bietet ihnen die Möglichkeit, durch Verkauf ihrer notleidenden Kredite an vorwiegend internationale Investoren Restrukturierungsexpertise für einen erfolgreichen Turnaround zu erhalten.

---

[12] Zu den Möglichkeiten der Fremdkapitalfinanzierung vgl. auch Kapitel 3.

[13] Vgl. Kudla 2005: 139.

An diesem Punkt stellt sich die Frage, was Non-Performing Loans eigentlich darstellen und welche Rolle sie in Deutschland spielen. Es ist zu klären, wer die Käufer sind und welche Investitionsstrategien sie verfolgen. Ferner soll aufgezeigt werden, welche Auswirkungen die Instrumente auf die finanziellen Restrukturierungsziele von Krisenunternehmen haben.

Weder die Regierung noch die BaFin (Bundesanstalt für Finanzdienstleistungsaufsicht) hat bisher rechtlich verbindliche Definitionskriterien für **Non-Performing Loans** vorgegeben. Aus der Praxis der Finanzierung lassen sich Non-Performing Loans im weiteren Sinne als Kredite bezeichnen, die ihren Tilgungsplan nicht einhalten. Im engeren Sinne werden diese Kredite als stark ausfallgefährdet abgegrenzt. Beiden Definitionen gemein ist die Tatsache, dass sich das kreditnehmende Unternehmen in einer Liquiditätskrise befindet bzw. Zahlungsunfähigkeit erkennen lässt.[14] Eine Investition in NPLs kann damit verstanden werden als „investments in debt or equity of companies experiencing financial or operational difficulties. The securities of these companies often trade at a discount, which is sometimes substantial, to par or intrinsic value. Depending on a manager's style, investments may be made in a wide range of instruments, including bank debt, corporate debt, unsecured creditor claims, leases, common stock, preferred stock and warrants."[15] Im Rahmen dieses Buches geht es bei NPLs jedoch ausschließlich um Investitionen in das *Fremd*kapital krisengezeichneter Unternehmen. Häufig bedeuten diese den gezielten Eintritt in die Rekapitalisierung und in einen Debt-to-Equity-Ansatz zur finanzwirtschaftlichen und in der Regel gesellschaftsrechtlichen Neuordnung.

Das Marktvolumen von NPLs in Deutschland lässt sich angesichts der Sensibilität, mit der das Thema gehandhabt wird, sowie des Fehlens einer Börse für NPL-Transaktionen[16] nur grob bemessen.[17] Schätzungen gehen von einer Größenordnung von 300 Milliarden Euro[18] Gesamtvolumen aus.[19] Damit ist Deutschland bei einem weltweiten NPL Volumen von ca. 1,6 Billionen Euro nach China (650 Milliarden Euro) der zweitgrößte

[14] Vgl. Haghani u. Heinemann 2007: 289 f.; vgl. Froitzheim et al. 2006: 12.

[15] Gordon 2004: 66 f.

[16] Bisher kamen NPL-Transaktionen ausschließlich dadurch zustande, dass sich zwei oder mehrere Vertragspartner im Rahmen eines Private Placement außerhalb des öffentlichen Kapitalmarktes vertraglich geeinigt haben (vgl. Froitzheim et al. 2006: 12).

[17] Vgl. Froitzheim et al. 2006: 14.

[18] Der Nominalwert aller im Jahr 2006 veröffentlichten NPL-Transaktionen belief sich auf ca. 7,6 Milliarden Euro (vgl. Schäfer 2007: 8).

[19] Vgl. Ernst & Young 2006: 54.

Markt.[20] Abbildung 6-2 stellt einige der größten NPL-Transaktionen der Jahre 2004 bis 2006 in Deutschland dar.

Verkäufer	Investor	Jahr	Volumen [Mio. EUR]
Hypo Real Estate	Lone Star	2004	3.600
Eurohypo	JV (Citigroup, Eurohypo, GMAC)	2004	2.400
Delmora	Goldman Sachs	2005	2.300
Hypo Vereinsbank	Goldman Sachs	2006	2.170
Hypo Vereinsbank	Goldman Sachs	2005	1.800
UniCredit	ABN Amro, GE	2006	1.800

Abbildung 6-2: Die größten NPL-Transaktionen Deutschlands der Jahre 2004 bis 2006
Quelle: Eigene Darstellung in Anlehnung an Schäfer 2007: 8

Der NPL-Markt in Deutschland bietet auch den Unternehmen selbst in Krisensituationen Zugang zu einer neuartigen Finanzierungsform. Sie können dabei ihre eigenen Forderungen gegenüber anderen Krisenunternehmen direkt an einen liquiden Sekundärmarkt verkaufen. Dieser Schritt bewahrt sie selbst unter Umständen vor einer Liquiditätskrise, zumal sie größtenteils keine Erfahrung mit dem Eintreiben von Forderungen bzw. der Sanierung anderer Unternehmen haben.

Käufer von Non-Performing Loans sind neben einzelnen strategischen Investoren vor allem Investmentbanken – wie JP Morgan und Goldman Sachs –, Private-Equity-Gesellschaften – wie Lone Star und Cerberus – sowie verstärkt auch Hedge-Fonds.[21] Ein NPL-Investor kann im Fall von Vertrauensverlust seitens der kreditgebenden Bank einen „[...] besseren Verhandlungspartner darstellen, da er meistens mehrere Banken mit unterschiedlichen Meinungen ersetzt und sein oberstes Ziel nicht die Verlust-

---

20 Vgl. Ernst & Young 2006: 4.

21 Vgl. Ernst & Young 2006: 58.

begrenzung sondern Gewinnmaximierung seiner Investition ist."[22] Abbildung 6-3 stellt die unterschiedlichen Akteure am Markt für Krisenunternehmen im Überblick dar.

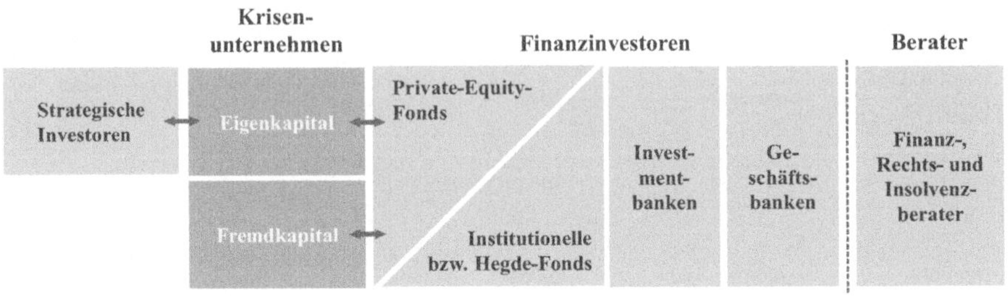

Abbildung 6-3: Akteure am Markt für Non-Performing Loans
Quelle: Eigene Darstellung in Anlehnung an Haghani u. Heinemann 2007: 292

Strategische Investoren sind Unternehmen mit der Absicht, sich langfristig an einem Krisenunternehmen zu beteiligen, indem sie eine Mehrheit der Eigenkapitalanteile erwerben. Hierunter fallen direkte und indirekte Wettbewerber und Unternehmen vor- bzw. nachgelagerter Wertschöpfungsstufen. Die Motive für eine strategische Beteiligung an Krisenunternehmen sind überaus vielfältig, ähneln aber prinzipiell denen von Beteiligungen an gesunden Unternehmen.[23]

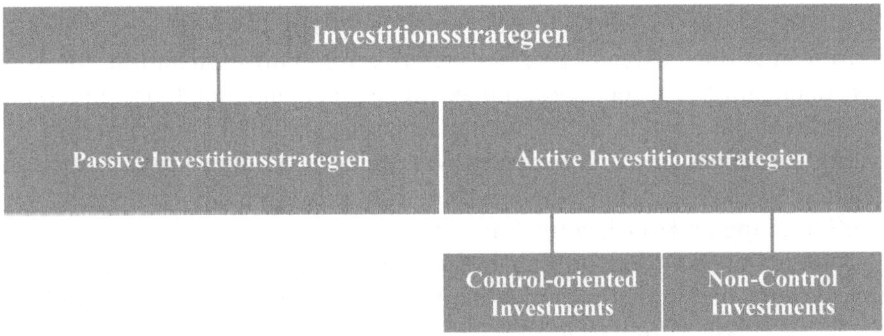

Abbildung 6-4: Mögliche Investitionsstrategien der NPL-Investoren
Quelle: Eigene Abbildung

Demgegenüber verfolgen **Finanzinvestoren** mit einer Haltedauer von einem bis maximal drei Jahren eine Investitionsstrategie, die auf die Rea-

22 Schalast u. Daynes 2005: 41.
23 Vgl. Haghani u. Heinemann 2007: 292 f.

lisierung kurz- bis mittelfristiger Gewinne ausgerichtet ist. Zu diesem Investorenkreis zählen wohlhabende Privatpersonen, Investment- bzw. Geschäftsbanken, Hedge-Fonds und Private-Equity-Gesellschaften.

Je nach ihren individuellen (finanziellen) Interessen verfolgen die genannten Investorengruppen verschiedene Strategien, die einen unterschiedlichen Einfluss auf die finanziellen Restrukturierungsziele und -prozesse der Krisenunternehmen ausüben (vgl. Abbildung 6-4).

Passive Investitionsstrategien beruhen auf dem Gedanken einer aktuellen Fehlbewertung von NPLs. Die Investoren erwarten Bewertungsänderungen bzw. den Erfolg einer unternehmensinternen Restrukturierung und wollen davon profitieren. Vielfach versuchen sie auf dem Weg des „Repackaging“, „Bündel“ von erworbenen NPLs zu schnüren und diese gewinnbringend weiterzuverkaufen.[24] Der niedrige Einstandspreis stellt hierbei einen der wichtigsten Werthebel dar. Passive Investitionsstrategien beeinflussen die Restrukturierung von Krisenunternehmen nur indirekt, da die Investoren auf den Eintritt eines antizipierten Ereignisses warten, welches den Wert ihres Investments positiv beeinflusst.[25] Von einer direkten, aktiven Einflussnahme können die Unternehmen hierbei nicht profitieren. Die Übernahme der NPLs kann vielmehr den Fortbestand des (illiquiden) Unternehmens dann vorläufig sichern, wenn andere Kreditgeber wie Banken oder Versicherungen längst einen Exit in Form der Unternehmensliquidierung angestrebt hätten. Rauterkus kam diesbezüglich zu dem Ergebnis, dass Unternehmen mit einem höheren Anteil an Bankkrediten schneller liquidiert werden – ungeachtet ihrer Restrukturierungsfähigkeit.[26] Der „sichernde“ Finanzierungseffekt bei passiven Strategien ist jedoch nur temporär, da sich die Haltedauer in der Regel auf sechs bis zwölf Monate beschränkt und die Investoren keine Kundenbindung wünschen.[27]

Demgegenüber beabsichtigen Investoren mit einer **aktiven Investitionsstrategie**, durch eine Übernahme der NPLs die Reorganisation des Unternehmens zu beeinflussen. In diesem Fall spricht man von einem „Control-oriented Investment“. Durch die Umwandlung des vielfach nachrangigen und unbesicherten Fremdkapitals in Eigenkapital („Debt-to-Equity Swap“) versuchen die NPL-Investoren, die (stimmrechtliche) Mehrheit an einem notleidenden Unternehmen zu erhalten. Hieraus kann eine handelsrechtliche Erhöhung des Eigenkapitals resultieren. Dem Unternehmen bietet diese Maßnahme den zusätzlichen Vorteil von Fresh Money und damit eine Verbesserung der Liquiditätssituation, wie sie die finanzielle Restrukturie-

[24] Vgl. Froitzheim et al. 2006: 33.
[25] Vgl. Anson 2002: 13.
[26] Vgl. Rauterkus 2005: 2.
[27] Vgl. Pacific Corporate Group LLC 2001: 2.

rung als primäres Ziel verfolgt. Dem Vorgehen sind jedoch Grenzen gesetzt, da für das Einbringen der Forderung der wirtschaftliche Wert und nicht der Nominalbetrag maßgeblich ist. Wird somit im Fall einer Insolvenz die Wertlosigkeit der Forderung festgestellt, kann dies zur verpflichtenden nochmaligen Bareinzahlung der Einlage des ehemaligen Gläubigers führen.[28] Zudem handelt es sich um eine Sacheinlage, zu der es nach § 183 AktG und § 56 GmbHG[29] einer Kapitalerhöhung bedarf, die von den Aktionären bzw. Gesellschaftern genehmigt werden muss.[30]

Einmal in der Rolle des Mehrheitsaktionärs, versuchen aktive NPL-Investoren in der Regel die Unternehmensstrategie zu beeinflussen und damit den Wert ihrer Beteiligungen zu steigern. Control-oriented Investments verfügen also über erhebliches (finanz-)strategisches Potenzial.

Ist ein Investor demgegenüber ausschließlich an der Realisierung kurzfristiger Gewinne und nicht an der Übernahme eines Unternehmens interessiert, liegt ein „Non-Control Investment" vor. Wie es der Zielsetzung einer kurzfristigen Wertsteigerung des eigenen Forderungspakets entspricht, werden sich diese Investoren nach einem bis maximal zwei Jahren wieder von ihrer Beteiligung trennen.[31] Auch im Fall der Non-Control Investment kann man davon ausgehen, dass NPL-Investoren vor allem aufgrund der vergleichsweise kurzen Investitionsdauer versuchen werden, durch eine aktive Einflussnahme auf die (operative) Unternehmensführung den Wert ihrer Beteiligungen massiv zu erhöhen. Insofern verfügen auch Non-Control Investments über ein vergleichsweise hohes (finanz-)strategisches Potenzial.

Textbox 6-1 zeigt auf, wie die finanzwirtschaftlichen Herausforderungen bei der Restrukturierung der Fendox-Gruppe gemeistert wurden.

[28] Vgl. Kestler u. Jesch 2003: 33.

[29] Vgl. Schönherr et al. 2000.

[30] Nach § 222, Abs.1 AktG ist bei der AG dazu eine Dreiviertel-Mehrheit des auf der Hauptversammlung vertretenen Grundkapitals notwendig, bei der GmbH nach § 58 i.V.m. § 52, Abs. 2 GmbHG eine Dreiviertel-Mehrheit der auf der Gesellschafterversammlung anwesenden Stimmen.

[31] Vgl. Haghani u. Heinemann 2007: 295.

Textbox 6-1: Finanzielle Sanierung der Fendox-Gruppe (1/2)[32]

Die Fendox-Gruppe gehörte im Jahr 2000 mit einem Umsatz von 500 Millionen Euro und einem Marktanteil von rund zehn Prozent zu den im Bauzulieferbereich führenden Großhandelsunternehmen in Europa. Bis Mitte der 1990er-Jahre konnte das Unternehmen eine überaus positive Entwicklung verzeichnen. Aufgrund großen Umsatzzuwachses im Zuge der deutschen Wiedervereinigung hatte die deutsche Muttergesellschaft ihre Kapazitäten entsprechend ausgeweitet. Mit dem Ende des Baubooms in den späten 90er-Jahren wurde diese Entwicklung jedoch erheblich gedämpft. Betrug der Umsatz 1999 noch 396 Millionen Euro, setzte die deutsche Muttergesellschaft im Jahr 2001 nur noch 330 Millionen Euro um. Dies entspricht einem Rückgang von nahezu 17 Prozent innerhalb von drei Jahren. Der EBIT fiel im gleichen Zeitraum von 14 Millionen Euro (1999) auf minus 12 Millionen Euro (2001).

Als die Fendox-Gruppe verstärkt den Finanzierungsrahmen in Anspruch nehmen musste und sich bereits in einer Liquiditätskrise befand, erkannte auch das Management den akuten Handlungsbedarf. Basierend auf Detailanalysen der internen und externen Unternehmenssituation sowie einer Abschätzung der künftigen Marktentwicklung wurde ein Restrukturierungskonzept entwickelt, das neben der finanziellen Restrukturierung auch eine strategische und operative Neuausrichtung vorsah. Bei dem in diesem Zusammenhang erstellten Rekapitalisierungskonzept nahmen die Gläubigerbanken eine Schlüsselposition ein.

So wurden bei der finanziellen Sanierung bestehende Bankdarlehen in einem Nominalwert von 48,9 Millionen Euro zu 35 Prozent abgelöst. Die hierfür notwendigen 17,1 Millionen Euro stellten externe Investoren im Rahmen einer Eigenkapitalerhöhung zur Verfügung. Weitere 7,4 Millionen Euro wurden im Jahr 2003 durch Kreditinstitute gestundet und für den symbolischen Betrag von einem Euro an die Fendox-Gruppe verkauft.

Darüber hinaus wurden Bankdarlehen in einem Gesamtwert von 17,7 Millionen Euro in einem Verhältnis von fünf zu eins in Eigenkapital umgewandelt. Die dadurch realisierten 3,5 Millionen Euro führten nicht nur zu einer Verbesserung der Bilanzrelation, sondern

[32] Der Name wurde geändert, die Angaben zum Unternehmen verfremdet.

gleichzeitig auch zu einer Reduzierung der jährlichen Zinsbelastung der Fendox-Gruppe.

Nicht zuletzt durch das aktive Mitwirken der Kreditinstitute konnten die finanzwirtschaftlichen Herausforderungen der Fendox-Gruppe bewältigt werden. Der Aktienkurs entwickelt sich seitdem überaus erfreulich, die Marktkapitalisierung hat sich nahezu verfünffacht. Im Geschäftsjahr 2006 realisierte die Fendox-Gruppe bei einem Umsatz von 783 Millionen Euro einen EBIT von 5,1 Millionen Euro. Die Eigenkapitalquote stieg stetig und betrug zum 31.12.2006 rund 21 Prozent.

Quelle: In Anlehnung an Haghani u. Piehler 2006

6.3.2 Zuführung von Eigenkapital durch Gläubiger und Dritte

Wie eingangs dargestellt, benötigt ein finanziell angeschlagenes Unternehmen vor allem Fresh Money – frisches Kapital. Ein Krisenunternehmen hat jedoch aufgrund seiner mangelnden Kreditwürdigkeit nur eingeschränkten Zugriff auf Fremdkapital, außerdem verschärft eine Zuführung von neuem Fremdkapital nur die aktuelle Überschuldung. Daher ist das Unternehmen darauf angewiesen, Investoren zu finden, die ihm Eigenkapital zur Verfügung stellen. Der Zufluss von neuem Eigenkapital erfolgt hierbei im Rahmen einer Kapitalerhöhung, d.h. der Ausgabe neuer Gesellschaftsanteile gegen die Leistung finanzieller Mittel an die Gesellschaft.[33]

Die Suche nach potenziellen Investoren gestaltet sich für das Unternehmen vor allem aufgrund erheblicher Risiken schwierig: Schlagen alle Sanierungsversuche fehl, sind die erworbenen Unternehmensanteile in der Regel wertlos. Tragen die Sanierungsversuche hingegen Früchte, besteht für den Investor die Möglichkeit, an den überaus lukrativen Wertsteigerungen sowie Residualgewinnansprüchen zu partizipieren. Problematisch im Rahmen einer Eigenkapitalbeteiligung externer Investoren ist für Unternehmen häufig, dass die im Zuge der Kapitalerhöhung generierten finanziellen Mittel vorrangig für Zins- und Tilgungszahlungen und weniger für (betriebs-)notwendige Investitionen verwendet werden.[34] So dauert es unter Umständen mehrere Jahre, bis Investoren wieder mit Auszahlungen rechnen können, die aus ihren Residualgewinnansprüchen resultieren.

[33] Vgl. Reger 2006: 809.
[34] Vgl. Kudla 2005: 140.

Einerseits kann dies dazu führen, dass die an einer Realisierung kurzfristiger Renditen interessierten Investoren die Unternehmensführung zu einer „Shareholder-freundlichen" Finanz- und Ausschüttungspolitik bewegen wollen. Andererseits können längere Zeiträume ohne Dividendenzahlungen auch eine „natürliche Selektion" potenzieller Finanzinvestoren nach sich ziehen. So werden vor allem kurzfristig orientierte Investoren aufgrund der vergleichsweise langen „Pay-off Period" von der Investition Abstand nehmen und damit das Feld für längerfristig orientierte Kapitalgeber räumen. Für ein notleidendes Unternehmen stellt dies insofern einen Vorteil dar, als sich die Unternehmensführung dann auf die langfristig ausgelegte Restrukturierung des Unternehmens konzentrieren kann.

In Textbox 6-2 wird beispielhaft der Verlauf der Restrukturierung von HD Co. skizziert.

Textbox 6-2: Die Rekapitalisierung des Konzerns HD Co.[35]

Die HD Co. AG blickt auf eine lange, wechselvolle Unternehmensgeschichte zurück: Ende des 19. Jahrhunderts gegründet, wechselte das Unternehmen in den folgenden knapp 100 Jahren mehrfach seinen Branchenfokus sowie seine Eigentümer. Ziel der strategischen Ausrichtungen war es, in fragmentierten Branchen als Konsolidierer aufzutreten und sich in kurzer Zeit als marktführendes Unternehmen zu positionieren. Im Jahr 2000 nahm der Vorstand der HD Co. AG eine Neubewertung seiner Unternehmensstrategie vor und beschloss, den Geschäftsfokus der Unternehmensgruppe auf den Bereich „Office Solutions" zu legen und sich aus sämtlichen übrigen Geschäftsfeldern zurückzuziehen.

Der Umbau der HD Co. AG zum Unternehmen für Office Solutions nahm knapp drei Jahre in Anspruch. Geschäftsaktivitäten außerhalb des gewählten Fokus wurden sukzessive veräußert oder liquidiert. Die massive Umstrukturierung spiegelte sich in der Umsatzentwicklung für diesen Zeitraum wider: Betrug der Umsatz 2001 noch 809 Millionen Euro, setzte das Unternehmen im Jahr 2003 nur noch 557 Millionen Euro um. Der EBIT fiel im gleichen Zeitraum von 3,6 Millionen Euro (2001) auf nahezu Null (2003). Das Eigenkapital des Konzerns sank im Zuge dieser Entwicklungen auf 12 Prozent der Bilanzsumme. Der Kreditrahmen war praktisch ausgeschöpft.

[35] Der Name wurde geändert, die Angaben zum Unternehmen verfremdet.

Zu Beginn des Jahres 2004 begannen die Arbeiten zum Restrukturierungskonzept, das die Grundlage für die Umsetzung der finanziellen Restrukturierung schuf. Neben dem Einsatz von Mezzanine-Kapital sowie der Anwendung einer strukturierten Finanzierung sah das Konzept vor allem eine Kapitalerhöhung als sinnvolle Möglichkeit zur finanziellen Sanierung der HD Co. AG vor.

Die ordentliche Kapitalerhöhung führte dem Konzern 17 Millionen Euro zu. Dieses Geld diente primär der Stärkung der Eigenkapitalbasis und wurde zur Ablösung von Krediten mit meist geringerem Umfang und kurzer Laufzeit verwendet. Einen substanziellen Bestandteil der Kapitalerhöhung zeichnete dabei ein international führender Original Equipment Manufacturer (OEM), der seine Beteiligung an der HD Co. AG im gleichen Zuge auf einen Anteil knapp unterhalb von 30 Prozent aufstockte – dem nach § 29 Abs. 2 WpÜG für die Kontrolle einer Zielgesellschaft maßgeblichen Schwellenwert. Darüber hinaus beteiligten sich auch Vorstandsmitglieder der HD Co. AG an der Kapitalerhöhung. Dies setzte ein Signal: Sowohl das Management als auch der wichtigste Anteilseigner der HD Co. AG waren vom Restrukturierungskonzept des Unternehmens überzeugt.

Quelle: In Anlehnung an Blatz et al. 2006b

6.3.3 Zuführung von Mezzanine-Kapital durch Gläubiger und Dritte

Aufgrund der dargestellten Probleme bei der Eigen- und Fremdkapitalbeschaffung gestaltet sich die Finanzierung von Krisenunternehmen sehr schwierig. Alternativen zum häufig überteuerten Sanierungskredit gibt es kaum.[36] Zur Bewältigung der damit einhergehenden (finanzwirtschaftlichen) Herausforderungen werden immer wieder Finanzierungsinstrumente wie Private Equity, „Factoring“, Mezzanine-Kapital oder Leasing in die Diskussion eingebracht. Insbesondere dem Mezzanine-Kapital kommt aufgrund seiner Stellung zwischen Eigen- und Fremdkapital, der vielfältigen Gestaltungsmöglichkeiten sowie der überaus hohen Flexibilität eine besondere Bedeutung zu.

[36] Eine Ausnahme bilden die bereits vorgestellten Non-Perfoming Loans.

Im Rahmen der Sanierung notleidender Unternehmen kommen nicht nur die klassischen mezzaninen Finanzierungsinstrumente[37] wie stille Beteiligungen oder Genussrechte zum Einsatz: In jüngster Zeit werden verstärkt Optionsgenussrechte gegen unbesicherte Forderungen von Gläubigerbanken getauscht.[38] Mit diesem bereits erwähnten Debt-to-Equity Swap können Krisenunternehmen ihre Eigenkapitalbasis ohne die Zuführung zusätzlicher Liquidität stärken und damit direkt ihre Bilanz entlasten.[39] Die Genussrechte sind eigenkapitalnah und mit einer gewinnabhängigen Verzinsung, einer Teilnahme am Verlust und einer sehr langen Laufzeit versehen. Ihr Vorteil besteht für ein notleidendes Unternehmen generell darin, dass mit der Ausgabe keine Mitgliedschaftsrechte verbunden sind. Darüber hinaus sind Genussscheine in der Regel nur dann durch ein Krisenunternehmen zu bedienen, wenn Gewinne erwirtschaftet werden.[40] Regelmäßige Zinszahlungen, die den finanziellen Handlungsspielraum des Unternehmens einschränken, fallen somit bei Genussscheinen vergleichsweise selten an.

Sollte sich ein Unternehmen in einer länger anhaltenden Liquiditätskrise befinden, kann es zudem nach Zustimmung der Gläubiger bestehende Kredite im Zuge eines Debt-to-Equity Swap ablösen und somit einer drohenden bilanziellen Überschuldung entgegenwirken.[41]

Aufgrund ihrer vielfältigen Vorteile ist davon auszugehen, dass mezzanine Finanzierungsinstrumente im Rahmen von Sanierungen auch künftig eine wichtige Rolle spielen werden (vgl. Textbox 6-3).

Textbox 6-3: Finanzielle Sanierung der Fendox-Gruppe (2/2)[42]

Im Rahmen der Rekapitalisierung der Fendox-Gruppe (vgl. Textbox 6-1) trug neben dem aktiven Engagement der beteiligten Kreditinstitute auch der Einsatz mezzaniner Finanzierungsinstrumente maßgeblich dazu bei, dass das Unternehmen finanziell überaus erfolgreich saniert werden konnte.

Bei der Rekapitalisierung wurden rund 50 Millionen Euro der (noch) bestehenden Fremdkapitalforderungen in börsenfähiges Genusskapital umgewandelt. Die Verzinsung wurde variabel ausgestal-

[37] Vgl. hierzu auch Kapitel 4.3.
[38] Vgl. Häger u. Elkemann-Reusch 2007: 64.
[39] Vgl. Werner 2007: 72.
[40] Vgl. Kudla 2005: 145.
[41] Vgl. Werner 2007: 72.
[42] Der Name wurde geändert, die Angaben zum Unternehmen verfremdet.

tet, betrug jedoch mindestens 2,5 Prozent pro Jahr. 2006 wurde diese Mindestverzinsung auf 4,5 Prozent angehoben. Eine Verlustbeteiligung schloss man aus. Die Genussscheine wurden mit einem Wandlungsrecht ausgestattet, das die Investoren in die Lage versetzte, das Genussrechtskapital in einem Wandlungsverhältnis von fünf zu eins mit sofortiger Wirkung in Aktien der Fendox-Gruppe umzuwandeln.

Der Einsatz dieses mezzaninen Finanzierungsinstrumentes reduzierte nicht nur die jährlich durch die Fendox-Gruppe zu zahlenden Zins- und Tilgungszahlungen: Er ermöglichte außerdem den Banken eine günstige Exit-Möglichkeit aus ihrem Engagement durch einen Verkauf der Wandlungsrechte sowie eine Teilhabe am künftigen wirtschaftlichen Erfolg des Unternehmens.

Wie dargestellt, konnten die finanzwirtschaftlichen Herausforderungen der Fendox-Gruppe erfolgreich gemeistert werden (vgl. Textbox 6-1).

Quelle: In Anlehnung an Haghani u. Piehler 2006

6.4 Implikationen für ein Unternehmen

Unternehmen geraten in der Regel nicht unerwartet in eine Krisensituation. Die Ursachen reichen von Nachfolgeproblematiken in der Inhaberfamilie über Schwächen im operativen Management bis hin zu falschen Einschätzungen der Märkte, überhöhten Kosten und Fehlinvestitionen, die zu einer überzogenen Kapitalbindung führen. Auch prekäre Fakten wie die Verfehlung des geplanten operativen Ergebnisses, die Ausschöpfung der Kreditlinien oder eine Fluktuation im Management senden oftmals frühzeitig Vorboten. Diese werden regelmäßig ignoriert und mit dem Verweis auf vorübergehende Erscheinungen abgetan. Das Prinzip Hoffnung ist hier jedoch oftmals der Anfang vom Ende.

Die Krisensymptome ziehen Finanzierungsprobleme nach sich, die nicht durch das bloße Bemühen um zusätzliche liquide Mittel bei den Finanzpartnern gelöst werden können. Denn diese fordern ihrerseits das Ergreifen substanzieller Maßnahmen zur Bewältigung der Krisensituation, mit anderen Worten eine Restrukturierung des Unternehmens. Untersuchungen der Unternehmensberatung Roland Berger Strategy Consultants belegen, dass die Erfolgsaussichten für die Sanierung eines notleidenden Unternehmens umso besser sind, je früher das Management die potenzielle Unternehmenskrise erkennt und ihr entgegenwirkt: Führten die eingeleiteten Gegenmaßnahmen bei einer Reaktionszeit von weniger als zwölf Monaten ab Erkennen der Krise noch in 70 Prozent zum Erfolg, bewährte sich bei längerem Ausharren nur mehr gut die Hälfte der ergriffenen Maßnahmen.[43]

Vor diesem Hintergrund überrascht es nicht, dass ein Großteil der 560 Unternehmen, die im Zuge der Untersuchung befragt wurden, Krisenfrühwarnsystemen große Bedeutung beimisst. Rund 58 Prozent der Befragten erachten ein effektives Management-Informationssystem (MIS) als sehr wichtig, 55 Prozent greifen im Rahmen der Krisenfrüherkennung zudem auf monatliche Review-Meetings zurück.[44]

> Je früher eine Krise erkannt und ihr entgegengewirkt wird, desto größer ist der zur Verfügung stehende Handlungsspielraum und desto besser sind die Erfolgsaussichten für die eingeleiteten Gegenmaßnahmen. Geeignete Frühwarnsysteme können sicherstellen, dass sich das Management frühzeitig potenzieller Unternehmenskrisen bewusst wird und daraufhin Maßnahmen ergreift, die das Unternehmen aus der Krise führen.

Befindet sich ein Unternehmen bereits in einer (wirtschaftlichen) Notlage, muss das Management unter einem vielfach höheren Handlungs- und Zeitdruck tief greifende Restrukturierungsmaßnahmen planen und durchführen. Vorrangiges Ziel ist es hierbei, die Liquidität und die Eigenkapitalbasis zu sichern und eine drohende Überschuldung abzuwenden. Prinzipiell stehen einem Krisenunternehmen dazu dieselben Finanzierungsinstrumente zur Verfügung wie einem gesunden Unternehmen. Da jedoch die Bilanzen der Restrukturierungskandidaten regelmäßig hohe Verschuldungsgrade, niedrige Eigenkapitalquoten und mangelnde Liquidität aufweisen, reduziert sich das Spektrum faktisch deutlich. Das Management ist im Zuge der (Re-)Finanzierung somit oftmals gezwungen, in aktiver Zusammenarbeit mit den Eigen- und den Fremdkapitalgebern innovative Finanzierungsalternativen zu entwickeln.

Im Zuge des Verkaufs von NPLs an spezialisierte Investmenthäuser versuchen Kreditinstitute dabei verstärkt, sich von (zu) hohen Kreditausfallrisiken zu trennen. Wie dargestellt wurde, treten in diesem Zusammenhang – insbesondere im Fall aktiver NPL-Investoren – neue Gesellschafter in ein Unternehmen. Sie beabsichtigen, die Sanierungsbemühungen aktiv zu

[43] Vgl. Roland Berger Strategy Consultants 2006: 42.
[44] Vgl. Roland Berger Strategy Consultants 2006: 44.

beeinflussen, indem sie einen Manager entsenden, der in der Regel in den Finanzvorstand des notleidenden Unternehmens eintritt.[45] Dieser aktive Einfluss muss jedoch nicht von Nachteil sein: Das eingebrachte Sanierungs-Know-how kann dem Unternehmen helfen, seine aktuellen (finanziellen) Herausforderungen schnell zu bewältigen.

Wichtig ist, dass Kreditinstitute ihre Forderungen an einen Finanzinvestor veräußern, der zum Krisenunternehmen „passt". Dazu sollten potenzielle NPL-Investoren bereits in den frühen Phasen der Erstellung des Restrukturierungskonzeptes und im Sinne aller beteiligten Parteien ausgewählt werden. Zwar können die Banken über die Veräußerung ihrer Forderung an Finanzinvestoren grundsätzlich eigenständig entscheiden. Dennoch ist davon auszugehen, dass sie angesichts einer Weiterführung der bestehenden Geschäftsbeziehungen an einer erfolgreichen Sanierung des Krisenunternehmens interessiert sind. Demnach sollten sie auch keine Einwände gegen eine aktive Beteiligung des Schuldnerunternehmens am Auswählen potenzieller NPL-Investoren haben.

Aktive NPL-Investoren können maßgeblich dazu beitragen, dass ein notleidendes Unternehmen seine Krise überwindet. Deshalb sollte das Management eines Krisenunternehmens bereits während der frühen Phasen der Erstellung eines Restrukturierungskonzeptes darauf drängen, von den Kreditinstituten in das Auswählen potenzieller Finanzinvestoren einbezogen zu werden.

6.5 Resümee

Zusammenfassend ist festzuhalten, dass die Finanzierung sanierungsbedürftiger Unternehmen aufgrund des immensen Zeitdrucks und der oftmals stark belasteten Bilanzen komplexe Anforderungen an alle Beteiligten stellt. Die traditionellen Träger der Sanierung – die Banken – wenden sich verstärkt von Engagements in der Krise ab oder versuchen, das mit Sanierungsfinanzierungen eingegangene Risiko frühzeitig zu verringern.[46] Die Ursachen für dieses Verhalten sind vielschichtig und lassen sich im Wesentlichen auf den gestiegenen Ergebnisdruck deutscher Banken sowie auf die neuen Regelungen um Basel II zurückführen.

Die neuen Finanzpartner, die in jüngerer Zeit am Markt für Krisenunternehmen aufgetreten sind, können mit ihren alternativen Finanzierungs-

[45] Vgl. Aldenhoff u. Kalisch 2006: 881.
[46] Vgl. Kudla 2005: 233.

instrumenten das Volumen der Banken (noch) nicht übernehmen oder gar ersetzen.[47] Da ebenso der traditionelle Bankkredit nicht oder nur in deutlich geringerem Umfang zur Verfügung steht, muss das Management alternative Finanzierungsformen „finden".

Neben den mezzaninen Finanzierungsinstrumenten können die noch moderner anmutenden NPLs ein durchaus probates Mittel darstellen, um im Rahmen der Sanierungsfinanzierung eine drohende Insolvenz abzuwenden. Als neue Asset-Klasse ermöglichen NPLs einem Krisenunternehmen einerseits den Zugang zu einer neuen Finanzierungsart, die vor allem der Sicherung der Eigenkapitalbasis und der Liquidität dient. Engagieren sich im Zuge der finanziellen Sanierung zudem aktive NPL-Investoren, kann andererseits externe Sanierungskompetenz in das Unternehmen fließen und der Restrukturierungsprozess konsequenter und schneller umgesetzt werden.

Unabhängig von der bei der Sanierung angewandten Kombination von Finanzierungsinstrumenten muss ein Krisenunternehmen die strategische und operative Restrukturierung engagiert umsetzen sowie die verlorene Glaubwürdigkeit gegenüber den Stakeholdern wiederherstellen.[48] Denn scheitert dieser Restrukturierungsversuch, gibt es in der Regel keine zweite Chance.

[47] Vgl. ebd.
[48] Vgl. Simon 2006: 57.

7 Fazit

Die vorangegangenen Ausführungen haben deutlich gemacht, in welch grundlegendem Maße sich die Rahmenbedingungen der Unternehmensfinanzierung verändert haben. Anlass zum Überdenken bestehender Finanzstrategien und vielfach auch zu einem Umdenken auf Kapitalgeber- und -nehmerseite geben mehrere Entwicklungen: der strukturelle Wandel auf den Finanzmärkten, das Hervortreten neuer Investoren sowie die vielfältigen Innovationen im Rahmen strukturierter Finanzierungen auch für Unternehmen in Krisensituationen.

Sicherlich spielt die traditionelle Innenfinanzierung für viele, insbesondere mittelständische, Unternehmen weiterhin eine herausragende Rolle. In einer aktuellen Studie der DZ Bank gaben rund 80 Prozent der 1.500 befragten mittelständischen Unternehmen an, auf die Selbst- oder die Innenfinanzierung zurückzugreifen, wenn es um Mittel für erfolgversprechende Investitionen oder die Stärkung der Eigenkapitalbasis geht.[1] Da der Finanzmittelzufluss hierbei jedoch ausschließlich aus der operativen Tätigkeit erfolgt, sind die Unternehmen in den wenigsten Fällen in der Lage, nur auf diese Weise das für ihre Finanzierung notwendige Kapital zu generieren. Viele von ihnen stehen also vor der Aufgabe, externes Eigenkapital zu beschaffen. Neben der unmittelbaren Aufnahme externer Gesellschafter oder der Aufnahme von Eigenkapital über den Kapitalmarkt bieten hierbei vor allem mezzanine Finanzierungsinstrumente hervorragende Möglichkeiten, mittel- bis langfristige Finanzierungs- bzw. Eigenkapitallücken zu schließen.

Jedoch treten im Zuge der externen Eigenkapitalbeschaffung neue Gesellschafter in ein Unternehmen, deren Interessen sich unter Umständen stark von denen der angestammten Eigentümer unterscheiden. Besonders ihre Forderung nach kurzfristig hohen Renditen steht oftmals im direkten Widerspruch zu der vom Management präferierten Unternehmensstrategie, die auf langfristig stabile Renditen ausgerichtet ist. Ein aktuelles Beispiel ist das Zerwürfnis zwischen dem Finanzinvestor Permira und der Firma Hugo Boss, deren ehemaliger Vorstandsvorsitzender Bruno Sälzer kurz

[1] Vgl. DZ Bank 2007: 9.

nach dem Einstieg von Permira kündigte, da er unter anderem nicht der Forderung nach einer hohen Sonderdividende zustimmen konnte.

Wie dieses Beispiel zeigt, stehen Unternehmen unabhängig von der konkreten Ausgestaltung des Finanzierungsinstruments zunehmend Kapitalgebern gegenüber, die ihre (finanz-)strategischen Interessen bei der Unternehmensführung durchzusetzen versuchen, um damit den Wert ihrer Beteiligungen zu erhöhen. Unternehmen, welche die Finanzierung als strategischen Erfolgsfaktor verstehen und sich darüber im Klaren sind, dass Akteure mit (finanz-)strategischen Eigeninteressen an sie herantreten, sind in der Lage, das ihnen (global) zur Verfügung stehende Kapital für die Optimierung ihrer Finanzstruktur zu nutzen und ihr (finanz-)wirtschaftliches Überleben langfristig zu sichern. Antizipieren sie die (finanz-)strategischen Verhaltensweisen der neuen Investoren, können sie von der Partnerschaft sogar weit über die zur Verfügung gestellten finanziellen Mittel hinaus profitieren, beispielsweise in Form von Restrukturierungsexpertise in Krisensituationen. Ein auf diese Weise realisierter Mehrwert entwickelt sich unter Umständen zu einem langfristigen Wettbewerbsvorteil. Folglich birgt eine bewusste Antizipation (finanz-)strategischer Verhaltensweisen für Unternehmen enorme Potenziale, die etwa im Rahmen einer detaillierten Finanzplanung identifiziert und realisiert werden können.

Neben der (un-)mittelbaren Aufnahme von externem Eigenkapital stehen im Rahmen der Fremdkapitalfinanzierung vielfältige Finanzierungsmöglichkeiten zur Verfügung. Dass Fremdkapital weiterhin eine prominente Rolle in der Unternehmensfinanzierung spielt, belegt eine Untersuchung der Bundesbank, wonach allein im Jahr 2005 der Anteil von Fremdkapital an der Bilanzsumme deutscher Unternehmen durchschnittlich 46 Prozent betrug.[2] Rund ein Viertel aller kleinen und mittelgroßen Unternehmen des deutschen Mittelstandes greifen bei der Finanzierung auf Bankkredite zurück.[3] Insofern ist davon auszugehen, dass trotz der mit Basel II verbundenen Verschärfungen des Kreditvergabeverhaltens Kredite für deutsche Unternehmen auch künftig von Bedeutung sein werden.

Unternehmen sind unter „günstigen" wirtschaftlichen Bedingungen vielfach versucht, eine Finanzierungsstrategie mit hohem Fremdkapitalanteil zu verfolgen, da die daraus resultierenden beträchtlichen Zins- und Tilgungszahlungen kein Problem darstellen. Trübt sich das Umfeld hingegen, kann sich der (zu) hohe Fremdkapitalanteil sehr leicht als (finanz-)wirtschaftlicher „Fehlgriff" erweisen und schwerwiegende Konsequenzen nach sich ziehen: Im ungünstigsten Fall treibt die durch die Zinszahlungen ver-

[2] Vgl. Deutsche Bundesbank 2007a: o.S.

[3] Vgl. Linnemann 2007: 17.

ursachte hohe Fixkostenbelastung ein Unternehmen in die Zahlungsunfähigkeit.

Den Fremdkapitalgebern bieten sich vor allem durch den Einsatz von Financial Covenants Möglichkeiten, auf Unternehmensstrategie und -wert ihrer Schuldner einzuwirken. Einem Unternehmen, das diese mit Covenants verbundene Einengung seiner unternehmerischen Freiheit verhindern bzw. minimieren will, steht mit der Emission von Unternehmensanleihen eine andere Form der Fremdfinanzierung offen. Diese bringt jedoch Informationspflichten mit sich. Daher muss das Unternehmen darauf vorbereitet sein, dass über die Hausbank hinaus Personen bzw. Institutionen Einblick in seine finanzielle und wirtschaftliche Lage erhalten.

Zwischen Eigen- und Fremdkapital erweitert Mezzanine-Kapital das Spektrum bestehender Finanzierungsalternativen für Unternehmen deutlich. Insbesondere für Gesellschaften mit guter Bonität, deren Kapitalbedarf die Schwelle für eine Finanzierung über den öffentlichen Kapitalmarkt nicht erreicht, kann das Mezzanine-Kapital den finanziellen Handlungsspielraum erweitern.

In diesem Zusammenhang dürfen Unternehmen Mezzanine-Kapital jedoch nicht als Ersatz, sondern vielmehr als Ergänzung zur klassischen Eigen- und Fremdkapitalfinanzierung ansehen. Vor allem in Fällen, in denen der Kapitalbedarf durch den Einsatz klassischer Finanzierungsinstrumente nicht mehr vollständig gedeckt werden kann, erscheint die Nutzung mezzaninen Kapitals sinnvoll.[4]

Zusammenfassend lässt sich festhalten, dass die strategische Corporate Finance sowohl neue Möglichkeiten zur nachhaltigen Positionierung von Unternehmen schafft als auch von den strukturellen Entwicklungen der globalen Finanzmärkte profitieren kann. Dies betrifft zum einen das Aufbringen des notwendigen Finanzierungsvolumens und tragbarer Finanzierungskosten sowie zum anderen eine flexible Art der Finanzierung. In diesem Zusammenhang zeigt sich, dass die Unternehmensfinanzierung, insbesondere die Wahl und Ausgestaltung von Finanzierungsinstrumenten, von Entwicklungen an den globalen Kapital- und Kreditmärkten beeinflusst werden kann. So stellt die Mitte letzten Jahres durch Probleme auf dem US-Hypothekenmarkt ausgelöste Kreditkrise bis heute die Stabilität des globalen Finanzsystems auf eine ernste Probe. Veränderte Finanzierungsbedingungen für alle Marktteilnehmer – insbesondere für Unternehmen, Private-Equity-Gesellschaften und Hedge-Fonds – sind die Folge.

Zu beachten ist, dass innovative Finanzprodukte und neue Investorenkreise Risiken bergen können, die weit über die bekannten Gefährdungs-

[4] Vgl. Credit Suisse Economic Research 2006: 17.

potenziale für Unternehmen hinausgehen und unter Umständen zur Existenzbedrohung werden.

„Sine ira et studio“ sollte daher jeweils geprüft werden, ob die neuen Finanzprodukte und Finanzierungsverfahren mit der zu verfolgenden Strategie kompatibel sind. Insbesondere in ihrer Chancen-Risiko-Struktur sind sie objektiv zu analysieren und zu bewerten.

Autoren

Prof. Dr. Guido Eilenberger war nach dem Studium der Rechts- und Wirtschaftswissenschaften und einer Tätigkeit als wissenschaftlicher Mitarbeiter an der Universität München Lehrbeauftragter, Professor und Gastprofessor der Universität Innsbruck, der Kath. Universität Eichstätt und der TU Chemnitz. Von 1993 bis 2006 war er Inhaber des Lehrstuhls für Allgemeine BWL, Bankbetriebslehre und Finanzwirtschaft der Universität Rostock und Vorstand des Instituts für Betriebswirtschaft. Forschungsaufenthalte führten ihn in die USA, nach Hongkong und Singapur; er ist Autor zahlreicher Lehrbücher. Seit 2006 ist Prof. Dr. Eilenberger Professor emeritus mit Aktivitäten bevorzugt im International Banking und International Financial Management.

Dr. Sascha Haghani studierte nach einer Pharmazeutischen Industriekaufmannslehre Volks- und Betriebswirtschaftslehre in Freiburg im Breisgau mit anschließendem Aufenthalt in St. Gallen und Zürich. 1992 stieg er zunächst als Freelancer, 1994 dann als Berater in das Competence Center Restructuring & Corporate Finance bei Roland Berger Strategy Consultants ein. Dort wurde er zum Januar 2000 zum Partner gewählt. Im Jahre 1998 promovierte Dr. Haghani an der Universität in Kassel zu einem finanzwirtschaftlichen Thema. Seine Projektschwerpunkte sind Restrukturierung und Performancesteigerung sowie Corporate Finance, vorwiegend im Bereich Handel und Konsumgüter.

Dr. Patrick Heinemann studierte Betriebswirtschaftslehre mit den Schwerpunkten Corporate Finance und Betriebliche Steuerlehre an der European Business School (ebs) in Oestrich-Winkel sowie an der Thunderbird University in Phoenix, Arizona. Nach seiner Lehrstuhltätigkeit als wissenschaftlicher Assistent und anschließender Promotion im Fachbereich Management Accounting & Control an der ebs stieg er 2007 in das Competence Center Restructuring & Corporate Finance bei Roland Berger Strategy Consultants ein. Seine Projektschwerpunkte lagen bisher auf Restrukturierung und Performancesteigerung in der Automobilzulieferer-, Bau- und Konsumgüterindustrie.

Dr. Matthias Holzamer, MBR arbeitet seit September 2007 als Senior Consultant bei Roland Berger Strategy Consultants im Competence Center Restructuring & Corporate Finance. Er studierte in München, London und Paris internationale Betriebswirtschaftslehre und promovierte an der Ludwig-Maximilians-Universität München am Lehrstuhl für Kapitalmarktforschung und Finanzierung. Seine Spezialisierungsfelder sind Corporate Finance und Financial Services.

Steffen Voll studierte nach einer Bankausbildung Betriebswirtschaftslehre in Würzburg, Groningen (Niederlande) und Sheffield (Großbritannien). Von 1999 bis 2006 arbeitete er im Bereich Corporate Finance und Mergers & Acquisitions der Westdeutschen Landesbank AG in Düsseldorf und London. Im Jahr 2007 stieg er als Senior Consultant in das Competence Center Restructuring & Corporate Finance bei Roland Berger Strategy Consultants ein. Seine Projektschwerpunkte lagen bisher auf der Performancesteigerung in der Automobilzuliefer- und Möbelindustrie.

Wir danken Herrn Michael Lohfink für seinen wertvollen Beitrag zum Entstehen dieses Buches.

Literaturverzeichnis

Amtliche Dokumente

- Aktiengesetz (AktG) vom 6. September 1965 (BGBl. I S. 1089), zuletzt geändert durch Artikel 11 des Gesetzes vom 16. Juli 2007 (BGBl. I S. 1330)
- Börsengesetz (BörsG) vom 21. Juni 2002 (BGBl. I S. 2010), zuletzt geändert durch Artikel 3 des Gesetzes vom 5. Januar 2007 (BGBl. I S. 10)
- Bürgerliches Gesetzbuch (BGB) in der Fassung der Bekanntmachung vom 2. Januar 2002 (BGBl. I S. 42, 2909; 2003 I S. 738), zuletzt geändert durch Artikel 2 Abs. 16 des Gesetzes vom 19. Februar 2007 (BGBl. I S. 122)
- Einkommensteuergesetz (EStG) in der Fassung der Bekanntmachung vom 19. Oktober 2002 (BGBl. I S. 4210; 2003 I S. 179), zuletzt geändert durch Artikel 13a Nummer 2 des Gesetzes vom 16. Juli 2007 (BGBl. I S. 1330)
- Gesetz über den Wertpapierhandel (Wertpapierhandelsgesetz – WpHG) in der Fassung der Bekanntmachung vom 9. September 1998 (BGBl. I S. 2708), zuletzt geändert durch Art. 1 des Gesetzes vom 5. Januar 2007 (BGBl. I S. 10)
- Handelsgesetzbuch (HGB) in der im Bundesgesetzblatt Teil III, Gliederungsnummer 4100-1, veröffentlichten bereinigten Fassung, zuletzt geändert durch Artikel 10 des Gesetzes vom 16. Juli 2007 (BGBl. I S. 1330)
- Investmentgesetz (InvG) vom 15. Dezember 2003 (BGBl. I S. 2676), zuletzt geändert durch Art. 7 des Gesetzes vom 5. Januar 2007 (BGBl. I S. 10)
- Umwandlungsgesetz (UmwG) vom 28. Oktober 1994 (BGBl. I S. 3210, (1995, 428)), zuletzt geändert durch Artikel 1 des Gesetzes vom 19. April 2007 (BGBl. I S. 542)

- Wertpapiererwerbs- und Übernahmegesetz (WpÜG) vom 20. Dezember 2001 (BGBl. I S. 3822), zuletzt geändert durch Artikel 4 des Gesetzes vom 16. Juli 2007 (BGBl. I S. 1330)

Literatur

- Achleitner AK, Fingerle CH (2003) Unternehmenswertsteigerung durch Management Buyout. EF Working Paper Series 01-03. Technische Universität München, München
- Aldenhoff HH, Kalisch I (2006) Distressed Debt und Vulture Investing. Maßnahmen zur Sanierung des Fremdkapitals. In: Hommel U, Knecht TC, Wohlenberg H (Hrsg) Handbuch Unternehmensrestrukturierung. Grundlagen – Konzepte – Maßnahmen. Gabler, Wiesbaden, S 875-905
- Anson MJP (2002) A Primer on Distressed Debt Investing. Journal of Private Equity 5. Euromoney, London: 6-17
- Atzler E, Bartz T (2008) Krise verlangt KfW alles ab. In: Financial Times Deutschland, 25.03.2008: 23
- Barthold B (2001) Mezzanine-Finanzierung von Unternehmensübernahmen und Jungunternehmen. Froriep Renggli, Zürich
- Bartholomäus A, Schuck P (2007) Nachfolgelösungen durch Management Buyout. Vortrag auf dem Kongress der Fachpresse. Wiesbaden, 23.05.2007
- Bayer T (2008) 113 Milliarden Dollar Abschreibungen – und noch viel mehr. In: Financial Times Deutschland, 16.01.2008. [online], verfügbar: http://www.ftd.de/unternehmen/finanzdienstleister/304145.html?nv=cd-topnews [Stand: 13.05.2008]
- Bear Stearns (2007) Earnings release – Bear Stearns Reports full year and fourth Quarter 2007 Financial results. [online], verfügbar: http://www.bearstearns.com/sitewide/investor_relations/earnings_releases/content.htm?d=earnings_releases/2007/4q.htm [Stand: 13.05.2008]
- Beike R, Schlütz J (2005) Finanznachrichten. Lesen – Verstehen – Nutzen. Ein Wegweiser durch Kursnotierungen und Marktberichte. Schäffer-Poeschel, Stuttgart

- Betsch O, Groh A, Lohmann L (1998) Corporate Finance. Unternehmensbewertung, M&A und innovative Kapitalmarktfinanzierung. Vahlen, München
- Bickhoff N, Blatz M, Eilenberger G, Haghani S, Kraus KJ (Hrsg) (2004) Die Unternehmenskrise als Chance. Innovative Ansätze zur Sanierung und Restrukturierung. Springer, Berlin und Heidelberg
- Blatz M, Haghani S, Schönfeld RS (2006a) Financial Covenants zielgerichtet managen. Roland Berger View 08/2006, München
- Blatz M, Paul C, zu Putlitz J (2006b) Restrukturierung und Rekapitalisierung des HD Co.-Konzerns. In: Blatz M, Kraus KJ, Haghani S (Hrsg) Gestärkt aus der Krise. Unternehmensfinanzierung in und nach der Krise. Springer, Berlin und Heidelberg, S 129-142
- Bloome-Dress J, Rang R (2006) Private Equity-Investitionen in deutsche Unternehmen und ihre Wirkungen auf die Mitarbeiter. Eine konzeptionelle und empirische Analyse. Dokumentation auf der Grundlage eines leitfadengestützten Interviews mit dem Geschäftsführer Finanzen/ Personal der Kolbe-Coloco GmbH & Co. KG im Herbst 2005 im Auftrag der Hans-Böckler-Stiftung. Düsseldorf
- Boemle M, Stolz C (2002) Unternehmensfinanzierung. SKV, Zürich
- Böttger C (2005) Strukturen und Strategien von Finanzinvestoren. [online], verfügbar: www.boeckler.de/pdf/mbf_boettinger_finanzinvestoren_2005.pdf [Stand 31.10.2007]
- Böttges-Papendorf D (2007) Strukturierte Finanzierung. Die Unternehmenssteuerreform darf die Erfolge der Betriebe nicht gefährden. Der Mittelstand 2: 6-7
- Bötzel, Stefan (2005) Unternehmensübergaben – Anlass, Prozess und Erfolgsfaktoren. Vortrag im Rahmen der Fachveranstaltung MBO/MBI – Unternehmensnachfolge außerhalb der Familie. Stuttgart, 06.07.2005
- Broda BA (2003) Finanzierungsalternativen für KMU zum Bankkredit? Gewinnen hybride Finanzierungsformen (Mezzanine-Finanzierung) für KMU durch den neuen Basler Akkord weiter an Bedeutung? Der Schweizer Treuhänder 7: 463-472
- Bundesverband deutscher Banken (BdB) (Hrsg) (2005) Hedge-Fonds – Eine Branche entwächst den Kinderschuhen. Berlin

- Bundesverband deutscher Kapitalbeteiligungsgesellschaften e.V. (BVK) (Hrsg) (2007a) Hintergrundinformation Nr. 3. Aktuelle Entwicklungen am Private Equity Markt. [online], verfügbar: http://www.bvk-ev.de/privateequity.php/cat/32/aid/30/title/Hintergrundinformation_Nr._3 [Stand 31.10.2007]

- Bundesverband deutscher Kapitalbeteiligungsgesellschaften e.V. (BVK) (Hrsg) (2007b) BVK Statistik. Das Jahr 2006 in Zahlen. Berlin

- Bundesverband Investment und Asset Management e.V. (BVI) (Hrsg) (2007a) Zeitreihe Fondsvermögen/Mittelaufkommen. Fondsvermögen (FV) und Mittelaufkommen (MA) der deutschen BVI-Publikums- und Spezialfonds sowie der Luxemburger und sonstiger ausländischer Publikumsfonds deutscher Provenienz. [online], verfügbar: http://www.bvi.de/de/statistikwelt/fondsvermoegen_mittelaufkommen/zeitreihen/fv_ma_dt_invbr/zr_fvma_dt_invbr_311206.pdf [Stand 31.10.2007]

- Bundesverband Investment und Asset Management e.V. (BVI) (Hrsg) (2007b) Zeitreihe Fondsvermögen nach Fondsgruppen. Fondsvermögen (FV) der BVI-Publikumsfonds (PF) inkl. der Luxemburger und sonstiger ausländischer PF deutscher Provenienz in Mio. Euro. [online], verfügbar: http://www.bvi.de/de/statistikwelt/fondsvermoegen_mittelaufkommen/zeitreihen/fv_dt_pubf_inkl_auslf_dt_pro/zr_fv_fondsgrup_1950_311206.pdf [Stand 31.10.2007]

- Centre for Management Buy-out Research (CMBOR) (Hrsg) (2007a) European Summary. [online], verfügbar: http://www.nottingham.ac.uk/business/cmbor/CEsummary.html [Stand 31.10.2007]

- Centre for Management Buy-out Research (CMBOR) (Hrsg) (2007b) European Countries. [online], verfügbar: http://www.nottingham.ac.uk/business/cmbor/CEcountry.html [Stand 31.10.2007]

- CMS Hasche Single (Hrsg) (2007) 360° Denken. Hybride Finanzierung, CMS Report XIII/Februar 2007. o.O.

- Constantin S, Rau H (2002) Buy-out-Strategien. In: Hommel U, Knecht TC (Hrsg) Wertorientiertes Start-Up Management. Grundlagen – Konzepte – Strategien. Vahlen, München, S 741-763

- Creditreform (2007): Insolvenzen, Neugründungen und Löschungen, 1. Halbjahr 2007, Creditreform Wirtschafts- und Konjunkturforschung, Neuss
- Credit Suisse Economic Research (Hrsg) (2006) Mezzanine Finance – Mischform mit Zukunft. Economic Briefing 42. Zürich
- Demyanyk Y, Van Hemert O (2007) Understanding the Subprime Mortgage Crisis. In: Federal Reserve Bank of St. Louis Supervisory Policy Analysis Working Paper 2007-05, St. Louis: 1-31
- Deutsche Beteiligungs AG (DBAG), FINANCE (Hrsg) (2004) Economic Impact of Private Equity in Germany. Zur volkswirtschaftlichen Relevanz von Buy-out-Investitionen in Deutschland – eine empirische Analyse. Frankfurt a.M.
- Deutsche Bundesbank (Hrsg) (2007a) Verhältniszahlen aus Jahresabschlüssen deutscher Unternehmen von 2004 bis 2005 (vorläufige Angaben). [online], verfügbar: http://www.bundesbank.de/download/statistik/stat_sonder/statso6_2004_2005_vorlaeufig.xls [Stand 31.10.2007]
- Deutsche Bundesbank (Hrsg) (2007b) Zeitreihe WU0013: Umlauf inländischer Inhaberschuldverschreibungen/Industrieobligationen inländischer Emittenten. [online], verfügbar: http://www.bundesbank.de/statistik/statistik_zeitreihen.php?lang=de&open=&func=row&tr=WU0013 [Stand 31.10.2007]
- Deutscher Bundestag (Hrsg) (2007) Hedge-Fonds können Stabilität der internationalen Finanzmärkte gefährden. hib-Meldung 40. [online], verfügbar: http://www.bundestag.de/aktuell/hib/2007/2007_040/04.html [Stand 31.10.2007]
- Deutsche Industrie- und Handelskammer (IHK) (Hrsg) (2007) Auswirkungen von Basel II auf die Finanzierung von Unternehmen. 7. IHK-Unternehmensbarometer. Berlin und Brüssel
- Deutscher Industrie- und Handelskammertag e.V. (DIHK) (Hrsg) (2007) Basel II. [online], verfügbar: http://www.dihk.de/index.html?/inhalt/informationen/news/schwerpunkte/rating/basel.html [Stand 31.10.2007]
- Deutsche Schutzvereinigung für Wertpapierbesitz e.V. (DSW) (Hrsg) (2007) HV-Präsenzen der DAX 30-Unternehmen (1998-2007) in Prozent des stimmberechtigten Kapitals. [online], verfügbar:

http://www.dsw-info.de/uploads/media/DSW_HV-Praesenz2007_02.pdf [Stand 31.10.2007]

- Deutscher Sparkassen- und Giroverband (DSGV) (Hrsg) (2007) Diagnose Mittelstand 2007. Deutsche Unternehmen auf der Überholspur – starke Partnerschaft von Mittelstand und Hausbank. Berlin
- Deutsche Zentral-Genossenschaftsbank AG (DZ Bank) (Hrsg) (2007) Mittelstand im Mittelpunkt. Finanzierungsinstrumente und Risikomanagement Frühjahr/Sommer. Frankfurt a.M.
- Ernst D, Häcker J (2007) Applied International Corporate Finance. Vahlen, München
- Ernst & Young (Hrsg) (2006) Nonperforming Loan Report 2006. o.O.
- Ernst & Young (Hrsg) (2007) Globalization: Global IPO Trends Report 2007. o.O.
- European Commission (Hrsg) (2006) Report of the Alternative Investment Group to the European Union. Managing, Servicing and Marketing Hedge Funds in Europe. o.O.
- European Private Equity & Venture Capital Association (EVCA) (Hrsg) (2007) Annual Survey 2006. [online], verfügbar: http://www.evca.com/html/PE_industry/facts_investments.asp [Stand 31.10.2007]
- Fischer M (2004) Unternehmerisches Fremdkapital: Mezzanine-Finanzierungen. In: Stadler W (Hrsg) Die neue Unternehmensfinanzierung. Strategisch finanzieren mit bank- und kapitalmarktorientierten Instrumenten. Redline Wirtschaftsverlag, Frankfurt a.M., S 224-234
- Fleischhauer U, Sauter D (2007) Mezzanine-Finanzierung in Deutschland – Ein Milliardenmarkt. Das erste „Mezzanine-Panel" – Orientierungshilfe nicht nur für kapitalsuchende Unternehmen. In: Unternehmeredition 2, GoingPublic Media AG, München: 20-30
- Froitzheim R, Lotz U, Breiteneicher J, Nachtwey T, Leclaire A (2006) Non Performing Loans (NPL) in Deutschland. Praxisrelevante Aspekte, Instrumente zur Abgabe von notleidenden Krediten und Bedeutung für die Banksteuerung. Bank-Verlag, Köln
- Frormann D (2006) Medium-sized business in Germany. In: International Journal of Entrepreneurship and Innovation Management 1. Inderscience Publishers, Genf: 18-23

- Golland F (2000) Equity Mezzanine Capital – Eine innovative Finanzierungstechnik im Produktfeld des Structured Equity für noch nicht börsennotierte Unternehmen. In: FinanzBetrieb 1. Fachverlag der Verlagsgruppe Handelsblatt GmbH, Düsseldorf: 34-39
- Golland F, Gehlhaar L, Grossmann K, Eickhoff-Kley X, Jänisch C (2005) Im Blickpunkt: Mezzanine-Kapital. In: Betriebs-Berater Special 4. Verlag Recht und Wirtschaft, Frankfurt a.M.: 1-32
- Gordon B (2004) The ABC of Distressed Investing. Pensions Management 8. Financial Times, London: 66-67
- Götte R (2007) Hegdefonds: Die Millionenformel? Grundlagen, Einsatz und Strategien. Das 1x1 der Hedgefonds. Ibidem, Stuttgart
- Grupp A (1995) Börseneintritt und Börsenaustritt. Individuelle und institutionelle Interessen. Studienreihe der Stiftung Kreditwirtschaft an der Universität Hohenheim, Band 14. Wissenschaft & Praxis, Berlin
- Grupp K (2006) Going Private Transaktionen aus der Sicht eines Finanzinvestors. Spannungsfeld zwischen gesamtwirtschaftlichem Nutzen und Minderheitenschutz. Jur. Dissertation, Universität Augsburg
- Hackl E, Jandl H (2004) Beteiligungsfinanzierung durch Venture Capital und Private Equity. In: Stadler W (Hrsg) Die neue Unternehmensfinanzierung. Strategisch finanzieren mit bank- und kapitalmarktorientierten Instrumenten. Redline Wirtschaftsverlag, Frankfurt a.M., S 194-209
- Häger M, Elkemann-Reusch M (2007) Mezzanine Finanzierungsinstrumente. Stille Gesellschaft – Nachrangdarlehen – Genussrechte – Wandelanleihen. Erich Schmidt, Berlin
- Haghani S, Heinemann P (2007) Non-performing loans als neue Anlageklasse – Auswirkungen auf finanzielle Restrukturierungsziele und -prozesse. In: Glaum M, Hommel U, Thomaschewski D (Hrsg) Internationalisierung und Unternehmenserfolg – Wettbewerb, organisatorischer Wandel und Corporate Governance. Schäffer-Poeschel, Stuttgart, S 283-298
- Haghani S, Heinemann P (2008) Finanzielle Restrukturierung. In: Picot G (Hrsg) Handbuch für Familien- und Mittelstandsunternehmen – Strategie, Gestaltung, Zukunftssicherung. Schäffer-Poeschel, Stuttgart, S 442-459
- Haghani S, Piehler M (2006) Sanierung und Kapitalmarkt – Wachstumsfinanzierung sichert die Restrukturierung ab. In: Blatz M, Kraus

KJ, Haghani S (Hrsg) Gestärkt aus der Krise. Unternehmensfinanzierung in und nach der Restrukturierung. Springer, Berlin und Heidelberg, S 113-128

- Haghani S, Holzamer M, Voll S (2008) Bedeutung und Management von Financial Covenants. Berlin
- Herbst G (2005) Bankkredit oder Unternehmensanleihe? Eine entscheidungsorientierte Analyse unter Berücksichtigung empirischer Auswertungen. Verlag Dr. Kovac, Hamburg
- Hiestand Holding AG (2007) Geschäftsbericht 2006. Zürich
- Hofelich M (2007) Fallstudie Management-Buyout. Melvo: Spin-off des Salamander-Konzerns. In: Unternehmeredition 1. GoingPublic Media AG, München: 126-127
- Hoffmann P, Ramke R (1992) Management Buy-Out in der Bundesrepublik Deutschland. Anspruch, Realität und Perspektiven. Grundlagen und Praxis der Betriebswirtschaft, Band 58. Erich Schmidt, Berlin
- Holzamer M (2007) Die ökonomische Funktion des Nennkapitalsystems. Verlag Dr. Kovac, Hamburg
- Hornbach-Baumarkt-AG (2005) Jahresabschluss zum 28. Februar und Lagebericht. Landau/Pfalz
- International Financial Services (IFS) (Hrsg) (2007) Hedge Funds. City Business Series, April. London
- Investment Company Institute (ICI) (Hrsg) (2007) 2007 Investment Company Fact Book. A Review of Trends and Activity in the Investment Company Industry. 47th edition. Washington
- Kaserer C, Achleitner AK, von Einem C, Schiereck D (2007) Private Equity in Deutschland. Rahmenbedingungen, ökonomische Bedeutung und Handlungsempfehlungen, Abdruck des Forschungsgutachtens fe 3/06 „Erwerb und Übernahme durch Finanzinvestoren (insbesondere Private-Equity-Gesellschaften)“ für das Bundesministerium der Finanzen. Books on Demand GmbH, Norderstedt
- Kemper O (2007) Börsenrückzüge in Deutschland. Erklärungsansätze und Kursreaktionen. Deutscher Universitätsverlag, Wiesbaden
- Kestler M, Jesch TA (2003) Managing the Turnaround – Sanierungschancen im deutschen Steuer- und Insolvenzrecht. VentureCapital Magazin 4. GoingPublic Media AG, München: 32-33

- KfW Bankengruppe (Hrsg) (2006) Unternehmensbefragung 2006. Unternehmensfinanzierung: Banken entdecken den Mittelstand neu. Kreditzugang für kleine Unternehmen bleibt schwierig. Frankfurt a.M.
- Kiff J, Mills P (2007) Money for Nothing and Checks for Free: Recent Developments in U.S. Subprime Mortgage Markets. IMF Working Paper 07/188: 1-17
- KPMG (Hrsg) (2003) Corporate Finance – private equity snapshot „Management Buyout (MBO) – Vom Manager zum Unternehmen". Frankfurt a.M.
- Kramer T, Schreiber M (2005) Aufstand der Anleger. In: Financial Times Deutschland, 06.04.2005: 25
- Kraus KJ, Haghani S (2004) Krisenverlauf und Krisenbewältigung – der aktuelle Stand. In: Bickhoff N, Blatz M, Eilenberger G, Haghani S, Kraus KJ (Hrsg) Die Unternehmenskrise als Chance. Innovative Ansätze zur Sanierung und Restrukturierung. Springer, Berlin und Heidelberg, S 13-37
- Kubsova J (2007) Nachspiel bei der Göttinger Gruppe. Financial Times Deutschland, 15.06.2007. [online], verfügbar: http://www.ftd.de/boersen_maerkte/geldanlage/:Portfolio%20Nachspiel%20G%F6ttinger%20Gruppe/213055.html [Stand 31.10.2007]
- Kudla R (2005) Finanzierung in der Sanierung. Innovative Lösungen für Krisenunternehmen. Schriften zum europäischen Management. Gabler, Wiesbaden
- Kuhn J (2007) Zocker, Zirkus, Dreistigkeit. Der Spiegel, 10.03.2007. [online], verfügbar: http://www.spiegel.de/wirtschaft/0,1518,470879,00.html [Stand 31.10.2007]
- Kußmaul H, Pfirmann A, Tcherveniachki V (2005) Leveraged Buyout am Beispiel der Friedrich Grohe AG – Eine betriebswirtschaftliche Analyse im Kontext der „Heuschrecken-Debatte". In: Der Betrieb, 58. Jg., 47. Fachverlag der Verlagsgruppe Handelsblatt GmbH, Düsseldorf: 2533-2540
- Linnemann C (2007) Deutscher Mittelstand vom Aussterben bedroht? Unternehmensnachfolge im Fokus. Deutsche Bank Research, Aktuelle Themen 387. Frankfurt a.M.

- Lütolf P, Neumann A (2004) Going Private vs. Staying Public. Meinungen bei schweizerischen Small und Mid Caps. In: Der Schweizer Treuhänder 10: 825-832
- Manzel I, Manzel T (2003) Wege aus der Unternehmenskrise. Die Rolle der Kreditinstitute in der Unternehmenssanierung. Bank-Verlag, Köln
- Mittendorfer R, Samudovska M (2004) Finanzierung über Schuldscheindarlehen. In: Stadler W (Hrsg) Die neue Unternehmensfinanzierung. Strategisch finanzieren mit bank- und kapitalmarktorientierten Instrumenten. Frankfurt a.M., S 184-192
- Müller-Buttmann HE (2003) Die Umsetzung eines Buy-Out nach dem Closing. In: Weitnauer W (Hrsg) Management Buy-Out. Handbuch für Recht und Praxis. Beck, München, S 211-232
- Niemann C (1995) Informationsasymmetrien beim Unternehmenskauf. Gesellschaftsrechtliche und auktionstheoretische Analyse unter besonderer Berücksichtigung des Management Buy-Outs. Gabler, Wiesbaden
- o.V. (1999) Hedge-Fonds und ihre Rolle auf den Finanzmärkten. In: Deutsche Bundesbank (Hrsg) Monatsbericht März. Frankfurt a.M.
- o.V. (2005) Neue Erfolgsgeschichten beflügeln die Phantasie. In: Handelsblatt, 06.10.2005: 2
- o.V. (2006a) Activa Resources begibt Optionsanleihe, aktiencheck.de, 29.03.2006. [online], verfügbar: http://www.aktiencheck.de/artikel/news-Nebenwerte-1239275.html [Stand 31.10.2007]
- o.V. (2006b) Boetzelen platziert 3. Hypothekenanleihe erfolgreich, pressetext.at, 22.11.2006. [online], verfügbar: http://www.pressetext.at/pte.mc?pte=061122029 [Stand 31.10.2007]
- o.V. (2006c) Jahresrückblick Mezzanine: Marktvolumen stieg 2006 deutlich, Pressemitteilung von Mezzanine-Bericht.de vom 28.12.2006. [online], verfügbar: http://openpr.de/news/113805/Jahresrueckblick-Mezzanine-Marktvolumen-stieg-2006-deutlich.html [Stand 31.10.2007]
- o.V. (2006d) PAION stärkt Liquidität durch Nachrangdarlehen über 7 Mio. EUR, aktiencheck.de, 24.04.2006. [online], verfügbar: http://www.aktiencheck.de/artikel/news-Nebenwerte-1254309.html [Stand 31.10.2007]

- o.V. (2006e) Zur wirtschaftlichen Situation kleiner und mittlerer Unternehmen in Deutschland seit 1997. In: Deutsche Bundesbank (Hrsg) Monatsbericht Dezember 2006. Frankfurt a.M., S 37-68
- o.V. (2007a) Genussscheine sollen Hertha Geldregen bescheren, Handelsblatt, 05.05.2007. [online], verfügbar: http://www.wirtschaftspresse.biz/pshb?FN=relhbi&SFN=buildhbi&GOPAGE=205550,205551&BMC=biz_cn_detailsuche&BMC=biz_cn_archiv_artikel&DK=28&SH=014703136ecbf689d9448ac6e10467 [Stand 31.10.2007]
- o.V. (2007b) Grafitfirma SGL platziert Wandelanleihe, Handelsblatt, 02.05.2007. [online], verfügbar: http://www.handelsblatt.com/news/Vorsorge-Anlage/Anleihen/_pv/_p/200728/_t/ft/_b/1262614/default.aspx/grafitfirma-sgl-platziert-wandelanleihe.html [Stand 31.10.2007]
- o.V. (2007c): Hedge-Fonds fordert Börse heraus. Handelsblatt, 10.05.2007. [online], verfügbar: http://www.handelsblatt.com/news/Unternehmen/Handel-Dienstleistungen/_pv/doc_page/1/_p/200040/_t/ft/_b/1266031/default.aspx/hedge-fonds-fordert-boerse-heraus.html [Stand 31.10.2007]
- o.V. (2007d) Leveraged-Buyout-Transaktionen: die Rolle von Finanzintermediären und Aspekte der Finanzstabilität. In: Deutsche Bundesbank (Hrsg) Monatsbericht April 4: 15-28
- o.V. (2007e) SGL Carbon begibt variabel verzinsliche Unternehmensanleihe. aktiencheck.de, 08.05.2007. [online], verfügbar: http://www.aktiencheck.de/artikel/news-DAX%20100-1527292.html [Stand 31.10.2007]
- o.V. (2008) Bankverkauf löst Schockwelle aus. In: Handelsblatt, 18.03.2008: 1
- Paul A (2004) Going Private in der Restrukturierung. In: Bickhoff N, Blatz M, Eilenberger G, Haghani S, Kraus KJ (Hrsg) Die Unternehmenskrise als Chance. Innovative Ansätze zur Sanierung und Restrukturierung. Springer, Berlin und Heidelberg, S 93-111
- Pacific Corporate Group LLC (2001) Distressed Debt Investing. PCG Perspective, Newsletter
- Pierscinska E (2006) Investoren-Aktivismus in Deutschland. Grundlagen, Möglichkeiten, Auswirkungen. Vdm Verlag Dr. Müller, Saarbrücken

- Plankensteiner D, Rehbock T (2005) Die Bedeutung von Mezzanine-Finanzierung in Deutschland. In: Zeitschrift für das gesamte Kreditwesen 15. Knapp/Richardi, Frankfurt a.M.: 790-794
- Platzer A, Riess W (2004) Finanzierung über Kredite. In: Stadler W (Hrsg) Die neue Unternehmensfinanzierung. Strategisch finanzieren mit bank- und kapitalmarktorientierten Instrumenten. Redline Wirtschaftsverlag, Frankfurt a.M., S 154-168
- PricewaterhouseCoopers (PwC), Bundesverband deutscher Kapitalbeteiligungsgesellschaften e.V. (BVK) (Hrsg) (2005) Studie „Der Einfluss von Private Equity-Gesellschaften auf die Portfoliounternehmen und die deutsche Wirtschaft“. o.O.
- Rauterkus A (2005) Are Bank Lending Relationships Always Beneficial? The Case of Germany. Paper präsentiert auf der DIW Bankkonferenz „Bank Relationships, Credit Extension, and the Macroeconomy“. Berlin, 03.06.2005
- Reger G (2006) Kapitalherabsetzung und -erhöhung. Maßnahmen zur Sanierung des Eigenkapitals. In: Hommel U, Knecht TC, Wohlenberg H (Hrsg) Handbuch Unternehmensrestrukturierung. Grundlagen – Konzepte – Maßnahmen. Gabler, Wiesbaden, S 807-839
- Reichling C (2004) Mezzanine Finanzierung. Alternativen für den Mittelstand. [online], verfügbar: http://www.basel-ii.info/download/Mezzanine-Finanzierung.pdf [Stand 31.10.2007]
- Richard J (2006) Going Private – Eine Alternative für börsennotierte Wachstumsunternehmen mit Kapitalbedarf? In: Schlienkamp C, Müller M, Gumbart R (Hrsg) Kapitalmarktstrategie. Erfolgsfaktoren für börsennotierte Gesellschaften. Gabler, Wiesbaden, S 274-294
- Roland Berger Strategy Consultants (Hrsg) (2006) Studie „Restrukturierung in Deutschland 2006“. Berlin
- Roland Berger Strategy Consultants (2007) Real Estate Finance – Reshuffling the rules of the game. Vortrag bei ebs, Oestrich-Winkel
- Ruh ST (2001) Unternehmensanleihen. Profitieren von festen Zinsen. Financial Times Prentice Hall, München
- Rühl A (2006) Investmentfonds verstehen und richtig nutzen. Strategien für die optimale Vermögensstruktur. FinanzBuch, München

- Schäfer S (2007) „Non-performing loans" – an established asset class. Trading in loan portfolios in Germany. Deutsche Bank Research. Frankfurt a.M.
- Schalast C, Daynes C (2005) Distressed Debt-Investing in Deutschland – Geschäftsmodelle und Perspektiven. HfB Working Paper 66. Frankfurt a.M.
- Schlößer D (2003) Delisting auf Initiative des Emittenten. Münchner juristische Beiträge, Band 32. Herbert Utz Verlag, München
- Schönherr F, Torggler H, Torggler U (Hrsg) (2000) GmbH-Gesetz. Manz, Wien
- Schwenker B, Spremann K (2007) Unternehmerisches Denken zwischen Strategie und Finanzen. Die vier Jahreszeiten der Unternehmung. Springer, Berlin und Heidelberg
- Simon R (2006) Finanzielle Restrukturierung mittelständischer Unternehmen. In: Blatz M, Kraus KJ, Haghani S (Hrsg) Gestärkt aus der Krise. Unternehmensfinanzierung in und nach der Restrukturierung. Springer, Berlin und Heidelberg, S 49-57
- Smith P, Cohen N (2007) Private Equity verknappt Aktien, boerse-online.de, 02.01.2007. [online], verfügbar: http://www.boerse-online.de/tools/ftd/1756255.html [Stand 31.10.2007]
- Sparkasse KölnBonn (Hrsg) (2006) Eigenkapital-Lösungen: Mezzanine-Kapital für etablierte Unternehmen. [online], verfügbar: https://www.sparkasse-koelnbonn.de/RESSOURCES/files/firmenkunden/2006-03-01ProduktbeschreibungMezzanine-Kapital.pdf.pdf [Stand 31.10.2007]
- Spremann K (2007) Alte und neue Paradigmen der Finance. In: Eilenberger G, Haghani S, Kötzle A, Reding K, Spremann K (Hrsg) Finanzstrategisch denken! Paradigmenwechsel zur Strategic Corporate Finance. Springer, Berlin und Heidelberg, S 7-27
- Spremann K, Gantenbein P (2007) Zinsen, Anleihen, Kredite. Oldenbourg, München
- Spremann K, Pfeil OP, Weckbach S (2001) Lexikon Value Management. Oldenbourg, München und Wien
- Stadler W (2002) Unternehmensfinanzierung nach neuen Spielregeln: Instrumente – Märkte – Perspektiven. In: Kolbeck C, Wimmer R (Hrsg)

Finanzierung für den Mittelstand – Trends, Unternehmensratings, Praxisfälle. Gabler, Wiesbaden, S 109-124

- Stahl G, Wiehle U, Diegelmann M, Deter H (2005) Praxis-Leitfaden Corporate Finance. Cometis Publishing, Wiesbaden
- Steiner M (2007) Praxis komplementärer Mittelstandsfinanzierung. Grundsatzvortrag im Rahmen des Fachkongresses Praxis komplementärer Mittelstandsfinanzierung. München, 27.02.2007
- Sultana A, Willeke C (2006) Bilanzierung von Mezzanine-Kapital. Darstellung und Abbildung im handelsrechtlichen Jahresabschluss. In: Steuern und Bilanzen 6. NWB, Herne: 220-225
- Taistra G (2003) Basel II – Aktueller Stand und Auswirkungen auf die Mittelstandsfinanzierung. KfW-Arbeitspapier, Februar. o.O.
- Teuber D (2007) Die Konsolidierung des deutschen Zeitungsmarktes. Ist angelsächsisches Beteiligungskapital wirklich unausweichlich? Financial Services Management, Band 1. Weißensee-Verlag, Berlin
- Then Berg F (1998) Leveraged Management Buyout. Konzept und agency-theoretische Analyse. DUV, Wiesbaden
- Thießen F (1996) Covenants in Kreditverträgen: Alternative oder Ergänzung zum Insolvenzrecht? In: Zeitschrift für Bankrecht und Bankwirtschaft 1. RWS, Köln: 19-37
- Untergrabner G, Ehrenhöfner R (2004) Strategische Finanzierung über die Börse. In: Stadler W (Hrsg) Die neue Unternehmensfinanzierung. Strategisch finanzieren mit bank- und kapitalmarktorientierten Instrumenten. Redline Wirtschaftsverlag, Frankfurt a.M., S 211-223
- Volkart R (2003) Corporate Finance. Grundlagen von Finanzierung und Investition. Versus, Zürich
- von Tippelskirch A (2006) Hybride Finanzierungsinstrumente in der Unternehmenssanierung. Einsatzbereiche und Bedeutung von Mezzanine. In: Hommel U, Knecht TC, Wohlenberg H (Hrsg) Handbuch Unternehmensrestrukturierung. Grundlagen – Konzepte – Maßnahmen. Gabler, Wiesbaden, S 961-979
- Weber T (2004) Das Einmaleins der Hedge Funds. Eine Einführung für Praktiker in hoch entwickelte Investmentstrategien. Campus Verlag, Frankfurt a.M.

- Weitnauer W (2003a) Ausgangssituation der Finanzierung eines Buy-Out. In: Weitnauer W (Hrsg) Management Buy-Out. Handbuch für Recht und Praxis. Beck, München, S 65-68
- Weitnauer W (2003b) Grundlagen. In: Weitnauer W (Hrsg) Management Buy-Out. Handbuch für Recht und Praxis. Beck, München, S 1-5
- Weitnauer W (2003c) Rechtliche Gestaltung eines Buy-Out. In: Weitnauer W (Hrsg) Management Buy-Out. Handbuch für Recht und Praxis. Beck, München, S 157-210
- Werner HS (2007) Mezzanine-Kapital. Mit Mezzanine-Finanzierung die Eigenkapitalquote erhöhen. Bank-Verlag, Köln
- Werner HS, Kobabe R (2005) Unternehmensfinanzierung. Bonitätssteigerung. Finanzierungsstrategien. Kapitalstrukturverbesserung. Eigenkapitalerhöhung. Bilanzoptimierung. Schäffer-Poeschel, Stuttgart
- Wittrock O, Hus C (2006) Schweigen ist Gold, Financial Times Deutschland, 17.10.2006. [online], verfügbar: http://www.ftd.de/karriere_management/management/121521.html?p=1 [Stand 31.10.2007]
- Zapf Creation AG (2006) Geschäftsbericht 2005. Rödental

The manufacturer's authorised representative in the EU is Springer Nature Customer Service Centre GmbH, Europaplatz 3, 69115 Heidelberg, Germany. If you have any concerns regarding our products, please contact ProductSafety@springernature.com

Printed and bound by CPI Group (UK) Ltd, Croydon, CR0 4YY
21/10/2026
02237171-0003